動作のこころ
臨床ケースに学ぶ

成瀬悟策 編　誠信書房

序——臨床動作法で学ぶ心理臨床

この本は先に出版した『動作のこころ』の基礎・理論編に続く臨床・実践編である。前編では「動作」という現象そのものについてまったく新しい視点から基礎的な考え方・見方・扱い方など一般的な諸問題を検討した。幸いにして今では、臨床動作法ということばなり一般的な方法なり効果などについて、専門の心理臨床家の間にかなり広く知られるようになってきた。臨床仲間のなかには、その方法の臨床効果が大変に大きいと聞くし、自分もそれを学んでみたいけれども、従来の臨床心理学にはない考え方だし、ことばを主とせず動作中心というのだから、実際にどんなことをするのか、臨床場面でどのように用いるのか、いかなる分野にどう適用できるのかなどについて、具体的なことが分からないままついつい二の足を踏んでしまうという声をしきりに聞いた。

言い出しっぺの筆者としてはせっかく提唱したからということではなく、もっと広くからだとこころが一元・一体として生活する「人間」という存在として観る視点が臨床にはどうしても必要だし、それをからだとこころの接点としての「動作」によって具体的に捉える立場から援助・治療をしてみると、従来には考えられなかったような顕著な臨床効果の得られることが分かってきた。臨床場面に動作をもっと活用すれば、わが国における心理臨床の内容・方法および適用の範囲・効用も遙かに高度なものになるに違いないというのが長年にわたる筆者の想いである。この方法がアメリカやヨーロッパから伝来してきたものでなく、わが国で生まれ培われてきたため、同胞よりも欧米人を尊崇するというこの国の伝統的風習に災《わざわ》いされているむきもあるので、それを超克するためにも、この辺りでどのようにこの方法が適用できるか、臨床場面でどう用いられているのか、そこでいかなる問題があるのかを実際的・具体的な状況として読者諸賢にもっと良く分かっていただく必要を痛感している。

動作という現象が人間生活の総ての分野において必須不可欠である以上、それを活用できる領域はいっぱいあるが、私たちの仲間がそこでかなりの期間にわたり臨床動作法を実践している分野の幾つかだけを代表的に撰び、そこでどのように動作が活かせるかを述べてもらうことにした。その仲間たちのなかには超ベテランも加えたが、その大部分は現在もその都度々々に苦労を重ね、工夫を凝らしながら、それぞれの臨床領域に新たな途を切り拓きつつある中堅どころの臨床心理士たちである。

その人たちに執筆をお願いしたのは次のような項目であった。

(1)〔参入の経緯〕

現在の臨床領域はそれぞれが独自に確立していて、対応の方法なり理論なりがすでに出来上がっているので、そこへ歴史の浅い臨床動作法が参入するのは容易なことではない。どんな経緯でそこへ参入できるようになったのか、そこでどんな苦労をし、どのような成果を挙げ、いかに認められるようになったのかなど、ごく初期の時代における、先輩の苦労をも含めて語っていただきたい。

(2)〔現状〕

その分野では臨床動作法が現在どのように評価されており、どんなクライエントや患者さんが来られるか、医師からはどういうケースが廻ってくるか、いかなるリクエストがあるのかなどについて、現状から将来にかけての期待・計画などを述べて頂きたい。

(3)〔ケースに学ぶ〕

現場で実際にケースに当たれば、一例いちれいのケースが何れも独自・個性的だから、その都度に対応なり方法なりを新しく工夫しなければならない。どんな動作課題をどのように課して、いかに出来たか、相手はそのときいかに努力し、どんな体験をしたのか。そのときの援助がどれほどうまく受け容れられどのように抵抗されたのか、どこがどう難しかったか、そこをどんな風に乗り越えられたのか、そこでどんなムダや失敗があったか、よかれとしたことがいかに相手を苦しませマイナスなことをしたのか、などを赤裸々に語ってもらいたい。失敗のケースを書くのには尻込みせざるを得ないものだが、幾つもの事例にあたる成長の途中とあれば、失敗はむしろ普通だと考えて、その記録こそ読者にきわめて貴重な教訓となるので、ぜひとも記述していただきたい。

以上のような趣旨で四百字詰め原稿用紙五十枚を目途に、むしろ心理臨床、とくに臨床動作法の専門家としてのご自分の成長過程の記録にするつもりでのご執筆をお願いした。その要請に快く応えて頂き、それぞれがどのようにして今日に至ったかをありのまま率直に語っていただいた。その領域がいかに大きな発展の可能性を内包しているかについて、将来の展望までをも予想させるようなものになった。本書によって、これから専門的に臨床動作法を学ぶ方々はもちろん、臨床心理学分野で専門家を志す方々も貴重な示唆が得られるに違いない。以上が本書編纂の趣旨であり、公刊の願いである。

平成十九年　年頭に

玄海の逆巻く荒波の冬景色を背に博多湾を隔て
博多の町並みと背振の山系を遠望しながら

成瀬悟策

目　次

2　スクールカウンセリングにおける臨床動作法　26

3　精神病院における臨床動作法　49

4　総合病院における臨床動作法　73

5　小児科医院における臨床動作法　98

6　女性診療科・女性外来での臨床動作法　

7　高齢障害者のための臨床動作法

8　ＰＴＳＤ・心的外傷と臨床動作法　175

1　学生相談における臨床動作法

武蔵大学学生支援センター学生相談室カウンセラー　清峰瑞穂

●編者コメント

清峰さんは青山学院大学の文学部で心理学を専攻し、丸山千秋教授の指導による脳性マヒの子の肢体不自由改善のための動作訓練に、学部から大学院にかけて、じっくりと取り組んできた。誠実で温もりのある丸山教授に惹かれて、その後も毎年の訓練に参加し続ける動作訓練の超ベテランである。この人が学生相談という仕事を得て、動作によるカウンセリングを実地に試みての経験談がこれである。

カウンセリングといえばことばによるものと決まっている。ことばの代わりに動作によれば、これまでとは違った新たなカウンセリングができるという立場から、取り組んだところ、最初にぶつかったのは、動作が自由にできるようにする動作訓練との違いであった。動きだけを見ていては、相手のこころに迫ることはできない。そこから、からだの緊張と動きをとおして、クライエントのこころの緊張なり動きなりの把握と同時に、始めに抱えてきたさまざまな悩みや問題がどのように変わってゆくかの関連を解明しようと努力する状況が、詳細、精巧に語られている。

清峰さんには読む者の誰をも納得させずにはおかない、求道者を思わせる直向《ひたむ》きの語り口がある。ことばのカウンセリングではその意味の解釈が重視されるが、動作ではその緊張の仕方や動きの状況だから、その変化に連れて、気持ちや生活の変化する様子が分かりやすく、動作によるカウンセリングの効果が改めて納得できやすいのではなかろうか。

「弛《ゆる》める」とか「踏み締める」などという簡単そうなことがいかに容易でないか、それができはじめるにつれて変化する気持ちのもちよう、落ち着き、それに併せて「おしゃべり」の仕方までも変わる。自らの変化に違和感をもつほどに焦らなくなる心境、姿勢の変化に北京原人を感じた自分が落ち着いていく状況など、読者にも想定外ながら分かり易いのではなかろうか。この調子での彼女のさらなる探求の成果が待ち遠しいところである。

Ⅰ　はじめに

学生相談における臨床動作法のなかで、自分自身が動作法を学んできたこころの旅路を書くようにというお題を戴いた。筆者はこれまでに、非常勤カウンセラーとして四カ所の大学の学生相談室に勤務し、臨床動作法を用いた面接を実施してきた。本稿は、現在に至るまでの試行錯誤の過程を、できるだけ事実に即して振り返ろうとしたものである。「参入の工夫」と「ケースに学んだこと」の二項に分け、主題に添って記述したい。

Ⅱ　臨床動作法参入の工夫

学生相談という分野への動作法参入という視点で振り返ってみると、それほど大きな困難に直面したことや苦労をしたことはなかったように思われる。それは、人に恵まれていたお陰であろう。そのうえで、動作法という技法に直接的には関わらない、相談環境作りのための配慮や工夫が、結果として動作法の参入をスムーズにしたように思う。つまり、学生相談室の学内認知度を上げ、利用学生を増やすための取り組みが潤滑油となり、動作法が肯定的に受け入れられてきたのではないかと考えられる。

1．仕事に就いて最初に学んだこと

学生相談室には、さまざまな形態がある。学内組織における位置づけや学内認知度、スタッフ構成はさまざまである。学生相談の仕事は、その相談室のもつ特性を踏まえて展開することになる。そのことを、初めて勤務した学生相談室で教わった。カウンセラーというのは、相談室に笑顔で座ってクライエントが来るのをじっと待っている仕事ではない。大学という組織の一部であるということをよく考えつつ、自分から動いていかなければ相談環境は整わないし来談者も増えない。以下、その具体的な取り組みについて触れていく。

2．学内に向けた工夫

相談室の存在や役割を周知させること、協力者を得ることが、相談室活動の進め方に大きく関わってくるように思う。学生を所管する部署の会議や教授会などで相談室利用状況の報告ができると、相談室を知ってもらう機会が増える。図表を載せたシンプルな報告書でも、非常に細かく見てくださる方もある。教職員向けの研修会を開催することも効果的である。また、新入生オリエンテーションなどの行事でアナウンスできる機会があるときには、学生に向けるのと同時に、その場にいる教職員へもメッセージを送ることができる。

日常的には、他部署へ顔を出す機会を作り、雑談を交わす関係を築く。お茶を淹《い》れに行く、書類や物品を取りに行く、学内のさまざまなシステムについて教わりに行く、といった些細なことの積み重ねである。また、相談室便りや報告書を配布するときも、直接手渡しをすることで関心をもってもらえ、内容について話をすることができることもあった。

学生について学内他部署と連携することはケースによって非常に重要だが、それができるようになるのも、下地となる関係作りがあってこそうまくいくように思う。私たちが連携する相手を慎重に見極めようとするのと同じように、相手もこちらを見定めているものだ。非常勤として勤務している場合、顔を知ってもらう機会を見つけることから始まる。

そのような下地作りをしていくなかで、動作法については機会があれば話題にし、希望があれば実際にやってみることもある。動作法に関わるところで注意が必要と思うのは、職種によってことばの受け取り方やことばから想像する内容が異なっているので、その職種がもっている文脈に添って話をすること、分かりにくい専門用語を使わないことである。さらに、たとえ肯定的な評価であっても、動作法が間違ったかたちで理解されているときには、きちんと修正するよう心掛けることである。たとえば、「触れ合いって大切ですよね」「人の体温って温かくて安心しますよね」といったコメントがあったときには、身体接触のもつ効果をねらうものではないことを明確に伝える必要がある。また、「やってもらえるの？」といった表現や、肩もみやマッサージと混同するような捉え方があった場合も、受動的なリラックスをねらうものではないことを伝える必要があると思う。

3．学生に向けた工夫

学生にも、まずは相談室の存在を知ってもらうこと、そして利用してもらうことから始まる。そのためには広報活動と環境作りが重要である。広報活動としては、新入生オリエンテーションでのメッセージ、予約ボードの活用、掲示物や相談室便りといったものがある。気軽に利用しやすい場となるように、面接相談以外の活動を行なうことが多い。フリースペースを設け、お茶や図書を用意し、心地良い音楽を流す。心理検査を実施したり、グループワークを企画したりする。動作法も、面接だけでなくグループワークとして実施することもできる。「肩凝りさん、いらっしゃい！　ストレスたまっていませんか」といったようなキャッチコピーで、相談室の敷居を低くする工夫をすることもある。

また、学内の廊下やトイレなどの日常場面もきっかけとなり得る。学生が小声で「あの人誰？」などと話しているのが聞こえたとき、会話に入って行って大丈夫そうな雰囲気であれば名乗ってみる。そういったきっかけで雑談ができ、相談室に顔を見せてくれたこともある。

4．相談室内での工夫

これまで幸運なことに、入職する時点でなにがやりたいかを訊かれ、動作法の実施をスムーズに了承されることがほとんどであった。その場合には、必要なスペースの確保やマットの準備など具体的な相談をしながら、どういったことをするのかを知ってもらうよう働きかける。そして、ケースカンファレンスや職場での雑談のなかで、どういったケースに、どのようなねらいをもってどんな課題を行ない、どういった変化が生じているかを報告していくよう心掛ける。これについては、カウンセラーだけでなく、受付事務やインテーカーなど、他職種の方にも理解を求めることが非常に重要だという感触をもっている。学生相談室では、自分一人でケースを抱えているわけではない。学生の主訴に直接関わるのはカウンセラーであっても、学生の様子は相談室スタッフ全員が各々のもち場から各々の距離感で見守っている。「面接室のなかでよく分からないことをやっている」と思わせる状況は好ましい結果を生まない。また、動作法をスタッフに実施することは、スタッフ自身の不調の改善に役立つこともある。さらにそこから他部署へと動作法という技法についての情報が伝わることもある。スタッフが応援してくれることほど心強いことはない。

動作法の導入を了承してもらうことが困難に思える状況で心掛けてきたこととしては次のようなことがある。

入職してすぐに思うようにやろうとせず、まずはその環境を知り、慣れるように努力する。職場状況やスタッフの考え方がある程度見えるようになってきてから、動作法について説明する機会を見つける。興味をもってもらえたら、空き時間などを利用して実際に体験してもらい、感想を求める。そこで得られる手掛かりから、現場に適した実施の仕方を工夫し、理解が得られてからケースへのアナウンスを開始する。実施を急ぐより下地作りを丁寧にしたほうが、いろいろな意味で安全だと感じている。

いずれにしても、「この人がやることだから危ない」ではなく「この人がやることだから大丈夫だろう」と周囲から思ってもらえるように、日ごろから常識ある振舞いを心掛けることが一番重要なように思われる。そして、自分の考えややり方を押しとおすのではなく他からの指摘を受けとめ修正ができること、急がずに時間をかけて浸透させていくことなどを心掛けたいと思っている。

Ⅲ　ケースに学んできたこと

面接において動作法を実施するなかでの困難や苦労は多々ある。面接に動作法を導入しようと思ったときから今日まで、試行錯誤が続いている。研修で学んだことを現場でそのまま活かすことはなかなかできない。研修で経験したのと同じ状況は面接室では展開されないからである。現場で、来談学生の発する非言語、言語の両方を含めた反応とのやりとりの試行錯誤から体験的に学ばせてもらうことが、自分にとって何よりの勉強になっていると思う。たとえ大きな流れはうまくいっているケースでも、やりとりの過程では失敗と修正が常に繰り返されている。そうした数々の失敗や修正の過程から学んだことで、私の動作法実施上の留意や援助の仕方は変化してきていると思われる。ここでは、書物や論文、研修からではなく、主に現場において体験的に学んできた過程を記述する。

1. イニシャルケース：あがりを主訴とする学生Aさんとの面接にて

① 動作訓練との違いについて

筆者は、心身障害児の月例訓練会や宿泊訓練会での動作法の実施経験をもつ。いわゆる心理療法としての動作法については、研修を受けてはいたが、面接場面で実施したことはなかった。動作法が心理療法としても有用であることは聞いていたが、障害児への適用とどのように違うものなのかがよく分からずにいた。また、動作訓練の経験のない方がたとペアを組んで研修を受けるなかで、からだの見立てが曖昧で、援助の仕方が大まかであるように感じ、戸惑いや混乱を感じたのも正直なところであった。動作訓練を学ぶ過程で厳しく指導されてきたことがこんなにアバウトでよいのか、それでも動作法なのか、といった疑問が生じていた。また、こころに関する相談で訪れた学生がからだを動かす方法を勧められたら、抵抗感をもつのではないかという思いもあった。そういう状況にありながらも面接場面で動作法を実施しようと思ったのは、次のような経緯であった（以下、クライエントの発言を「　」、セラピストの発言を〈　〉で括り示す）。

あがりが主訴の学生Aさんは、次のようなことで困っていた。授業での発表のときにあがってしまう。順番が回ってくるとドキドキし、発表し始めると息ができなくなる。くしゃみのような咳のようなものが出て、顔面が引きつり、痙攣のようになる。周りの人が励ますので余計緊張する。その一方で冷静な自分もいて、「またあがっている」と思っている。近々大きな発表会があるのでなんとかしたい、というものだった。Aさんの主訴に対して、言語面接で解決に向かっていく手立てが思い当たらなかった。あがりはからだの緊張として表われやすい。そこでおそらく動作法が有効で、Aさんにも比較的受け入れられやすいのではないかと思われた。思い切って動作法の話をしたところ、やってみたいとのことだった。そこで次回の面接で実施することを約束した。急いで指導教授に相談に行き、課題や進め方の助言を受け、マットを借りて準備を整えた。

一回目のセッションでは、まずは筆者がクライエントのからだの動かし方を見ること、次にクライエントが自分のからだでうまく使えていない部分があることに気づいてもらうことをねらいとした。椅子坐位で肩を挙げる課題を実施し、左右の動かし方や動きの幅の違いを実感できるように援助を工夫した。両肩をゆっくり挙げるように言うと、右肩はある程度挙がるが、左は頸の付け根の緊張が強く、力んでいるがほとんど挙がらなかった。明らかに左のほうが挙がりにくいが、本人は左右差の実感がないと言う。そこでセラピストの両手をクライエントの両肩の上方、右肩が挙がる高さに目印として置き、再度挙げるよう促した。右肩だけが触れた状態で、左右とも同じ高さに目印の手があることを伝えると、「えっ……」と言い、左肩を挙げようとするが挙がらなかった。「うーん……なんでだろう」と言いながら、左右差があることは分かったようだった。次に、肩を開く課題を行なった。腕だけが動いて肩が動かなかった。そこで腕を使わないで肩を開いてみるよう促すと、右は少し動き、左はがちっと止まってしまった。クライエントも動き難さや左右差があることに気づいた。そして肩を開くのに必要でない力が入ったときに弛めるように援助しても、「どう力を抜いていいのか分からない」と言った。

二回目のセッションでは、動かす感じを味わうこと、自分の今までのやり方と違う動かし方を受け入れ、力を弛める動作ができるようになることを目標とした。ことば少ない学生であったが、二回目のセッションの日には髪を結ぶゴムを持参するなど動作法への意欲を感じた。肩を開く課題では、肩を開いていき、がちっと止まったところで力を弛めるよう促した。初めのうちは、別のところに力が入ったり、肩が前に戻ったりした。いろいろな努力をしていて弛められたときに、〈今、今の感じ〉とフィードバックすると、「なんとなく分かった」。うまくいかない状態が続くと、少し焦ったようになり、それまでの慎重にじっくり取り組むAさんらしさが発揮できなくなるようであった。そういうときは、一旦止まってゆっくり待ちながら行なうとうまくできた。動きが左右でアンバランスなので、片方ずつ行なった。左肩を動かすのは難しかったが、「力の抜き方は分かった」ということだった。ここまでの経過では、動作訓練のやり方とあまり違っていない。違っているのは、体験様式を捉えようとしていること、主訴とのつながりを見出そうという視点をもっていることである。

この時点では、動作訓練との違いについては、次のようなことを感じた。まず、基本的な動作を獲得していることが障害児との違いである。よって極端に言えば、援助をしなくても大まかであれば課題動作をすることができる。適切な補助ができなければ訓練姿勢を執ることも維持することも困難な訓練場面とは異なる。一見、訓練で必要とされるような技量はなくてもできるような感じもしたが、一方で逆に、より細やかな援助をしなければ課題性を見失うのではないかとも思われた。大まかではあるがからだを動かすことができるので、本人が何ら不自由を感じていないところに課題性をもたせ、そして心理的な問題を解決しなければならなかった。

②　体験様式について

二回のセッションを実施するなかで、二つの視点をもちながら進めることとなった。一つは、からだの感じや動きを変えることである。力が弛んだ感じが分かり、弛める感じが分かり、余分な力を弛めながら動かすことができるようになるといった視点で、これは動作訓練とも共通するところが大きい。そしてもう一つは、体験様式を変えるという視点である。やりとりの過程にその人らしさを見出し、そこに体験様式の課題を見出し、それを変えることである。これは研修で勉強していたことで、私は訓練場面ではあまり意識したことがない点であった。

三回目のセッションでは、クライエントの体験様式に働きかけることをねらいとした。体験様式については、余分な力を入れて頑張りすぎるという様式があった。さらに、自分なりにいろいろな方略（力を弛めようとあれこれやってみるなど）を試すことができるが、うまくいかない状態が続くと焦った様子になり、動きが止まってしまうという様式があった。これらがクライエントの困難場面にぶつかったときの特徴だろうかと思い、それを変えるための援助を考えた。焦って止まってしまったときには、初めに戻って、もう一度一緒にゆっくりとやっていくと、落ち着いて取り組めた。このように、在りようを変えていくことが主訴の改善に繋がっていくのだろうと思いながら進めた。

しかしその後、体験様式の扱い方がよく分からなくなり、主訴に対応しそうな動作の獲得のほう、つまり訓練と共通するところの多い視点を中心に進めた。いくつかの課題を行なったが、ここでは立位での踏みしめ課題について取り上げる。二回目のセッション時の立位姿勢の特徴は、両足とも踵に重心がかかり、特に左は踵の外側で踏んでいた。左脚は股・膝・足首にかなり緊張が入り、膝は反張になっていた。右は足裏で踏んでいる感じがなかった。腰はそれほど反っていない。膝を屈げるように言うと、腰を反時計回りに回転させながら、右脚のみ膝を屈げた。左膝を屈げるように言うと、やってみるが「屈がらない」。腰が回転したり、尻が踵より後方になったりしないようにしつつ、股と膝を屈げるよう援助すると、左膝はかくっとした動きで屈がった。クライエントの実感は「足の踏む感じが違う」「やな感じではないけど、変な感じ」と、いつもと違う違和感をもっていた。そして片足ずつ踏みしめる課題を行なったときにも、違和感と「安定なのかもしれない」「足の裏を使ったって感じがする」という感想をもった。立位課題のなかでも、前に挙げたような体験様式の特徴が表れるやりとりがあった。それに対応しながら、踏みしめて立つことができるように課題を進めた。最後のセッションでは、踏みしめて立つことができ、以前とは違った安定感を味わうことができた。

3 ことばとの違いについて

言語によるカウンセリングでは、ことばをとおして、ことばの向こう側にある気持ちを扱っていく。当時、私がこのケースを言語面接で進めていくことを考えたときには、次のようなやり方を想定した。発表場面であがっているときの感じを詳細に聞き、クライエントの気持ちのもち方を推測しながらその感じを私のなかに再現するようにしていく。あがっている感じが私にも生じ、それを言語化して確認していく。あがっている感じを分かりたいと思い、分かったように感じても、ではそれをどうしようかというところにくるとどうしたらよいのか分からない。このように〈苦しいね〉とお互いに感じ合うことで、あがりが変化するとは思えなかった。動作法では、こちらの手に伝わってくる実感をもとにクライエントの感じを推測する。場合によっては補足的に言語で確認をする。手の感じを手がかりに、クライエントが今どう感じているかを推測しながら、からだの緊張部位へ働きかけるよう促していく。言語面接の技量不足という問題が確実にあるうえでの感想ではあるが、動作法による面接は、言語による面接よりも確かなやりとりができるように感じられた。

課題の途中で、私がクライエントの体験を推測していろいろとフィードバックすることに対して「さわってると分かるんですか」と訊かれた。いろいろと伝わってくるのだと言うと「ふーん」と不思議そうに言った。ずいぶん後になってこのことについてAさんは「(話さなくても自分のことを)分かるんだなあと思った」と話した。

セッションが進み、クライエントのからだの感じがはっきりしてきてからは、こんなことが多くなった。余分な緊張が入ったときに、クライエントの「あっ」という発声と、筆者の〈ん〉という声が重なるなど、今起こっていることを一緒に感じることである。動作法は手の感じをとおしてクライエントの実感を推測することができる。ぼんやりした推測ではなく、セラピストも実感を手がかりにやりとりができることが大きいと思った。

4　ケース全体をとおして

結果としてAさんは発表を無事にこなし、さらにその場で先生から追加された音読もやり遂げた。プレ発表場面では、あがっても死なない、大丈夫、と自分に言い聞かせながら、緊張の波を感じてそれに対処したという。本番では、手が震えないように硬いスケッチブックに原稿を貼っていくという対策をとったという。そして、「またあがってる」と思いながらも「最後まで読めればいいや」と思い、無事にやれたと言う。

それに動作法がどのように寄与できたか、推測でしかないが一定の役割は果たせたように感じている。上述のエピソードからは「あがらなくなった」というのではなく「あがりそうな自分や、あがっている自分に積極的に対処していった」Aさんの在りようの変化が大きかったように思われる。このほかに印象に残ったのは、動作をしてから自分のことを自発的によく話すようになったことである。自分からはあまり話をしなかったAさんが、面接時間以外に来室しソファで二時間くらい話したこともあった。そのときは「自分のことをこんなにしゃべったのは初めてかもしれない」と言っていた。卒業時にくれた手紙には「自分はじつはしゃべりたがり屋さんなのだと気づいた」と書かれていた。根拠はないが、動作法による主体の活性化によるものなのかなと思った。このケースをとおし、私は気づかないうちに訓練的な視点に重きを置く傾向があったと思う。

今後、主訴を念頭に置くことと、相手の在りようを丁寧に捉えていくことを心がけたいと思った。そして、訓練との違いについては次のように考えた。動作訓練で求められる動作の見立てや援助の技術は、心理療法としての動作法でも必要である。むしろ日常生活動作に困らない状態であれば、より微妙な動作特徴を把握することが適切な援助に繋がると思える。そのうえで、心理療法としての技術が必要になるのではないだろうか。見立て、課題の選択、働きかけかたや伝え方、プロセスの捉え方など、動作法を運用するという側面で、訓練とは必ずしも同じではない視点がいるのではないか。必ずしもと断ったのは、訓練の上手な人はおそらくそういった視点ももちながらやっていると思ったからである。そしてその逆もおそらくあるのだろうと思った。

2. 第二ケース：焦って失敗を繰り返すのを変えたい学生Bさんとの面接にて

イニシャルケースの振り返りのなかで、自分がからだの動きに重きを置きがちで、その人らしさを捉え働きかけるという視点が弱いということが分かった。そこで、次に動作法を実施した面接では体験様式の把握と変化に向けた働きかけを大事にしようと考えた。

1 体験様式への働きかけ

学生Bさんは、慌てふためいた様子で入室してきた。急を要する相談かと思ったが、聞いてみるとそうではなかった。初回面接でBさんは「話したいことがうまく伝えられない。早く言いたいと思うから焦ってしまう。いつも焦っている。話すこと以外でも焦ってうまくいかないことがある」と話した。それは入室時の様子にしっくりくる主訴であった。焦燥感はからだの感じとして捉えやすく、動作法が有効ではないかと思われた。そこで動作法導入を提案したところ「やってみます」とのことで、実施に至った。

一回目のセッションでは、仰臥位での腕挙げ課題を導入した。〝力を弛める〟という単一動作を課題として提示しやすいと考えたためである。まず、クライエントは腕の力を弛めたままにして、他動で腕を挙げていくという課題を行なった。腕の力を弛めるように言うと、「はい」と言ってすぐに弛んだので、筆者は少し驚いた。少し挙げると、ピクッと力が入ったのが、「あ、入った」と分かるようだった。それを弛めてみるよう促すと、二、三回ピクピクと力が入って弛んだ。少し挙げるとまた入った。弛めようといろいろ努力しているがあちこちに力が入ってしまう。「ぬくのって難しい」と少し焦った様子になる。今度は、弛めようと頑張るのではなく、なにもしないで弛むのを待つよう促す。ピクピクと力が入り「難しい〜。頑張るの止められない」〈もうぬかなくっていいから楽にしてごらん〉と言うと、少ししてから弛められた。

こういったやりとりから、次のような特徴がみられた。力を弛めようとしてそれがうまくいかないと、焦って頻繁に方略を変更する特徴がみられた。そうすることで、逆に力が入ってしまっている。ときにイライラする気持ちを訴えることがあった。いったん立ち止まってやり直すということがなく、頑張り続ける。うまくいかない状況が続くと表情が硬くなり、取り組み方が粗くなるところがあった。また、完璧を求めるところがあり、力が全部弛まないと自分に対して良しとしないところがあった。

二回目のセッションでは、この在りようが変わり始めた。側臥位での肩弛め課題を行なった。頸周りの緊張が強く、肩を開いていくと痛みを感じる。痛いところの力を弛めるように言うと、弛めようとしているのは分かるが「痛くってあっちこっち力が入っちゃう」とイライラした様子になった。そこで〈なんにもなしにしてごらん〉と言うとガクッと力が弛み「ぬこうとしたのか分からないけど、気がついたらぬけてた」と言った。セッションの終わりのほうでは自分で力を弛めた感じが出た。セッション終了後に「私、自分がすごい頑張ってるんだなーってことが分かった。私、ほんとにすごーくすごーく頑張ってるんだなって。私の生きかたそのもの。頑張れ！　頑張れ！　っていつも自分に言ってるし、うん頑張る！　って口癖みたいに言ってる気がする」と振り返った。

三回目のセッションのときに、いつも力を入れてるのが分かって驚いている、気づいたら力を弛めるようにしていると話した。課題のなかでも無理な頑張りが減り、取り組みの様子が落ち着いてきた。日常場面でも焦ることがほとんど無くなったと言い、主訴が改善していると受けとめた。しかしクライエントは「焦らなきゃいけないときに焦れなくて困っている」と、違和感を訴えていた。この違和感は立位課題のなかで顕著に表明された。

２　違和感について

Bさんの立位姿勢は腰の反りが強かった。が、クライエントの実感ではそれが真っ直ぐだった。反っている腰を真っ直ぐにするよう援助すると、クライエントは丸まっていると感じた。それに対し筆者は、真っ直ぐは真っ直ぐだと考え、〈これが真っ直ぐだよ〉とストレートに伝えていた。

三回目のセッションでの立位課題では、肩まわりの緊張や腰の反りは緩和しており、クライエントの変化が見られた。だが膝は反張で踵に重心をかけて立っている。そこで膝の力を弛め、腰の反りを真っ直ぐにし、足裏の前のほうで踏みしめるよう援助し、顔を上げるよう伝えた。踏めたところで〈はい、これで真っ直ぐ。どんな感じ?〉と訊くと、「ものすごく変」「サルみたい」「北京原人みたいな姿勢になっている感じがする」と言った。そして、この立ち方のほうがだらんとしていて楽だが、サルみたいでおかしい、変でいやだと言った。「いやなのっておかしいのかな」と訊かれたので、それに対しては〈十九年間こうやって来たっていうのと違うことしてるんだもん、変でいやだと思うよ〉と返した。Bさんは「ほんとだよ。十九年だもんね」と言った。このようにこれまでずっと執ってきた姿勢に慣れているから違和感があるのは当然であることを共有し、無理に立ち方を変えようとしなくて構わないことを伝えた。

このズレは最終的に、真っ直ぐ感をもちながら、しっかり踏みしめて立っている体験ができたことにより解消した。また、片足立ち課題において、上体を大きく傾けずに踏みしめて立つことが「できた」という体験をとおし、踏みしめ感がより肯定的に受け入れられたようであった。違和感が生じること自体には問題はないかと思うが、このように大きな違和感が生じ、戸惑いを感じさせてしまったのは課題呈示の仕方に失敗があったからと思われる。筆者は〝その人なりの偏りがあるなりの真っ直ぐ〟を尊重するのではなく〝客観的に真っ直ぐ〟の姿勢をさっと執らせてしまった。さらに〝客観的に真っ直ぐ〟の姿勢が真っ直ぐだということを押しつける表現をとってしまった。本人の真っ直ぐから出発して、本人の微調整のうえにその姿勢に辿り着くプロセスを踏んでいたら、こういうことにはならなかったと考えられ、反省が残ったやりとりだった。

数年を経て伝えてくれた当時の動作法に関するBさんの記憶は、セッションのなかで感じたことを思ったとおり言っていた、セラピストにずいぶんからだを任せていたという印象だという。意識はしていなかったであろうが戸惑いや驚きを抱えながらセラピストにつき合ってくれていたのだろう。クライエントの素直さに支えられながら、私自身が育てられたのだということを改めて感じた。

③　意図する以上の反応について

オープンスペースにお昼を食べに来たときに雑談のなかで、動作法をやることについてどう思っているかを訊いた。以前にBさんが「カウンセリングって、専門家って感じの年配の人がいて、難しい顔してはあそうですかって話聴くのかと思った」と言っていたので、動作法をどのように受けとめているのかを訊きたいと思った。「どうって?」〈何でこころのことで来てるのに、からだのことするんだろうとか〉「それは思わない。関係あるんだなって思うから」〈どう?〉「なんか余計な力を入れてるところとか、気持ちもそうだと自分で思うから。余計なことに神経遣ったりしてるところとか。でも友達には、何で相談室で体操すんの?　大変だね、とか言われる。一、二ってやる体操と思ってるみたい。うまく説明できないからそのままにしてる」と話してくれた。想像していたよりもすんなりと受け入れられるものなのだと感じた。クライエントはセラピーのなかで、こちらが意図する以上のことを考え、自分のために活かしていくものであることを教えられた。

思い起こすとイニシャルケースを発表したときに、ある先生から「あなたのセラピーは過保護だね」と笑いながら言われたことがあった。そのときはその意味するところが分からずにいたが、第二ケースを経て、こういうことなのかなと思い当たるところがあった。それは、クライエントの体験を自分の意図する枠内に収めたがる傾向だ。ゆったりと構えて、出てきたものに応じていくことが求められていると思うが、それをやれる自信のなさや不安から、自分の把握できる範囲で動いて欲しいと知らぬ間に思っているようだった。ぼんやりとそのようなことに気づかされながら、その課題に対峙するようになったのはさらにずいぶん後のことだったように思う。

④　セラピストの体験

Aさん、Bさんの二人のケースからは、私の動作面接のやり方の基礎となる視点を与えてもらった。よく分からないままに取り組んだことも多く申し訳なかったけれど，その経験によってその後の面接が支えられている。感謝の思いでいっぱいである。

3．対人恐怖感を主訴とする学生Cさんとの面接にて

学生Cさんと出会うまでには上述の二ケース以外にも動作法を実施してきた。それらのケースのほとんどがやりとり自体にはそれほど困難を感じないケースであった。それは，主訴を改善するための取り組みがすんなり開始できる，すなわち，自分を変えたいという思いに拮抗する思いを抱えていないケースが多かったように思われた。ところがCさんとの動作面接では，これまでのようには展開していかない難しさを体験した。

学生Cさんは対人恐怖感が強く，非常に慎重な面があった。表面的な対人関係はそつなくこなせるスキルを持っていた。しかし，「おかしい」と感じることがあると流すことはせず，衝突を起こしても改善したほうが良いと考えトラブルをよく起こしていた。来室のきっかけは，学内の事務カウンターでトラブルになり泣き出してパニック状態になったため，職員から相談室を紹介されたことであった。Cさんは，窮屈な世の中を変えたいと訴えた。〈どうなったらいいと思う？〉と尋ねると，「分からない。物理的にきついのは外していって……あとは分からない」と話した。つらさを軽減するための対処方法が外的な要因の変化に限られ，内的な変化は選択肢に無いようであった。また，人から攻撃されるのではないかという感覚があり，常に緊張感があるという。生育歴にもさまざまな事柄を抱えており，そのことと現在の問題が無関係とは思えなかった。しかし，過去のつらい出来事を想起することで不安定になるなど，過去を語ることの心理的負担は大きいと思われた。「話して良くなるなら，いくらでも話す」と言うが，むしろ状態は悪化しやすいように思われた。加えて，学生相談室が対応できる卒業までの期間はあと半年であった。よって，抱えているものに直接向き合うことは敢えてせず，できるだけ安定した状態を維持して卒業を迎えることを目標とするのが妥当と思われた。二回目の面接で，「前回話した

ことで一応落ち着いたが、もともと気分に波があるので困っている」と語った。そこで、自分のからだの感じをじっくり味わってみること、自分とじっくりつき合ってみることを体験してはどうかと動作法を提案し、導入へと至った。

①　動作、動作感、やりとり、そして日常生活体験の変化

Cさんは初め、手で支えなければあぐら坐位姿勢が執れなかった。腰は後方に引け、非常に硬い。股は右側が伸びて硬く（折れない）、左側がきゅっと詰まる（折れていて、伸びない）方向に強い力が入っている。足を組むことも大変であった。上体は、両肩が上がり、左に偏る側彎があった。あぐら坐位を執ったとき、背中から相当な緊迫感が伝わってきた。言語面接で表現された、人から攻撃されるのではないかという感覚に基づく在りようと推測された。手を触れる前にはことばを掛け、不安感を与えないようにすっと触れるようにした。

あぐら坐位で余分な力を弛めながら前屈を行なう課題では、初め、状態を変えようとする動きが出なかった。これもCさんの在りようと推測される。余分な力を弛めなければこれ以上は進めないところで、「窮屈ですね」と言う。〈ここに留まっているのはきつい？〉と訊くと「いえ、そう……でもないです」と言う。窮屈さを訴える一方で、それをどうにか変えようと取り組む動きは少ない。そこで、自分のからだに働きかけをするよう促した。〈この状態を、からだ（の位置）を戻さないでなんかいい方向にもっていけそうですか〉「さあ……」〈ちょっと探してみましょうか〉「探すって？」〈こうしてみたらいいかな……と思うことをやってみる〉「はあ……よく分からないですけど」〈一緒にやってみましょうか。たとえばこっちに行ってみたり〉と、上体を左に倒しながら、背が上がらないように援助すると、「伸びる感じがします」〈いい感じですか〉「そう……でもないです」〈そうでもないですか、（弛めてみようとする動きを促すが出てこないので）ゆっくり戻ってみましょう〉と戻った。〈きつかったですか〉「そんなことはないです」と、動きを出すようになったものの、こちらの働きかけに応じてこ

ないことも多く、体験の推測とやりとりの難しさを感じた。

第二期には、あぐら坐位の独力での保持が短時間であればできるようになった。「右足がすごく上がりますね」など、自分のからだの感じを伝えてくるようになった。股の余分な力を弛める方向を示すと、一旦力が入った後に弛んだ。〈今のように〉と取り組みを促すと、股の力を弛めようと努力しているのは伝わってくるが、足先が動くなど不適切な力が入る。ここに注意を向けると適切に努力しやすいと思われる部位を示しながら方略を変更するよう促していくと、Cさんの努力が的を射てきてうまく弛むようになった。「左の方がずいぶんぬけてきましたね」と自ら言う。「右は……」と自信なさそうに言うが、実際に弛んできているのでそう伝えると、「そうですか、あ、そうですね。そう言われると」と積極的に実感を伝えてくるようになり、どういう援助を求めているかが推測しやすく、徐々にやりとりがしやすくなってきた。この時期は、就職活動によりCさんの置かれる状況は大きく揺れ動いていたが、Cさん自身は調子が良いと話していた。筆者は、Cさんの表情が明るく物腰が柔らかくなった印象を受けた。

第三期では、タテの力を入れて座る課題を行なった。体幹の節々の動きを出し（通称ペコポコの課題）、直の姿勢を作ることを課題とした。体幹部の三カ所（胸・背・腰）を扱い、まずは大まかな感じをつかんでもらうために大きな動きを伝え、動きが出てきたら徐々に細かい動きの課題を呈示していくようにした。まず、大きな動きを伝えることも難しかった。感じを伝え合いながら援助の仕方を変えると、徐々に感じがつかめるようになり細かい動きができるようになった。これにより背中が少し伸びて坐位が安定した。「(尻の踏みしめが）いつもより少し前だけど、これは安定します」と、安定感が体験された。

第四期では、坐位姿勢をすっと執ることができた。前屈しながら股の力を弛めていくとき、「ぬけたと思ったけど、ぬけてないってことですよね」と再度取り組むなど、自体に積極的に関わっていった。最後のセッションでは、あぐら坐位で前屈から上体を起こしていきながら、節づくりの課題を行なった。体軸を肩胛骨の間、背、腰の高い位置、低い位置など、部位ごとに動かしてから、タテの力を入れながら上体を起こすように援助した。動きを出すために、周辺も含んだ大きい動きから始め、徐々に点で動かすように課題の難易度を変えていった。タテの力を入れるときは、かなり微調整のなかで探していくことを要求した。その過程で、Cさんは微調整課題にもすぐに応じることができた。うまくいかないときの方略の変更が速やかで多様になった。

最後の面接では、卒業後について「不安がまったくないわけではないが、どうにかなるような気がするし、何とかやっていくでしょう」と話した。「気がついたら気分の波がほとんどない状態が続いていた。いつのまにか〝どうにかなるだろう〟と思えていた」と語った。動作法については「もう少し続けたかった。名残惜しい気もします」と話した。これまでCさんが自分自身の変化に向けて取り組み、変化させてきたことを確認し合った。

②　からだという現実を媒介とするやりとりの確かさ

面接経過をとおして、自分自身への対処ができるようになることが効果に繋がっていることを感じた。おそらく、自分がどのような状態なのか、そしてどうしたいのかが分からないときには、他者からの働きかけをどのように受けとめ、どのように求めたいかも分からないものだろう。Cさんの体験としてからだの感じが分かるようになり、自体に対する働きかけが明確になるにつれ、セラピストとのやりとりがスムーズになっていったように思う。

その過程を援助するうえで、からだという現実を媒介としていることの重要性を感じた。言語面接ではCさんのようにやりとりをかみ合わせづらいクライエントへの働きかけがうまくいかないことが多かった。投げかけてもすり抜けられたりかわされたりし、それに対してしっかり働きかけることができなかった。動作法では、クライエントはからだをとおして自分の感じもセラピストの働きかけも実感する。そしてセラピストもクライエントのからだをとおして、クライエントの体験を推測し、そこに働きかけることができる。からだという現実を問に挟んでいることで、やりとりを明確に実感することができる。さらに、クライエントのからだの状態（現実）と、クライエントの受けとめ方、セラピストの受けとめ方を整理して捉えやすく、その場で起こっていることに意図を持って働きかけやすいように感じた。

さらに、新しい体験様式を自ら取り入れて展開していくことが難しいクライエントにとって、セッションのなかで自分の変化、自分は変われるのだという実感をもてることは、セラピーを展開する大きな原動力となるように感じた。中盤から生き生きと課題に取り組んでいく様子から変化できる自信や喜びを見て取れた。

また、Cさんについては生育歴の詳細をあえて聞かないという選択をした。動作法では、過去になにがあったのか具体的には分からないけれど、その大変さを手から感じて推測することができる。過去のうえにある現在の大変さを、からだをとおして実感することはできる。そのうえでの状況への対応の仕方、不安や迷いのもち方、ためらいや勢いなど、たくさんの情報を動作から得ることができる。つまり、仮説を立てるための現実的情報を得ることができる。

Cさんとの面接をとおし、動作面接でしようとすることは、言語面接の言語を動作に置き換えたものだと思った。からだの感じが変わることで惹き起こされる変化だけでなく、主訴と関わるその人の在りように働きかけることによる変化を惹き起こすことができるのだと感じた。

4．自分がクライエント役割を執るなかで

1　課題への対峙のさせかた

これを重要だと感じるきっかけとなったのは、動作法仲間である友人と、役割交代をしながら日常的に動作法をしていたなかでの体験である。友人とのやりとりは、面接での失敗や迷いを試し直して次回に備えるために非常に役立っていた。

あるとき、ストレスが重なってとてもしんどくなっていたときのことだ。からだがガチガチに硬いはずなのに感じが不明瞭で、自分で力を弛めようと思っても手がかりがつかめない状態だった。そこで友人に援助役割を執ってもらい、側臥位での肩まわりの弛め課題を行なった。友人は、あまりの硬さと感じの曖昧さに驚いていた。肩胛骨まわりの硬いところを課題としたとき、弛めることもできないし課題に向かう気力すらないような、なんともいえない気持ちになった。そしてそういう自分に驚いて気持ちが混乱した。そのとき友人は、すっと課題部位をずらし、負担なく取り組めるところに課題を変えてくれた。力を弛められたところで「そうそう」と言って戻り、その後はアプローチをいろいろに変え、より負担の少ないスモールステップの課題設定に切り替えていた。その配慮が、そのときなによりもありがたかった。

普段の私は、課題を絞ってがちっと対峙させられると取り組みやすい傾向があったと思う。課題に向き合うことのしんどさをはっきりと実感したのは、おそらくこのときが初めてだった。そしてこのときの体験が、「課題への直面の度合い」という視点を与えてくれた。同時に、これまで気づかずにつらい思いをさせた人があっただろうということを省みる機会となり、申し訳ない気持ちになった。

課題への向かい方という視点で考えると、さまざまなタイプが思い浮かぶ。追い込まれることでより力を発揮できる人、逃げ道を用意されることでより力を発揮できる人、複数の選択肢を与えられることでより力を発揮できる人、限定的に一つずつ与えられることでより力を発揮できる人、などである。つまり、ある課題に取り組もうとするときに、その人がもつ力を発揮しやすい課題呈示の仕方があるのではないか。たとえば、そういったタイプやそのときの状態に応じて課題呈示の仕方を工夫する必要があるのではないかと考えた。これは動作では、課題部位にどの方向からどの程度の力のかけ方で課題性をもたせるか、対処の仕方をどうサポートするかといった視点である。

②　セラピストとして仕事をするうえで

面接をするうえで、自分の状態を感じ、整えることが大切である。さまざまな緊張感に対応し、意図的に働きかけていくには、自分の安定したスタンダードな状態、自由に動ける準備状態をつくり、すっとそこへ戻れるようにする必要があると感じている。そのために動作法は非常に役立つ。からだの感じを手がかりに自分の状態を実感し、調整を図ることができるからである。

5．その後出会ったさまざまな学生との面接にて

①　動作法についての疑問や思い入れ

誰のためのセラピーかということを考えると、初めに技法ありきではなく、クライエントの役に立つために技法があることになる。そうなると、技法はクライエントの主訴や事情、状況に応じて柔軟にかたちを変えるのが自然であろうと思う。

そう思う一方で、動作法の定義は明確でなければならないのではないかと考える。からだやからだの感じを扱う技法がすべて動作法に分類されるわけではないので、ほかの技法と区別するためである。そう考えているなかで、他動による限定部位の弛め課題のみによって終結する報告に触れる機会があり戸惑いを覚えた。これまで「動作法はマッサージとは違う」ということをしつこいほど教えられてきた。それは、他動で弛められることと主体的に弛めることとはまったく異なるためである。動作法で中心となる課題は主動による課題、すなわち余分な力を自分で弛めながら動かしていく課題で、弛め課題も主動で行なうことが中心となる。股などの他動による弛め課題を挿入することはあるが、それは動作課題を行なうための準備課題として実施する。

動作法的マッサージは動作法なのか。マッサージなのではないか。動作法的ヨーガは動作法なのか。ヨーガ

なのではないか。そういった疑問が湧いた。もちろん、いいか悪いかではなく、有効か否かでもなく、同じものかどうかについての疑問である。そして私は動作法というのはやはりマッサージとは違う、動作法的マッサージは動作法ではないというスタンスを大事にしている。動作法の効果要因は、主体の活動としての動作を変えること、それをとおしてその人の在りようが変わることだと思うからである。

② 誰のための動作法なのか

動作法が非常に有効な技法であるという思いが自分のなかで強くなるにつれ、注意しなければならないと思うことがある。どういう方法で、どういうプロセスを辿って変化したいかは、クライエントが選ぶものである。それを度外視して動作法を勧めることは適切ではない。相手に躊躇する気持ちがあるときには急いで導入しないほうが安全だろう。それは分かっているつもりでも「動作法で進めたほうがきっと解決しやすいのに……」などと考えることがある。そういうときは言外に押しつける働きが生じている可能性がある。私の思っている以上にクライエントがこちらに気を遣っていたことに後から気づかされることがある。そう考えると、なおさら注意しなければならないと自戒している。

また、動作法のケースを重ねるにつれ、面接のなかから動作法の一般化した法則を導き出そうとする思いが強くなっているのを感じる。そして、クライエントの出してくる反応の一つ一つに丁寧に応じることが疎かになっているのに気づき反省することがある。研究機関の相談室では事情が異なるかもしれないが、クライエントにとって利益になることかどうかをよく考えないと判断を間違うのではないかと感じている。動作課題以外に余分な苦労をさせないこと、不必要な負担は可能な限り取り除くことが大事だと、最近よく考えさせられている。

Ⅳ　まとめ

初めにも書いたが、自分自身が動作法を学んできたこころの旅路を書くようにというお題に添ってこれまでの過程を振り返って記述した。書きながら、これが果たしてなにかの役に立つのだろうかという大きな不安を抱えている。不安と言えば、もう一つある。ケースの記録以外は記憶を頼りに振り返った。できるだけ正直に振り返ったつもりだが、事実と異なっているところが多分にあるだろうと思っている。

なにかの役には立たないかもしれないが、出会ったクライエントとの関わり、動作法との関わりを振り返る作業は、自分にとって非常に勉強になった。忘れていた、いろいろな方への感謝の気持ちを思い出した。貴重な機会であった。学生相談には、育ちの過程を援助するという視点がある。大学生は、一見したところ大人であり、実際大人の部分もある。しかし幼さや未熟さ、子どもの部分もたくさんもっている。そういう発達段階にある学生を育てるという視点で関わってきたが、実際には自分が臨床家として育てられているところが大きかったことに気づかされた。

2　スクールカウンセリングにおける臨床動作法

大阪府スクールカウンセラー　中尾みどり

●編者コメント

中尾さんは九州大学文学部で、社会学の内藤莞爾教授の指導を受け、結婚して大阪市の家庭児童相談室・保健所などのカウンセラーを経て、現在は大阪府の幾つかの小・中学校においてスクールカウンセリングを行なっている。清峰さんが「おとな子ども」の大学生を対象とするのに対して、それ以前の児童・生徒を対象にしながら、その親たちのための動作によるカウンセリングから、学校内における先生方のための動作にまでサービスを拡げている。

もともとさまざまなボディ・ワークに強い関心をもち、太極拳を早くから学び、併せて気功やアレクサンダー・テクニークなども自分自身のための健康法として練習してきた。ある研修会で臨床動作法に出会い、それを身につけながら、学校におけるカウンセリングに適用して、それぞれに貴重な効果を挙げている。

彼女にとってよほど印象が強かったためであろう。最初に挙げられた中学一年生女子のこの動作面接例は「動作をすることでどうして泣き出すの？」という疑問に答えたい心理臨床家にとって、動作というものを改めて考えさせる極めて貴重な契機になろう。

清峰さん同様、中尾さんの臨床経験でも「弛める」「タテに立つ」などという至極く簡単そうな動作が、実はいかに人間にとって容易でないか、また、それが本当にできるようになることで、いかにこころの在り方、人間の生活など全般にわたって重要な影響を及ぼすものであるかを理解させてくれよう。

このころの子どもたちにことばで話しかけ、彼らから意味のある反応なり対応なりをことばで拓こうとしても、大抵は「分からない！」という返事しか返ってこないことは大勢のカウンセラーが経験済みである。動作によるカウンセリングにおける、からだをとおして、直接に話しかけ、それに対応しようとするプロセスは、単なるコミュニケーションに終わらず、「内包される生きる力」の活性化を相互に確かめ合う貴重な坩堝《るつぼ》だからである。

I　はじめに

私は大阪市の家庭児童相談室や保健所などのカウンセラーを経て現在、大阪府のスクールカウンセラーや大阪市男女共同参画センター相談室のカウンセラーをしている。

家庭児童相談室では、心理的な問題や発達に課題や歪みのある子ども、保育所・幼稚園・小・中学校の不登校の子どもやその家族と関わっていたが、彼らの多くが睡眠や起床の困難、落ち着きがない、授業中に椅子に座っていられない、お腹が痛い、肩が凝る、腰が痛いなど、からだの不調を訴えていた。

また保健所では、一歳半健診や発達相談、統合失調症の方のグループカウンセリングなどを受け持っていた。ここでも、ことばの遅れを含めて、発達の問題を抱えている乳幼児のからだが一様にかたく、抱っこやおんぶにからだが馴染まず、緊張してそり返ったりすることが母親との愛着関係を成り立ちにくくさせている一因であり、その後の人間関係にも影響しているように思われた。そして、統合失調症の人にはそれぞれ独特のからだの緊張やくせがあり、症状の変化によって、からだや姿勢にさまざまな変化が見受けられた。

しかし、当時はカウンセラーがクライエントのからだに関与したり、触れることはタブー視されていたので、子どものためにはスキンシップが盛り込まれた親子遊びや親子体操のリストを作ってからだほぐしの遊びを工夫したり、グループカウンセリングの場では簡単な呼吸法やストレッチをすることくらいしかできなかった。

II　臨床動作法との出会い

1．臨床動作法と出会うまで

昭和五十、六十年代は「からだとこころは互いに影響し合うものである」という心身医学や心身相関の理論、それに「ストレス」や「心身症」ということばが一般にも知られるようになった時代であった。私はストレス解消のために、昭和五十五年に太極拳を習い始め、その数年後に気功と出会った。これらはいずれも姿勢を整え、意識的に呼吸をコントロールし、イメージを用いてこころを安定させることを目的とする心身の健康法である。次第に、わずかの緊張を保ちながら呼吸すること、瞑想することでからだの安らぎや精神的な安定感を体験することができるようになった。心身一如を実感し、自分自身を含めてからだの面から人を見ることへの関心は高まっていたが、上記のような時代だったのでそれは個人的な趣味、自己実現のためでしかなかった。

ところが、からだが楽になりたいというクライエントのニーズに応えて、平成に入ったころから上司の了解を得て、呼吸法や立ち方・座り方などを伝えるようになった。

しかし太極拳や気功法は元来、自己鍛錬のためのものであり、援助法としての体系はまだ構築されていなかったうえ、職場では馴染みにくいことを指摘されたこともあって、公的な機関の臨床現場で活用できるより効果的な心身への援助技法を求め続けていた。

2. 臨床動作法との出会い

平成五年四月、はじめて臨床動作法の二日間のワークショップに参加した。初体験の動作課題は肩開きだった。成瀬先生から肩をもたれて「肩甲骨を動かしなさい」と指示され、何とか自分で動かそうとするのだが、そう思えば思うほど背中のどこに力を入れたらいいのかが分からなくなりオロオロしてしまった。しかし、こころを落ちつけて「こうかな？　こうかな？」と工夫して動かし、ついにそれまで意識が至らなかった背中の肩甲骨の内側の奥深いところに在る緊張をしっかり捉えることができた。「あーあー、ここに不都合なものがあるる！」という感じだった。自分自身で工夫しながらそれを弛めていったとき、背中から肩、腕から指先に向けて熱いものがドウォーっと流れ出て、からだが弛んでいく感じとそれまでにないリラックス感を体験した。まずブロックしてくれている手の存在に感謝した。肩に置かれた「道しるべ」としての手がなければ、緊張の発見と弛めの体験には至らなかったからである。そのあと、肩の挙げ降ろし、躯幹のひねり課題でさらに深い弛めの体験をした。「すごい！　使える！」。長年求めていた援助法との出会いだった。ただちに導入、活用した。そして体験者の誰でもが深いリラクセイションの体験をすることに驚かされた。

動作法のなかで私が最も魅かれたのは、その一年後に出会ったタテ系課題であった。「重力に合わせて正しく座ること、立つこと、移動することが、こころをからだに留める最も確かな方法である」と気功や禅、多くのボディ・ワークの立場からも言われているが、それを体現することは非常に難しく、長期間の修行や自己訓練を要する。

しかし動作法では、坐位、膝立ち位、立位などのさまざまなタテ系課題に挑戦することによってクライエント自身が思うように動かせないからだの在り方を発見し、それと向き合い、援助に支えられて動作努力をしていくうちに、幼い子どもでもタテになる体験ができ、気持ちに落ち着きが出てくることを経験した。

最初のころは使える技法の数も少なくそのうえ稚拙で、自主性・能動性を引き出すものではなかったが、それでもクライエントに変化が生じ、いきいきしてくることを体験した。

心理療法としての動作法はまだまだ発展途上にあると言われており、進化を続けている。理論と技法をしっかりと身につけるべく研鑽を積んでいるところである。

Ⅲ　スクールカウンセリングと動作法

1．スクールカウンセリングへの参入

私が大阪府の公立中学校に配置された平成九年は、全国の配置校数が増え、大阪府でも三十人余りの臨床心理士がおおむね週一回の非常勤体制で配置された年だった。当時はまだスクールカウンセラー制度が周知されておらず、市の教育委員会をはじめすべての関係者が未経験だった。学校現場でもスクールカウンセラーとは「何者か」という感じで、「何をやってくれる人なのか」「どう受け入れたらいいのか」ということについても共通理解がなく、関係者のすべてが戸惑っていた。

私は、「教師と異なる視点、枠組みで生徒の問題を考える専門家であることを理解してもらうためには、焦らず徐々に理解者をつくり、学校の構成員として馴染むこと。そしてカウンセラーならではの実際的なお役に立つことしかない」と考えていた。

配置されたY中学校の不登校生数は怠学によるものも含めて三十人を超えていた。当時は「不登校も個性だから、不要な登校刺激は避けてそっと見守ろう」といった取り組みがされていたが、私は、不登校については「早

期発見、早期対応」が功を奏すると考えていたし、配置は一年間と決められていたので、一年生の不登校生にターゲットを絞り、担任との話し合いをもって保護者との面談につないでもらったり、家庭訪問に同行させてもらったりする活動を開始した。そこで役に立ったのが動作法であった。

以来十年間、延べ四つの中学校とその校区の小学校を担当し、スクールカウンセリングに動作法を導入してさまざまな活動を行なってきた。そしてそれらの経験から多くのことを学ぶことができた。

2．児童・生徒への導入

ここで、印象に残る事例を振り返り、私が学んだことの幾つかを紹介したい（各事例において、「　」はクライエントの、〈　〉は私の、《　》はそれ以外の者の発言とする。また、すべての事例についてプライバシー保護の観点から、支障のない範囲で変更を加えていることを了承されたい）。

①　事例1：家庭訪問、相談室登校を経て教室登校ができたAさん（中学一年生女子）

〈期間：一年七カ月間　総面接回数（グループを含む）：四十二回　うち動作面接：二十回　家族：Aさん、父、母、兄〉

Aさんは小学五年生時に微熱で数週間休んで以来不登校気味、六年生時はたまに保健室登校していた。中学入学後、連休までの一カ月間は登校できたがその後は不登校になっていた。六月末の母親との初回面接では、《友達も少なく、外出もまったくできない。病院の検査では異常ないが、不眠がちで登校時間までに起きられず、頭痛や腹痛、耳鳴り、胸の動悸を訴えている。A自身も深く悩んでいる》とのことであった。

二回目は家庭を訪問した。初対面のAさんは顔色が悪く暗い感じで、話しかけても緊張してなかなか会話が成り立たない。たまたま居間にツボ押器をはじめいくつかの健康グッズがあり、からだへの関心が高そうな様子だったから動作法を提案したところ、母子共に関心を示したのですんなり取り組むことになった。スクールカウンセリングに始めて動作法を導入したケースである。

Aさんが「立っているだけで胸がドキドキする」と言うので、居間の絨緞に仰向けに寝てもらった。床に接触している部分は、後頭部と首のつけ根の下、背中の上部、臀部と踵くらいで、あとの部分は床面から浮き、とくに屈状態の両肩は浮いて、背中から腰にかけてはブリッジ状に反っていた。からだを面で支えられず、点でしか支えられないので安らぎ感が得られず、安眠できないのは当然だと思われた。まずは、楽になる感じを味わって欲しいと、そのまま側臥位になってもらい躯幹のひねりを行なった。Aさんは息を止め、からだを硬くするばかりで苦しそうなので、少し他動的に援助しながら息を吐くように助言すると、「フウー」と大きく息を吐きながら弛めていった。左右が終わった後、仰向けになるとからだ全体が弛んで床面に馴染んでいた。顔にも赤みがさし、口元がほころんで表情が柔らかくなった。母親の《リラックスした？　今日は眠れそうやね》に、Aさんは頷《うなず》いた。

Aさんは、右足側に重心がかかり、左の肩と腰を前に突き出し、肩で自分を隠すような立ち方をしていた。背中を丸くし、腰が引けて、視線も左下を向き、今にもくるっと後ろ向きになって逃げ出しそうな姿勢だった。そうした構えから、不安が高く、対人関係で過剰に緊張してしまうAさんの体験の仕方が伺えた。後ろから両手で腰を軽くブロックして片足立ちをしてもらうと、右足では立てるが左足では立てないことが分かり、本人も母親も驚いた。足元が不安定なので裸足になってもらうと、足指を屈げ、指先と踵で支えて、足裏を浮かせて立っていた。前にまわって足指の付け根の部位でしっかり踏めるように、私の手でAさんの足指を浮かせて足の甲を押さえ、足裏全体で立つ感じを体験してもらった。さらに、両足を揃えて膝を屈げ、指先だけに力が入らないように母親に足元を観察してもらいながら、お任せで、前（足指の付け根）、右前、左前、左右、後ろ、そして足裏全体での踏みしめを援助した。しっかり踏めたところで、「そこ！」を繰り返すうち、それなりに軸をたてる体験ができたので、立位にもどって片足立ちを試してみると、左右ともすんなりと立てた。Aさんは「ドキドキがなくなった」と微笑んだ。

四回目のとき、躯幹のひねりの途中、背中の中心の部位に強い緊張があり、何度か仕切り直しながら弛めていた。ふっとAさんの上体が弛んだ瞬間だった。Aさんが突然四つん這いになり声を上げて泣き始めた。私は何か不都合なことをしたのかと驚き、母親も慌てた。はじめは号泣していたが次第に、自分の声を聞きながら気持ちよさそうに泣いているように見受けられたので、そのまま覚悟を決めて〈泣きたいだけ泣いたらいいよ〉と、ひたすら待つことにした。母親が渡したタオルも受け取らず、流れ落ちる涙と鼻水を拭こうともせず、床をビチャビチャにして二十分以上も泣き続けた。その後、立ち上がろうとするのだが、力が抜けてしまってなかなか立ち上がれない。それは映画やテレビで見る、生まれたての小鹿や子馬が立ち上がるときの様子そのもので、感動的な光景だった。やっと立ち上がったAさんは憑き物が落ちたような晴れ晴れとした表情をしていた。足元がヨタヨタしていたので、足を揃えた立位と、左右の重心移動をして均等に踏めるようにすると、タテ軸がしっかり安定したのでセッションを終わった。

そのころから、「家庭や学校での嫌なことが頭に浮かぶと緊張してお腹が痛くなる。五年生のときの仲良しの子が転校してつらかった。〇〇さんが……」など、こころの内を吐露しはじめた。夏休みには少しずつ外出できるようになり、友達との交流がはじまった。

九月末には小学校の運動会を友達と一緒に見に行き、「足裏全体をしっかり踏みしめたら足の裏がジンジンしてきた。すると胸がドキドキしなくなった」と報告した。回を重ねるごとにAさんは自分の緊張の仕方に気づき、タテになる感じ、動かす感じや弛める感じが分かるようになり、肩周り課題や躯幹のひねりでは、力を入れたり弛めたりのコントロールがうまくできるようになってきた。二学期末には週一回の相談室登校がはじまり、個人カウンセリングとグループカウンセリングを平行して行なった。同じように悩んでいる仲間たちとAさんはて、教室登校がはじまり、二年生になるとほとんど教室に入れるようになった。三学期半ばには担任の配慮、班の友達の支えもあって、教室登校がはじまり、二年生になるとほとんど教室に入れるようになった。カウンセリングルームには、昼休みに仲良しの友達数人と来たり、放課後、母親とたまに来室する程度になった。話題も、遅れている学業のこと、友達関係のことなどが中心になっていった。翌年、筆者は他校に配置されたが、三年生になったAさんはほとんど休まず教室登校し、勉強にも励んで希望の私立高校へ進学した。

六年後、Y中学校発行の冊子に、大学生になったAさんの不登校体験記が寄せられた。内容を簡述すると、「不登校やからだの不調を周りのすべての人たちに理解してもらえず、自分自身でも理解できず、仮病なのかと思っていた。そうした自分の存在を悪とし、生きている意味が見出せず、自己否定の毎日で、一人でつぶれてしまうほど泣いていた。しかし、動作法に出会って、緊張するくせが原因であることを知り、それを自分自身で治すことができるようになり、自分の存在が意味あるものと感じられて嬉しかった。そして今ではそのころのすべてが宝物と思える」というものであった。

このケースで最もとまどい、かつ印象に残っているのは、Aさんが延々と泣き続けたことである。私は、そのときもその後も、本当はどうすればよかったのだろうかと考えていた。年月を経て手記を読み、納得できた。おそらく何らかの外傷体験のフラッシュバックがあり、母親とカウンセラーに見守られて、それまで溜まっていたもろもろの感情を存分に流し出したのだろうと思われた。もしもそうだとしたら、動作法はトラウマセラピーとして有効だと思われる。それを実感できたケースであった。そして、タテ軸ができると不安がなくなり、冷静に自分の緊張や内面と向き合えることをAさんから学んだ。

近年、緊張が高く、ソーシャルスキルが未熟で、気持ちをことばでうまく表現できずこころが内面に向かわない児童生徒が増加しており、ことばによるカウンセリングの限界が報告されている。Aさんを含めてそのころ出会った不登校生はまさしくそうした生徒だった。家庭訪問で動作法をしていた五人の生徒が相談室登校をしはじめ、一年生の三学期にはグループ動作法の場が成立した。二年生の間は、相談室登校だけの生徒、保健室登校をしながらの生徒、また、教室登校しながらの生徒などさまざまだったが、三年生になると一人を除いて全員が教室復帰を果たし、それぞれの進路を得て卒業した。「動作法がスクールカウンセリングにおける有効な技法である」ことを確信できた体験である。

ところで、動作法の導入についての学校側の抵抗はまったくなかった。学校にはそれぞれの地域特性があり、ニーズも多様であるため、文部科学省もあえてマニュアル的なガイドラインは作っておらず、専門家であるスクールカウンセラーの独自性に任されているからである。また、職員研修会での動作法の体験をとおして、管理職をはじめ多くの先生たちに理解してもらったこと、特に、最も身近で私のカウンセリング活動を見守ってくれていた生徒指導主事や保健室の養護教諭が毎週の細かな打ち合わせのなかで、動作法の効果に理解と共感を示し潜在的なケースを発掘して面接につなぐなど、積極的に協力してくれたこともありがたかった。

②　事例２：不登校から回復したＢさん（小学六年生女児）

〈期間：六カ月間　母親面接：四回　父親面接：二回　動作面接：七回（三・五カ月間）　家族：Ｂさん、父、母、弟〉

母親はＢさんについて、《五年生の秋に関東から転入、関西弁や新しいクラスや友達に馴染めず、すぐに登校できなくなった。また家庭内では夫婦関係がギクシャクしており、その不満を愚痴るので、母親の味方をして父親に強く反発している。そして来年三月には隣県に転居する予定》であること、また、《Ｂさん自身が「新しい中学校には行きたいが、肩凝りや腰痛がひどく、腹痛もあるので学校に行く自信がない」と訴えている》と語った。動作面接にぴったりのケースだと思ったので提案すると、母親は積極的であったがＢさん本人はなかなか面接室に現れなかった。

十一月末、「からだが楽になる体操を習う」ためにやっとＢさんが来室した。卒業、転居まで正味三カ月余りしかない。とにかくやるしかないと覚悟を決めた。初対面のBさんは、額一面ににきびが広がり、唇をとがらせ、思いつめたような表情をしていた。まず立ってもらうと、左右のつま先が二センチほど前後にずれてO脚の足元が不安定だった。腰を引き、背中を丸くして顎《あご》を突き出しており、視線は下向きで上目遣いをした。いくつかの試し動作の後で前屈してもらうと、股関節が屈がらず、背中と首に力を入れて丸くするばかりで、努力が裏目に出ている感じだった。指先と床の間が二十センチ以上も開いていた。Bさんは投げやりな態度で「からだ、かたいもん」と言った。〈きっと着くようになるよ〉と軽く請け負った。Bさんは驚いたような表情をみせた。

「肩凝りが一番つらい」と言うので、肩の挙げ降ろしをした。見本を見せてもピンと来ないので、少し他動的に動かした。はじめはぎこちなく、左右もバラバラでどうしていいか分からない感じだったが、数回繰り返すとそれなりに弛めることができた。Bさんは〈三月過ぎたら、一人でできるといいね〉と言う私のことばを真面目に受け止めて、熱心に取り組んだ。肩開きでは「楽になった」と嬉しそうだった。そして、おそらく無意識なのだろうが腰を突き出し、まるで「次はここだよ」という感じでモジモジした。私が考える前にBさんのからだの方が次にどんな課題をやればいいかを教えてくれていた。からだにインプットされている知恵を感じた。腰を弛めようと躯幹のひねりをはじめたがなかなか腰に緊張感が届かず、「肩が痛い！」と訴えた。私の腰でBさんの腰をブロックして片方の手で腿を、もう一方を肉の薄い肋骨の辺りに置いてひねり、やっと腰に痛みが届いた。〈このまま待っているから、「楽になったらいいなあ」って思って弛めてね〉と言い、待っていると次第に弛んできた。腹鳴がして腰もお腹も楽になったようであった。しかし肩については軽く手が触れただけで、「イタイ！」と叫んだ。特に肩先と鎖骨の下の胸のあたりを痛がった。〈こんなところが、こんなに痛いって自分でも知らなかったでしょう。いろんなことを心配して肩や胸に力入れてがんばってきたんだね。少しずつ動かして弛めていけば楽になるよ〉と励ました。Bさんは涙をにじませていたが、〈続けてもいい？〉にうなづいた。ゆっくり待ちながら弛めていった。三回目には一人でも肩や腰を弛める方法を編み出した。ヨーガの卍のポーズのようにしてみせて「家でこうやっているとだんだん楽になる」と報告してくれた。Bさんは自分自身がからだを緊張させている張本人だということに気づいてきた。

四回目では，リラクセイション課題はそれなりにマスターできたので，約束の立位の前屈に取り組みはじめたが，頸と背中の緊張が強いので坐位で前屈してもらい，まず頭だけを肩の位置まで起こさせ，次いで肩，背中，腰が一直線になるように立てていく課題を行なった。特に不当な緊張が入りやすい背中を押えて弛ませることを心がけた。

変化があったのは五回目のセッションだった。股関節の部位とそこで折れる感じ，弛める感じを体験してもらうため上体回しで左右の股関節の屈動作をしたが，なかなか感じがつかめない。そこで，膝立ちするBさんの横に座り，私の足でふくらはぎをブロックして，一方の膝に体重をのせて，体軸を立てたまま股関節を後ろに引いてゆっくり弛めながら座れるように援助した。はじめは怖がったが左右とも援助なしでしっかりできるようになった。次に，正座になり，股関節を屈げて前屈（お辞儀）すると胸と腿《もも》がついた。背中も力みがなく自然な感じで伸びていた。「ここで屈げればいいの？」とやっと屈げる股関節の部位が実感できたようだった。そこで，正座前屈の状態で膝横の床に手を着いて，からだを支えながら膝を折って一旦しゃがんだ状態になり，頭は下げたまま，じわじわ膝を伸ばしていくように援助した。私はBさんの腰をしっかり支え，股関節を後ろに引くように援助した。Bさんはからだを任せつつ，膝を伸ばしていった。すると手の平はピタッと床に着いたまましっかり膝が伸びた。Bさんのからだは見事に股関節で折れていた。「ヤッター！」。Bさんは驚きと喜びに満ちた歓声を上げた。数回は私に腰を支えてもらいつつ，一つ動作をしては「ウン」，次の動作をしては「ウン」と頷き，自分の動きを確認しながら前屈に挑戦した。そしてついには援助なしで立位から股関節でからだを屈げ，股関節を後ろに引きながら前屈ができるようになった。Bさんは「できると思わなかった。ほんとにできたんだ！」と満足そうな笑顔を向けた。その後，立位になると，背中が伸び，頸の力が抜け，顎が自然に引かれ，顔面と視線が真っ直ぐ正面を向いた。すると、それまで上目遣いで腫れぼったかった目が涼やかな感じになり、表情が明るく変化した。思わず鏡の前に連れて行くと、Bさんは自分の顔を見ながらうっとりとし、さらに表情を柔らかく愛らしく変化させていった。〈どう？　自分の顔が気に入った？〉と聞くと、直接的な答えではなく、「ありがとうございました」とお礼のことばが返ってきて面食らってしまった。よほど嬉しかったのか、翌週、手作りクッキーをプレゼントしてもらった。

六、七回目の終わりには歩行の練習をした。始めはロボットのようだったが〈肩と腕の力を抜いて右足に乗って、左足のつま先を蹴って、ゆっくり運び、踵をつけて、足裏をしっかりつけて体重をしっかり乗せて……〉〈頸を自然に動かしてみよう……〉。Bさんは次第にスムースに歩けるようになった。そして、「天井の電気が見えた。箱庭やぬいぐるみ、その他、室内にあるものをはじめて見た」と言い、「見える世界が違った」と感想を述べた。その回で終結となったが、当然Bさんの体験の仕方にも同様の変化が起こったことが推測された。

Bさんは春休みに転出した。そして、新しい中学校には無事通学でき、クラブ活動を楽しみ、二年生の夏休みには短期海外留学経験もしたとのことである。

Bさんは友達関係で悩み、自分の容姿や能力に自信がなく、周りの人間関係に振り回されて自分のことに専念できず、気持ちや考え方にも柔軟性や余裕がなく、自己否定的で視野が狭くなっていた。しかし、Bさんはリラクセイション課題をとおして、痛くても信頼して身を任せ、弛める努力をしながら待っていればその努力は報われ楽になることを体験し、それを身につけた。次に、その気になって、前屈という「いま、ここ」での課題に専念し、工夫・努力して結果を得たことが大きな自信につながったように思われる。Bさんにとって指先から二十センチ向こうの世界は、何が起こるか分からない未知の世界だったようである。痛みや失敗を恐れてそれ以上先に進めないというBさんの人間関係での体験の仕方との重なりが推察された。手を先についてから膝を伸ばすというまったく逆の方法は、かなり無理なやり方だったと反省するが、目的に向かって試行錯誤するうちに、Bさんと私の二人が生み出した動作課題だった。多くの動作課題もこのようにして生み出されてきたのだろうかと思われた体験である。また、タテになり肩の力を抜いて自由に歩く体験をとおして、Bさんは心身の自由さと視野の広がりを体験したように思われる。

転出後にもらった数通の手紙からも、動作法を体験したBさんの体験の仕方が、悩みがあってもそれにとらわれず、前向きで明るく、主体的で生き生きしたものに変化したことが伝わってきた。

この十年間多くの小学生に動作法を用いてきた。それは不登校および不登校傾向の子ども、勉強に集中できない子、緘黙の子、腹痛を訴える子、乱暴な子、友達関係がうまくいかない子、抜毛やさまざまなチック症、運動が苦手な子、先生が怖いと訴える子、教室でじっと座っていられない子、万引きをした子、虚言癖のある子どもなどである。こうした子どものからだは一様に緊張しており、躯幹部がかたく、腰が反って、立たせても左右のバランスが悪く、足元がふらふらして浮いているという特長をもっていた。母親同席で、ときには母親も一緒に肩開きや肩の挙げ降ろし、躯幹のひねり、腕挙げなどのリラクセイション課題を体験してもらった後、坐位、膝立ちや立位での足裏全体の踏み締めをしてタテ軸をつくることで、比較的短期間に症状が改善されるケースが多かった。家庭でもスキンシップ代りに躯幹のひねりや腕挙げをしてもらうことで、落ち着くと同時に母子関係が親密になったケースもあった。

中学校では主として不登校生や保健室・別室登校の生徒に用いたが、その他勉強に集中できない生徒、からだの不調を訴える生徒、友人関係で気を遣って言いたいことを言えない生徒、家庭に複雑な問題を抱えて疲れている生徒、異性関係で悩んでいる生徒、猫背やO脚の生徒にも適用した。また例年のことだが、二学期末ごろになると養護教諭のコーディネートで受験を控えた三年生が昼休みにやってきて、リラックスして教室に戻るといった光景が繰り返された。それらの生徒には、過度の緊張、肩凝りや腰痛がみられたが、自分ではまったく感じとられていないことも多かった。動作法の体験が深まるなかで、上手に自己コントロールができるようになっていくことにも驚かされ、どの生徒にも生きる力が内包されていることを実感した。

3．軽度発達障害の児童・生徒への対応

[1] 事例3：落ち着きがでてきたC君（小学六年生男子：ADHD《注意欠陥多動性障害》）

六年生のC君は、低学年時にはすでに専門機関で診断され服薬もしていた。しかし、クラスの人間関係に馴染めずパニックを起こすことが多く、いじめの対象になりかねない状況だった。C君には動作法が有効だと考えたが、学校の枠にはその余裕がなかった。そこで、近隣市で二十年以上にわたり月二回、心理リハビリテイション学習会を主宰されている養護学校教諭のK氏にお願いした。C君は腕挙げや、躯幹のひねりをはじめ、タテ系課題その他を体験した。また家庭でも母親に腕挙げを続けてもらったこともあり、次第に落ち着いてきた。会には、私もスタッフとしてときどき参加させてもらっている。

平成十九年より特別支援教育の新しい制度がスタートした。私は平成十八年にT中学校に配置されたが、着任早々、ADHD、アスペルガー症候群、LDを疑われるケース（小学生を含む）を数件受けつけた。スクールカウンセラーには専門機関や医療機関への紹介を含めて教師や親へのカウンセリングや助言、また子どもについても二次障害を予防し、自分らしく生きるための援助が期待されている。私について言えば、動作法をどう活用できるかについて学校側と検討しているところであり、まずは先生たちに動作法を体験してもらいはじめている。

4．ストレスマネジメント教育

近年、「普通の子」とみなされている児童生徒のいじめその他、ストレスによる自殺、事件、事故が急増している。スクールカウンセラーは問題を抱えた生徒ばかりでなく、一般の生徒のこころの健康をも視野に入れなくてはならない。どの配置校でも「動作法を導入したストレスマネジメント教育」の重要さを伝え、役に立ちたい

と表明しているが、週五日制で授業と学校行事に追われている学校の現況とカウンセラー自身の時間不足とが原因してなかなか実現しにくい。前配置校では、不登校支援員の若いスタッフとお便りを発行し、そこに肩の挙げ降ろし、肩開きや呼吸法などのリラクセイション法を連載した程度である。

ところで、スクールカウンセラーになって以来、入学式、卒業式に列席しているが、児童生徒の姿勢、座り方や歩き方、お辞儀の仕方なども気になるところである。

条件が整えば、学校教育のさまざまな場面で、児童生徒の「こころとからだの健康」のために動作法がお役に立てるのではないかと考えている。

5．保護者への導入

1　事例4：主体的な生き方へ変化したDさん（女性）

〔期間：三・五カ月間　総面接回数：八回（言語面接：二回　動作面接：六回）　家族：本人、夫、長男、長女〕

当初は、Dさんの長女が小学校以来の友達に物心両面で振り回されているが、自己主張できないため腹痛を訴えて不登校傾向になっていることについての相談だった。三回目の面接で、母親のDさん自身が家業に理想を掲げ、自分にも他人にも厳しく、寝る間を惜しんで頑張っている夫との関係で同様の問題を抱えていることが分かった。「夫についていけない。肩が凝り、だるくてやる気が出ない。結婚前は仕事をもち親元を離れて自立できていたのに……」とのことであった。Dさんは、硬い表情、緊張して屈になった肩、丸い背中、前かがみで足元が不安定、気持ちが内にこもったような姿勢をしていた。そこで動作法の導入となった。

まず椅子坐位で肩挙げをしようとしたが余りにも動きにくいので、肩開きを先にすることにした。Dさんは傍目にはほっそりしているのに背中にモッコリしたぶ厚い肉がつき、亀の甲羅のように固まった感じで肩甲骨がどこにあるか分からない。肩を持って他動的に開くと、肩甲骨の辺りは動かず、うなじの下の肉だけが寄る感じだった。肩を抑え加減にしながら背中を動かすと、すぐにガチーッとした緊張に当った。数回繰り返してもわずかしか動かない。〈どうですか〉「痛いです。こんなに硬くて痛いって、びっくりしました」。Dさんは自分のからだの不具合に直面して驚いていた。背中の緊張の様子から、背中に力を入れることで耐え、身もこころも頑なにして頑張ってきたDさんの殻に閉じこもった非主張的な体験の仕方がうかがえた。いささか強引に弛ませたところ、Dさんは「楽になりました。こんなのは初めてです」と感謝してくれた。おそらく、単純に整体をしてもらったような気分だったのだろうと思われた。

その後の面接では、躯幹のひねりで腰まわりを楽になってもらってから、そのままの体位で肩と背中を片側ずつ弛めることにした。側臥位を選んだのは、私にとって椅子坐位で腰や背骨を立てることに注意を払いながら肩甲骨の動きをつくり出すのが難しかったからである。片方の手でDさんの肘のあたりを支え、もう片方で肩を包むようにしてコースを決めて肩を押し挙げ、Dさん自身が痛みや緊張を感じるところを探してもらい、そこで待ち、呼吸を合わせてゆっくり下げながら動かし弛めていく援助をした。回を重ねるごとにDさんは、はじめは援助を手がかりに、次第に自分で自分の肩と背中をあれこれ動かしながら「ここです」「ここ感じます」「きてます」「効いてます」と緊張の部位を探し出し、自体の感じを目を瞑《つぶ》ってじっくり味わいながら時間をかけて弛めていくことができるようになった。私はDさんの動きを感じとりついていくだけだった。肩と背中の余分な緊張が取れると、背中の形が変わり肩甲骨が現われた。タテ系課題も導入した。軸がしっかりしてくると、表情が生き生きして「気持ちが落ち着いて自由になった感じがします」と言うほどになった。

最終回では「先走ってあれこれ考えなくなり、いろんなことが割り切れるようになった。構えず、嫌なときに〈いや〉と言っても夫は怒らないことが分かった。夫との関係が変わると、夫と子どもたちの関係も良くなってきた。体調もいいので、ダラダラせず生き生き働けるようになった。長女も朝のトイレは長いが、休む様子はまったくなくなった」ということで終結となった。

結婚以来良い嫁として無理をして頑張ってきたDさんのこころは、いつもからだを離れて四方八方に分散していたと思われる。動作法によってDさんは「いま、ここ」でのことに集中し、自体の感じを味わい、主体的・能動的に動かし弛めることで、こころとからだが共に在る体験をした。また、余計な遠慮をすることなく、援助者を利用・活用できたことが自己と他者への信頼の基盤となり、夫に対する体験の様式の変化にも繋がったものと思われる。そして、それは家庭以外でのDさんの体験の仕方や長女を始め家族成員の体験の仕方に対してもより良い変化をもたらすことが推測された。

担任や生徒指導主事、養護教諭が生徒たちに積極的に関わってくれたことと筆者の年齢のせいかもしれないが、面接での保護者が占める割合が高かった。動作法を導入したケースの大半は不登校生を抱えて来室している疲れた母親だった。肩凝りや腰痛、不眠対策として、肩周りの弛めや上体回しなどのリラクセイション課題を伝えて喜ばれた。また、Dさんのように保護者自身をクライエントとして動作法を適用して継続的に関わったケースも少なくない。不登校生の母親、うつ傾向の母親、産後うつの母親、生徒時代に学校でいじめを受けたことのある母親、複雑な家族問題を抱えた母親、自身のアトピーに悩む母親、不登校の娘を抱えながら夜勤が多く余裕のない生活に振り回され憔悴していた父親などであった。

6．教師への導入

1　事例5：現実と向き合えるようになってきたE先生（女性）

〈期間：継続中（四カ月間）　動作面接：五回　家族：本人、父、母〉

四十代、未婚のE先生の主訴は「一人っ子で、共に七十代後半の両親との三人暮らしだが、両親が不仲なので母親と家を出たい」というものだった。ことばによるカウンセリングを数回行ったが、内容がまったく具体的にならない。〈お父さんを置いて、そんな形で家を出られるんでしょうか〉「さあ？　困るでしょうね。あきませんかねえ。へへへ……」と、E先生は笑って誤魔化してしまうので話題に真剣に取り組めず、話が肝心のところまでいかない。学校での仕事はそれなりにこなせているのに、私生活のこととなるとまったくと言っていいほど、いい加減になるのが不思議だった。「親も私も、このまま歳とって、死んでしまうんですかね、へへへ」と言うE先生に〈考えることがこんなに形にならないって、もしかしたらからだのせいかもしれませんね。動作法をやってみますか〉と誘うと応じた。

小柄で、素顔のまま、いつも洒落っ気のないだぼだぼの洋服を着ているので気がつかなかったのだが、薄着になったE先生は強度の側湾で、背骨が逆「く」の字状に曲がり、右側は肩甲骨周りから脇にかけて大きく盛り上がっていた。左側は全体的に薄っぺらで力ない状態だった。「中学一年のときに大学病院で、〝コルセットをつけるほどでもない。気をつけて力を入れてなるべく真っ直ぐにしなさい〟と言われ、以来三十年以上も右側だけに力を入れてきました」とのこと。〈長年よくがんばってきましたね。相当からだがしんどかったんじゃないですか〉と言うと、「子どものころからの肩凝りで、今でもずっと整体に通っています」とE先生は言い、私は〈私の力でどれだけやれるか分かりませんが、やってみましょう……〉と応え、とりあえず動作法の理論を自作のテキストを用いて説明した。そして、一方的に援助してあげるのではなく、被援助者が努力するのを援助者が手伝うことを強調した。月に一、二回の設定で五回やってみてから、次にどうするかを話し合うことにした。

初回、どういう課題を行なうか迷ったが、まず椅子坐位で背中のペコポコをしてみた。手ごたえが感じられなかったので、坐位で前屈してもらうと右背中の盛り上がりが際立った。一番高いところを手で抑えて押し返してもらうと、しっかり力が入り動かせた。今度はそれを弛めてもらうのだが、それがなかなか難しく、その上下が動いてしまう。まぐれで肩甲骨のあたりを少し弛められたとき、E先生は「弛むと楽になるんですね」と感動した。左側も行なったが、力を入れる感じが「まったく分からない」とのことだった。あぐら坐位で、右尻に乗ってのタテ直はできるが、左に乗ると脇や腰にまったく力が入れられず立てなかった。

二回目、前屈で右側背中の部位を押えると、力を入れて押しかえし、それを弛める経験ができた。「こんなところが動かせるんですね」。何となく、こぶのように出ていた盛り上がりが低くなり、脊柱の曲がりが緩やかになったように見えた。左側にも力を入れられるように援助をした。三回目の来室ではあぐら坐位で右背中の後反らしをした。筆者の膝をE先生の背中の緊張の強い部位に当て、三箇所ほどをじっくり弛めながら反らせていった。かたい部位に当るとしっかり押し返し、弛んでいく感じが膝に届いた。「この方がよく分かります。背中に血が通います」とのこと。左側はペコポコをした。疲れたようだったのでそのまま仰臥位になってもらい感想をきくと、「背中の邪魔がなく、からだが床に沈み込む感じです」とのこと。坐位になると、盛り上がりがかなり平らになり背中の形がずいぶん変化した。あぐら坐位での左側のタテ軸づくりでも、全体に力が入れられるようになり、傾きながらも坐っていられるようになってきた。軸ができると、E先生独特のごまかし笑いがなくなったのが不思議だった。そして、「ずっと自分のことを〝わけが分からん奴や〟と思ってきた。いつも何かがズレ、肝心のところをはずしてしまう。生徒のことも分からない。相談する人もなく、自信がないままに生きてきた」と真顔で語った。

四、五回目では、右側の背中はペコポコでかなりの部分に力を入れたり抜いたりができるようになった。左側についても、押し返される手ごたえが伝わってくるようになり、「動かす感じが分かるようになってきました」とのこと。あと五回継続することになった。E先生は「今まで家庭に生活費を入れたことがない。課題は大人になることとです」と語った。

からだの半分だけに力を入れ、半分を無視してがんばって生きているような場合、体験の仕方として、生活面でも同じようなことが起こるのではないだろうか。背中の右側の不当な緊張を弛め、左側には相応の力の入れ方、弛め方ができるようになり、さらに、タテ系課題を獲得することで、E先生の生活がバランスの取れたものになり、成人、家族の成員、教師、そして一人の女性としても、豊かで生き生きしたものになるのではないかと思われる。そうした期待をもって援助を継続したいと考えている。

教師はストレスを抱えやすい職業であると言われており、うつ病や心身症など、こころの病と診断されて休職する教師が年々増えてきている。

動作法を導入したのは、右隣の同僚とうまくいかず右半身がガチガチになった女性教師、保護者との関係で疲れ果てていた小学校教師、生徒や同僚とのギクシャクした関係に加え家庭での介護の問題まで抱えて辞職したいと涙された中年の女性教師、また結婚と同時に転勤し新しい職場にも家庭にも馴染めずうつ状態に陥っていた若い男性教師、わが子を失った教師、転勤や昇進がらみで自信を喪失してうつ状態になっている教師たちに対してである。なかには専門病院を紹介したケースもある。

7．教職員・ＰＴＡへの研修

教職員やＰＴＡの研修では、自分自身の性格と姿勢のあり方に気づいてもらい、柔軟で健康な心身を自分のものにするための健康動作法として「肩の挙げ降ろし」「肩開き」「上体回し（腰痛に効く）」「タテ軸をとおした立ち方」「歩行」などを伝えてきた。

講演後には「からだが楽になった」という感想に加えて、「緊張やコリ・痛みをつくっているのは自分だということが分かった」「自分自身がからだの責任者で、自分が工夫して弛めるしかないことが分かった」「目からうろこが落ちた」という声が寄せられることが多い。

8．緊急支援

スクールカウンセラーとして、緊急支援に携わる機会が数回あった。なかでも印象に残っているのは、家族の突然の死に残された小学生、中学生を含む残りの三人が極度に不安定になったため、支援を要請されたケースである。家中に緊張感が張り詰めて、次に起こる悲劇的な事態が懸念されるほどだった。その際ことばによるカウンセリングと、動作法を併用して家族の回復のために役立つことができた。

9．セクハラ問題を回避するために

小学校から大学にいたるまで教育機関でのセクハラ事件が後を絶たない。スクールカウンセラーにとってもこの問題は避けてとおれない。

それはストレスを訴える他校の男性教師に躯幹のひねりをしていたときだった。突然数人の生徒がカウンセリングルームに入ってきた。セラピーマットの上での様子を見て，「先生たち怪しい！」「変なことしてる！」とはやし立てたのである。事情を説明してすぐに誤解は解けたが，状況によってはただ事ではすまなかったかもしれないと反省した。

動作法はからだを用いるので，対象の児童，生徒，保護者，教師らが異性同士，同性同士であっても「セクハラがあった」ということになれば，たとえ捏造であっても当事者はもちろん，臨床動作法に関わる人びと，ひいては臨床心理士，カウンセラーといわれる立場の人びとすべてに影響が及ぶことを自覚し，これを回避するための工夫が必要だと感じた。

まずクライエントは受身の立場なので「ノー」が言いにくいことを理解しておくことが大切だし，相手が不快に感じるようなことは極力避けねばならない。ひところ「触らない動作法」の研修が盛んに行なわれ戸惑ったものだったが，筆者はそこから，触るときは「ここに手を置いていいですか」ときちんと相手の了解を得ることの大切さやなるべく最小限の触れ方を工夫することを学んだ。

動作課題の選択，体位の選択についても工夫が必要だろうし，二人きりにならない工夫が必要なケースもあるだろう。また，場所についても密室にならない工夫や，ビデオ撮影をしておくなどの工夫も必要かもしれない。

いずれにせよ、双方がセクハラの加害者、被害者になることから身を守る工夫が重要だと考える。

Ⅳ　おわりに

平成十六年十一月四日の『朝日新聞』（大阪本社版）に「不登校の子、体ほぐしてホッ　臨床動作法に成果」という五段抜きの記事が掲載された。記事は私の動作面接中の写真、現場の様子と兵庫教育大学の冨永良喜教授、ふぉりせ心理ストレス相談室の宮脇宏司氏の臨床動作法についてのコメントによって構成されていた。こころとからだの相関に関心の高い有能な記者S氏とは意気投合していろいろ話し合えたが、それでも動作法の目的は「からだを弛めることに留まらず、動かしたり、弛めたりの努力の仕方に焦点を当て、体験様式の変化を促すもの」だという肝心のところをしっかり伝え切れていなかったことが記事の内容から分かった。そのことで動作法についての誤解が生じ、動作法関係者に迷惑をかけたのではないかと深く反省した。伝えることの難しさを学んだ体験である。

その後、講演の依頼やカウンセリングの申し込みがあった。しかし大阪では、動作法を活用しているスクールカウンセラーが少ないため、要請に十分応じきれなかったことが残念であった。まずは、身近なところから仲間を増やしたいと考え、少しずつ実践をはじめているところである。

3　精神病院における臨床動作法

筑豊病院　藤吉晴美

●編者コメント

藤吉さんは福岡教育大学で、秋山俊夫教授にいわゆる精神分析的な力動心理療法の指導を受けた後、精神病院へ勤務するようになって、同大学の鶴光代さんに臨床動作法の手ほどきをして貰っていたが、鶴さんの秋田大学転勤に伴い、私がスーパービジョンをすることになって、隔月の研究会で顔を合わせるようになりそれが数年に及ぶ。だから、はじめのうちはどうしても従来の心理療法の常識から脱皮ができず、それに苦労した。そして、臨床動作法になってからも、それを現場で実際に適用するのに、やはりわが国に流布する言わばカウンセリングや一般心理療法の考え方を払拭しきれず、むしろ動作法にチャレンジするのが大変だったようで、本稿でも、過去を棄てて動作法にドップリ浸かり込むようになった、彼女の成長の重要な分岐点辺りのケースに彼女なりの考察が報告される。

精神病院における臨床心理職の扱いは最近までおおよそこんな具合なので、これからを志望する人の覚悟を迫る報告だが、実力を示せば受け容れてもらえるのも、またこの世界なればこそである。大切なのは腕前と実力。

最初のうちは鶴さんの指導にもかかわらず、やはり臨床動作法を精神病院の現場へもち込むには相当の躊躇《ためら》いがあったに違いない。その試しのための三例が彼女だけでなく、わが国臨床動作法のためにも大変幸いした。恋愛嗜癖、ひきこもりで緘黙、緊張がひどく、話すことでは治るとは思えない、というケースには、これまでの彼女の治療レパートリーでは取っ掛かりもつかめないところからの、やむをえない動作頼みだったようだが、その後に記載された二例は共に、それまでに蓄えた臨床動作法が思いも掛けず有効性を発揮した。

統合失調症者への伝統的な偏見へのチャレンジとは、私が直接スーパービジョンしたもの。特に疾病利得説への批判と、藤吉さんが身に沁みて経験したところからの、反省と警告を含む、貴重な一文となっている。

I　精神病院への臨床心理士の参入

1．病院における臨床心理士の立場

精神病院に勤務する臨床心理士にとって「印鑑」を押したり「署名」することが求められるのは、心理検査の所見でもなく、カルテの面接記録でもない。唯一、出勤簿だけである。もちろん、心理検査の結果や面接記録の署名・捺印はマナー上、大切なことと言える。しかしそれがなかったからといって保険診療上、大変な問題だと大騒ぎされることはない。と言うのも臨床心理士は保険診療による医療収入を得ようといくら頑張ってみても悲しいかな、一人では一円も稼ぐことができないからである。

精神病院に勤める臨床心理士にとって重要な業務の一つと思われている心理検査に関しても、平成十八年四月の診療報酬算定方法の改正では「臨床心理・神経心理検査は医師自ら、または医師の指示により他の従事者が

（中略）検査および結果処理を行ない、かつその結果に基づき医師が自ら結果を分析した場合にのみ算定する」となった。結果の分析は従来どおり医師のみにしか許されない業務であるが、検査の実施と結果処理に関しては「他の従事者」でも良くなった。そうなると実施と処理を臨床心理士がしてもよいが、別段臨床心理士でなくても「従事者」であれば誰でもよいことになる。臨床心理士にとって喜んで良いのか悪いのか複雑な改正である。

入院生活技能訓練療法も臨床心理士が率先して行なっている精神病院が多い。しかしこれを実施し保険請求するのに必要なスタッフは、「少なくとも一人は看護師、准看護師または作業療法士のいずれかとし、他の一人は精神保健福祉士、臨床心理技術者または看護補助者のいずれか」である。精神科デイケアにおいてもスタッフの一員に「臨床心理技術者」という記載はあるが、必ず他のパラメディカルとの併記であり、どちらか一方がスタッフに含まれれば良いとなっている。つまり保険診療による医療収入という病院経済活動の側面からのみで臨床心理士を位置づけるとすれば、いてもいなくてもどうでもよい存在でしかない。どうでもよい存在からスタートし、そこから先、病院のなかでどのようなポジションにたどり着くかは個々人の努力に委ねられている。多くの精神病院で臨床心理士が仕事をする時代になってきたが、医療のなかに無資格者のままで席を置き続けることの厳しさは今なお続いていると言える。

2．仕事探し

今から十八年前の平成元年に筆者は、「臨床心理士」という肩書きで筑豊病院という定床二百三の精神病院に入職した。大学院の病院実習でお世話になったことが縁となり、そのまま居座ったような形である。

最初に断っておくが、当院の病院長は以前から臨床心理士という職種の専門性について理解が深く協力的である。当院では臨床心理士が面接の担当になった時点で、医師が徹底して管理医の立場となる。たとえ心理療法と並行しての薬物療法が必要な場合でも、医師は薬に関する患者のニーズを把握したり、服用後の感じを明確化するためだけの最低限の問診に終始しセラピー領域には入ってこない。それゆえ臨床心理士は、心理援助方針から具体的な援助方法に至るまで主体的に決め実施することができる。しかし万が一問題が生じた場合、法的にはすべて医師の責任になるので、臨床心理士から医師へセラピー報告を欠かさない。このように筆者の職場環境は、日本の精神病院で働く臨床心理士のなかではかなり恵まれている方といえる。これを踏まえたうえで以下を読み進めていただければと思う。

さて、筆者が就職するまではむろん臨床心理士という職種がそれまで病院のなかにはなかった。机は医局に据えられた。一年先に入った精神科ソーシャルワーカーの隣であった。臨床心理士や精神科ソーシャルワーカーが医師に患者さんの報告をしたり、気軽にディスカッションできるようにという院長の配慮によるものであった。

さて、精神科ソーシャルワーカーは朝のコーヒーを飲み終えないうちに病棟の申し送りに参加し、その後、看護師と精神科訪問看護にハツラツと出かけていく。病棟から次々と仕事依頼の電話がかかってくる。筆者のお隣さんの精神科ソーシャルワーカーは専門職としての業務内容がはっきりしていた。

臨床心理士はどうだろう。電話がかかってくることはまずもってない。院内放送で呼び出されることもない。ぼんやり待っているだけでは仕事の要請がこない。心理検査から始めようと思い主治医に相談してみるとすんなり許可が出た。しかしこれといって要望がないため、自分でテストバッテリーを考えて実施した。一カ月ほど経ったとき、病棟から検査の結果を看護用カルテに記載して欲しいとの依頼があった。初めての「要望」に喜んでいたが、半年ほど経ったあるとき、病棟の管理職クラスの人が笑いながら近づいてきてこう言った。「心理の先生のことばは難しいですねえ。結果を読んでも何が書いてあるのか自分たちにはさっぱり分かりません」と。さらには「心理検査をされると病棟の仕事が増えますね」とまで言われてしまった。わずか二人からのことばではあったが、グサリとくる一言であった。自分をアイデンティファイできる心理検査が病棟スタッフに受け入れられなくなるとすればこれは大変な事態であると感じた。少しずつ書き方に工夫を重ね、病棟での看護に役立つよう具体的な場面を想定した報告内容にしていった。臨床心理士以外のスタッフが読んでも分かるように書かないとダメなんだという、チーム医療の基本でさえ当時は実践できていなかった。

こうした反省を重ねつつ、病棟での心理検査が最初の仕事としてどうにか定着していった。

3．院内での呼び名

病院における長年の決まりとして、「先生」と呼んでよいのは医師だけであった。もちろん筆者も「さん」づけで呼ばれていた。

筆者の入職から二年後の平成三年、作業療法士がやってきた。この作業療法士も新卒の女性でありそこまでは筆者と似たようなものである。ところが仕事を始めるや否やリハビリプログラムを次々と実施し患者らの生活を一気に活気づかせた。さらに一日に五十人までの作業療法による保険請求ができるという稼ぎ手でもあった。仕事のシステムがはっきりしない臨床心理士とはまったく立場が違っていた。この作業療法士の呼び名について院内でおふれが出た。「先生と呼ぶように！」。その際「藤吉さんも先生と呼ぶように」と追加された。まさに便乗だった。十八年経った現在では他の精神病院の臨床心理士の多くがおそらく「先生」と呼ばれているであろう。その是非はともかく、仕事の内容がはっきりせず立場が曖昧だった時代のエピソードとして記しておきたい。

4．院外での仕事はじめ

ある日、院長から呼び出され「こういうの、興味ありますか」と文書を差し出された。平成二年より福岡県健康教育推進事業が始まることになり、性とこころの健康相談が県内の公立高校で実施されるとのことであった。そこで言われたことは「当院が校医になったなら実務（実際の相談活動や講演会など）はあなたがやってくれますか」という内容だったと記憶している。高校での心理相談と聞いてこころは踊り、「はい、やらせてください」

と十分に検討することなく即答した。

こうして初めて病院の外での仕事を体験した。そこでの手ごたえを元に、以後は院内でひたすら待つ姿勢を改め、地域へと積極的に出かけていくように努めた。教育関係機関だけではなく保健所をはじめとする地域精神保健機関へも顔を出すようにした。こちらが出かけていき、地域ネットワークへ少しずつ参加し始めてから、少しずつではあるが風通しが良くなり、地域からポツリポツリと紹介を受けるようになってきた。自ら足を動かすことで仕事の流れが変わっていくという実感を得ていった。

5. 外来における心理療法という仕事の定着

「自閉的傾向がある」と健診で言われた三歳児を診てくれないかと保健師さんが電話してきた。しかし外来の診察室ではどう考えても子どものセラピーは無理である。筆者は何か工夫ができないかと考えた。夕方、誰も使わなくなるデイケアルームはどうだろうか。早速院長に相談してみると気軽にどうぞと承認が得られた。これを契機に三時半過ぎのデイケアルームで子どものセラピーが細々と始まった。

そうこうしているうちにまたも院長が突然に「一般的なプレイルームとはどのくらいの広さですか。この大きさで足りますか」と言う。外来棟を増築した際に一部屋空いたから使いますか、ということであった。「えっ!?」と戸惑いつつもこのチャンスを逃したら大変と思い、「はい、だいたいこの大きさくらいだと思います」と咄嗟に返事してしまった。「ではどうぞ、使って」と言われ、現在に至る。ちょうど良い広さであるのは最初から意図されていたのか、偶然の産物なのか定かではないが、臨床心理士にとって部屋を一つあてがわれることなど大変贅沢な話である。ましてや臨床心理士から請求せずに病院側から自然に与えられることなど、非常に珍しいことである。こうして筆者は面接室兼プレイルームを手に入れ、子どものケースの受け入れがしやすく可能になった。現在では病棟の心理検査やデイケアに従事しつつ、外来での心理療法が業務の半分以上を占めるようになっている。

6. 伝統的心理療法の効果と限界

入職初期における筆者の主なアプローチ方法は、共感的に話を一所懸命聞くという伝統的な心理療法が中心であり、時折やってくる年少の子どもに対してはプレイセラピーを試みた。クライエントたちは真正面からきちんと話に耳を傾けてもらえる体験、自分の気持ちを受け止めてもらえる体験をとおして自らが抱えている心理的問題を少しずつ解決しつつ、長い時間をかけて社会への適応スタイルを確立していった。こうしたクライエントの変容についてどう捉えていたかと正直に言えば、「クライエント自らが自分の問題を解決していく鍵を握っているのだ」というものだった。私はクライエントの治療意欲や主体的解決姿勢を尊重し、気長に待ち続けた。クライエントを信じ寄り添うことでそれなりに効果は上がったと記憶している。しかし問題はセラピーが長期間続いてしまうことであった。単に時間の経過によるクライエントの自己成長に過ぎないのではないか、本当にセラピーがクライエントの不適応問題解決に寄与し、クライエントの成長を支援できていたのかと問い詰められれば、はっきりとした証拠を示すことができなかった。つまり、セラピーの手ごたえ感がはっきりしていなかったのである。

十年ほど前からであろうか、子どもたちとの言語面接が時折難しく感じるようになった。彼らから「話すのが苦手。シーンとなると嫌。何を話題にしてよいか分からない」などの訴えが目立つようになり、リストカットなどの行動化を図る若者や、薬物による即効性のある解決を望む人も増え始めていた。自分自身の内面にじっくり目を向けていくという作業が困難なクライエントの増加により、伝統的な心理療法に限界を感じざるを得なかった。

II　精神病院における臨床動作法の参入経緯

（＊プライバシー保護のため本質を損ねない程度に事例内容には修正を加えている）

1．動作法を導入していくきっかけとなる三つのケース

①　恋愛嗜癖から抜け出せない二十代後半女性Aさん

Aさんの最初の訴えは「夫が愛人をつくり家に戻ってこない。イライラして子どもを叩いてしまう」という内容であった。Aさんは二人の小さな子どもを抱え、自分の実家に依存しながら育児をしていた。面接開始から半年が経過したころ、複数の男性とのお付き合いがあることをセラピストである筆者に打ち明けた。Aさんの本当の問題は恋愛嗜癖であった。

それ以来Aさんとは三年半にわたる言語面接が続いた。Aさんは夫婦関係、実の親との関係について洞察を深め、子育ても少しずつ落ち着いてできるようになった。しかし恋愛嗜癖を断ち切ることがどうしても難しく「男性からちやほやされる夢の国からこの世に戻ってきたときすべてがつらくなる」と訴えた。Aさんは「解決の糸口が見つからない」とセラピストに迫り「ここで話していることは嘘だらけ」と言い、言語は空洞化していった（以下、クライエントの発言を「　」、セラピストの発言を〈　〉、スーパーバイザーの発言を《　》で括り示す）。

言語面接の限界を感じ、途方にくれかけていたセラピストはふと、〈このクライエントにとって、からだとは何だろうか。複数の男性と簡単に関係をもつことができるAさんのからだとは〉という疑問を抱いた。そこで、クライエントに立った感じを尋ねてみた。すると答えは「足の裏に風が吹いています」であった。このことばにセラピストはとにかくびっくりした。風が吹いている……まさに地に足がついてない。フラフラとさまよっている心もとないAさんの生き様をセラピストはグッとリアルに感じた。と同時に、研修会で「踏みしめてしっかり

この世に立つこと」をわずかな時間ながら体験したことを思い出した。こうして臨床動作法（以下、動作法と表記する）をこのクライエントに適用してみたのが、精神科心理臨床での第一歩である。

開始当初のAさんは肩凝りでさえピンとこないようで、「からだを感じない」「からだがばらばら」と訴えた。しかしセラピストが援助の手加減を少し強めにしながら〈ここ、ここ〉と伝え、待っていると「あー、ここですね」と肩の凝り、背中のつっぱりに少しずつ気づくようになった。当時のセラピストは、Aさんがからだに目を向けるためのお手伝いをゆっくりと援助することくらいしかできていなかったように記憶している。Aさんは次第に「肩がある。足の裏がある」というからだの感じが分かりはじめ、それと同時に日常生活において「親から振り回されない自分になる。てこでも動かされないよう自分を守る」という生き方が二カ月後に出現した。

ところがあまりに変化が急速すぎたせいか、動作法中に「左腕は酔っています」などAさんの自体感が希薄化していった。もちろん、日常生活も乱れていった。「治療への抵抗」ということばで理解できる現象かもしれない。しかしここで停滞させてはならぬとセラピストは思い、動作の変化をあきらめなかった。腰からコキッと硬さが弛んだことをきっかけに、Aさんは「生き返った感じ。自分で弛める方向に進みたい」と言いつつ動作課題へ主体的に取り組みだした。自分のからだの問題を自分でつかんではそれを解決するようになった。すると日常生活では、家計を始め生活管理ができるようになり、ついに恋愛嗜癖との決別を達成した。こうして最後は夫に愛想を尽かし離婚を決意。自分一人で子ども二人を育てていく覚悟を決め就職した。動作法を始めて一年四カ月後のことであった。Aさんは周囲の誰かに頼るのではなく自立した生き方へと変わっていった。動作法をとおしてAさんは自分で自分を大事にしていく力を身につけたと考えられる。

2　ひきこもりで緘黙　怯えている十代後半女性Bさん

人に会うのが怖いと言って六年間、家に閉じこもっていた女性が、ボランティアの熱心な働きかけで当院を受診してきた。当初は男性の精神科医が治療を担当していたが、「まったく話をしないので、女性治療者の方が良いかもしれない」と筆者に面接を依頼してきた。

Bさんが待つ外来に行きセラピストが挨拶すると、彼女は怯えた様子で両腕をぎゅっとからだにつけ、顔は下を向いたまま、ささやくように挨拶を返した。面接室へ移動する際も動作は緩慢でかなりの時間を要した。話す内容は「母親が冷たい。父親が怖い」といった程度で他には話題がない。セラピストはたわいのない世間話や趣味の話などもちかけてみたが、家でテレビも見ずに部屋でじっとしているとのことで会話が途切れがちだった。

セラピストは、警戒し怯えているBさんにどうすれば安心してもらえるだろうかと考え悩んだ。煮詰まった雰囲気の面接を続けながらセラピストの頭に何度か動作法のことがよぎったが、からだを動かさせることがBさんに侵入的になりはしないかと思っていた。セラピストも実はBさんに怯えていた。半年が経過したころBさんが「病院も緊張する。隔週にしたい」と言った。このままでいくと確実に面接は中断すると思い、セラピストは思い切って動作法を導入した。

当時流行っていた肩おさえ（今では動作課題として不適当とされている）と肩ひらきを行なった。二セッション終了しても何ら変化が起こっていないようにみえた。しかし三セッション目に肩凝りの左右差をBさんが初めて口にした。左の肩凝りが激しいこと、今の援助では凝りに達していないことなどをBさんとセラピストは一緒に感じた。初めて体験が共有できたという実感をセラピストとして抱いた。こうして「凝りをとること」を二人の共通の目標にして面接が進んでいった。

セッションを重ねるにつれBさんの面接室への移動が確実に早くなり、セラピストに話しかけてくるようになった。毎回、強靭な肩凝りに二人で悪戦苦闘した。〈これだよね〉「それです！」〈そこから少し力を弛めてみて。そうそう。その感じ〉「あーっ、分かりました。ふーっ」といった、いわゆるセラピストが硬さを探り、それをBさんが弛めていくというやりとりである。こんなに肩へ力を入れて緊張しながら毎日を過ごさざるを得ないんだねということをセラピストは感じ続け、毎回Bさんへと返した。

九セッションが終了したとき、Bさんは「何かを始めようと思う。剣道を習いたい」と言った。六年間もひきこもり生活をしていたことを思い出し、セラピストとして震えるほど嬉しかった。やがてBさんは好きな音楽テープを小走りで笑いながら駆けてきてセラピストに手渡してくれるほどになった。残念なことにこの一カ月後に両親の都合で通院が途絶えてしまったが、その後Bさんはセラピストに手紙をくれた。「最初は自分の肩が凝っているなんてびっくりしました。病院に行くたびにとても肩が楽になりました。先生に会えてよかったです。今はパソコンの勉強をしています」という短い文面であったが、Bさんの少し前向きになった気持ちが十分に伝わってくる手紙であった。

肩凝りをとることをとおしてBさんが自分で自分に働きかけるようになり、こころのなかにくすぶっていたエネルギーが活性化したと思われる。

３　いくつもの治療機関を転々とし、話をすることで治るとは思えないと言う二十代前半女性Cさん

Cさんは、「大学入学後、顔のひきつりを感じて以降、常に緊張を覚え、喉のつまりが気になる。授業中、緊張が高まると手が動かなくなりノートがとれない」と訴えた。困り出したのは二年ほど前からであり、大学病院を始め、民間の怪しい相談所にまで足を運び、どうにか解決したいと努力したがいずれも中断していた。中断の理由は、①悩みを説明した途端、笑われたり説教されたりし、分かってもらえない、②どんな内容を話せば症状が軽くなるのか分からない、③薬物は強すぎた、の三つであると言い、二年の間、自分に良い変化が全然起きなかったと言った。

どんな治療法もCさんにはぴったりとこなかったことを考え、これは動作法しかないと思いながらCさんを改めて診てみた。話をしているCさんの唇は尖っており、目はカッと見開いた状態。顔面全体に緊張がみなぎって

いた。座った姿は両脚をぴったり揃え椅子の下にギューっとしまい込んでおり、背中は猫背で、首は突き出した状態であった。全身が小さく縮こまっている印象が強かった。〈からだが少しでも自分の思うようになれば授業中も少し楽になるかもしれませんね〉と動作法を説明すると、少々戸惑いながらもCさんは「やってみます」と消極的に受け入れた。

最初のセッションは、からだを動かしてみても、「はあ？　分かんない」といった反応が多かった。しかし、二セッションの後半で「痛っ！」と自分のからだの不自由さに気づき、それ以降、セラピストは宿題を出したわけでもないのに日常生活においても「肩を引き気味に生活しています」と自主的に自分のからだを変えようと努力をするようになった。

三、四セッションでは肩関節まわりや背中の慢性緊張を自分で弛めることができ、Cさんは「血が逆流するよう」と生き生きした表情で語ってくれた。さらに坐位や立位でのタテ軸づくりをとおして、大地に自分をどっしりと位置づけることができた。授業中の緊張は続いているものの、「あー、いつものとおりだと思った。慌てないで〝いつもの自分〟でいられた」と語った。また授業以外では初めて友達と遊びに出かけたり、恋愛で悩むようになった。そういう自分について「余裕が出た証拠」と嬉しそうに話した。五から八セッションでは自分でからだの問題を自己処理できるようになった。立位でのしっかり感を体験したCさんは、「のらりくらりからスタスタ蹴って歩く自分になった」と述べ、いかにも大学生らしい生活を送ることができるようになった。

どんな治療にものらなかったCさんであったが、動作という原初的な心理活動をとおしての援助だったからこそここまで変容したといえる。萎縮した生き方が、動作法をとおしてのびのびとした生き方になり、わずか八セッションで日常生活をこんなにも変えてしまうのだという事実をセラピストとして体験し、セラピー効果の実感を得たケースであった。

2．三ケースを振り返って

三つのケースは主訴や年齢などがバラバラであった。しかし共通した特徴を有していた。それはことばを媒介にした面接がいずれのケースも困難であったという点である。もしそのまま心理援助を継続していたとすれば、おそらく通院が途切れたか、あるいは面接が停滞し泥沼化してしまったと考えられる。この三ケースとの動作セッション体験は、精神科心理臨床における動作法の有用性を筆者自身が実感するきっかけとなった。と同時に、このような困難性を帯びたケースに対する医師からの依頼も増加することにつながった。

Ⅲ　精神病院における動作法の現状

筆者が最初に動作法をクライエントに適用してみたのが平成九年である。それから現在まで九年が経過したが、現在のところ院外からの紹介も含め、医師から動作法を依頼されるクライエントの主な特徴は以下のとおりである。

1．薬物治療が難しいクライエント

精神科医による外来診療で患者さんに薬を処方せず治療を継続している割合はかなり低い。新薬も次々に開発されており、精神科医療において薬物療法は治療の中心となっている。ところが患者さんのなかには薬物治療への反応が乏しい方もいる。あるクライエントは、原因不明の疼痛により不眠が続いていた。当然、睡眠薬を処方されたが一向に眠れない。睡眠薬をどんなに変更・追加しても効き目がなく、常に痛みに苦しめられていた。そこで動作法を適用してみたところ、痛みも軽減し睡眠導入剤が効くようになり、まずは不眠の苦しみから解放さ

れたというケースがある。このように、薬をあれこれ処方し直してみても症状が軽減しない場合や、副作用が激しく薬物治療が困難である場合、あるいは服薬管理が患者さん自身できちんとできず退院して外来通院に切り替わると症状が再燃し入退院を繰り返してしまうといったケースなどには、まず動作法が適用されることになる。

2．話がうまくできないクライエント

精神科以外の診療科においては、患者が症状について詳細に語らずとも、臨床検査などの医学的データを参考に医師の一方的な診察だけである程度の診断ができる。しかし精神科医療ではそうはいかない。精神科における重要な診断・治療手段の一つは会話である。どんなことに困っている、薬を飲んでみたらこうなったなど、きちんと言語化することで診療が成り立ちやすくなる。もちろん非言語的なメッセージも加味して診療が行なわれていると思うが、短時間で診断し投薬が完了するためには患者自身が自分の問題をことばで適切に表現できることが望ましい。しかし、やはり患者さんのなかには会話が苦手な方も当然いる。一番多く遭遇するのは思春期の患者さんたちの寡黙・緘黙であろう。いくら尋ねても「別に……」「何となく……」「分からない」とボソッとつぶやいて後は黙り込んでしまう。もう少し年齢が下がった学童期の大半はことばによる心理援助がさらに難しい。

小学校三年生の女の子で夜になると下着を苦しがり、身をよじらせて癇癪を起こし家族が対応に苦慮しているというケースがあった。母親が連れてきたその子はいかにも生真面目そうだった。黙り込んだままで動きが固まっている。筆者は子どもとのプレイセラピーを好んでやるが、この年代あたりになると導入が微妙に難しい。この女の子も遊びに入るまでの時間がかかりそうであった。そこで動作法を導入してみたところ次第にこころの構えがとれ、最後には初診にもかかわらず眠ってしまった。「病院から帰宅したらいきなり人が変わったように自己主張するようになり、夜の癇癪も解消した」という報告を母親から受けた。お話ができないと言えば、赤ちゃんもそうである。筆者は育児不安を抱える母親の赤ちゃんたちに動作法を適用し、大人とは比べものになら

ないほど短時間での援助効果を経験している。赤ちゃんへの心理援助は動作法以外に今のところ考えられない。

また、精神病院には精神病者だけではなく知的障害の方も来院する。最近増えてきた依頼は、知的障害があり精神症状を呈している患者さんへの動作法である。的確に自分の精神状態をことばで表現できにくいが、何らかの不安を抱え、家庭や入所施設での適応が困難であったりするケースも多い。こうした患者さんへの心理援助として動作法が求められている。

IV　精神病院におけるケース研究のあり方

精神科心理臨床で動作法が有用だったケースは数えきれないほどたくさんある。しかし援助の仕方次第でその有効性は大きく変わる。筆者は自らの援助の仕方を検討するため動作援助場面をビデオで撮影し、スーパービジョンを受けてきた。そこで今回は、精神科心理臨床でよく出会う診断名のついた二症例を提示し、筆者の動作援助の仕方が問題であったその実際について述べることにする。スーパービジョンによって筆者の問題が明らかにされ、その後どのような動作援助を行ないクライエントがどう変化したかについて報告したい。

1．転換性障害のケース

①　三十四歳女性、Dさんのケース

〔Dさんが困っている問題〕
足が震えて歩行ができにくい。
〔問題の経緯〕
Dさんは、子育ての困難を訴えて筆者の病院を受診した。それから約一年間、母子合同面接を行なっていた。

子どもとの関わりも少しずつ安定していった矢先、Dさんが突然、スムーズに歩くことができなくなった。足が小刻みに震えているため一歩一歩が踏み出しにくく面接室までの移動もかなりの時間を要した。病状悪化を招いた要因は夫の多額な借金が判明したこと。夫や夫方両親を交えての口論が続き、数週間後にDさんは失声した。病院で筆談による面接をしながら、何とか声は出るようになったが歩行困難は続いていた。早く歩けるようになりたいとDさんが訴えたため、動作法を導入することにした。

〔心理援助〕

セッション一の最初にDさんへ立位での重心移動を行なった。からだの重心を右に動かし、しっかりのる。左も同様に行なった。いずれも足が震えていたが、踏みしめをしっかりできるようセラピストが援助していくと震えは少し軽減した。次に前傾姿勢で踏ん張ってもらおうとした。ところがほんのわずか前傾しただけでDさんは気分が悪くなったと訴え、ヘナヘナっと崩れるように床へ座り込み過呼吸を起こした。自力では移動できない状態になり看護師の協力を得てどうにかベッドへ移動させ、しばらく安静にした後、夫の車で帰宅してもらった。

その二週間後に「いつになれば普通に歩けるようになりますか」とDさんが尋ねてきたので〈この前の動作法が一番近道だと思う。やりたくなったら声をかけてくださいね〉と伝えた。するとその二週間後に動作法を希望してきた。筆者は、前回Dさんが倒れてしまったことを考え、適切な援助の仕方について検討するためDさんの歩行困難な状態をビデオ撮影し、成瀬悟策先生のスーパービジョンを受けることにした。もちろんDさんの了解は得てのことである。

〔スーパービジョン〕

ビデオを見終えたスーパーバイザー（成瀬先生）の第一声は《なぜ一人で歩かせているの？　手を少し添えるだけでも安心感が違うのに。冷たいねえ》だった。セラピストの考えはセッション一のDさんの倒れ込みや過呼吸のこともあるし、きちんとアセスメントをしてから動作援助を開始しようと思っていた。だから、スーパービジョンの内容は正直に言うと少し不満であった。それでも《重心移動のためまずは膝立ちをして。左にのりにくいからきちんと援助して。それから坐位で足首を屈げたまま膝の屈げ伸ばしをすること。肩は挙げるよりも下げる方が大事》と具体的な援助についての助言が続いたのでセラピストは必死で書き留めた。しかしまたスーパービジョンは《歩かせるだけで不親切。今日はDさんから動作法をしてくださいと言ってきたのだから構えはできていたはず。やる気はあったはずですよ。アセスメントといえども治療の一部でしょ》と最初の話題に戻った。《冷たい・不親切》と臨床家としてあってはならぬ姿勢を再三指摘された。口を尖らせながらも自分を振り返ってみると、こんな答えが出た。セラピストのこころのなかには、〈これは転換症状だからDさんにとって大切な症状。だからそう簡単にはなくならない。その証拠に初めて動作法をしたとき倒れてしまったでしょう。あれは治りたくない気持ちがそうさせたのよ〉というどこか冷めた感情があった。こうしてセッション一の動作援助を思い返してみると、左右への重心移動のときはセラピストが手を添えていたが、前傾ではセラピストがDさんの横に立ち〈自分でやってごらん〉という思いで眺めていた。セラピストにDさんをどこか突き放すような気持ちがあった。だからDさんのからだの前にテーブルがあるような状況〈通常は万が一倒れ込んでも安全なように周囲には物を置かない〉なのに平気で前傾させていた。よく考えればDさんが怖くなってしゃがみ込むのも無理はない。さらにいえばセラピストの〈やりたくなったら声をかけて下さいね〉ということばの裏には、〈恐らくDさんは治したくないから動作法はやりたくないはず〉という冷たい感情があった。

セラピストの正直な白状に対してスーパービジョンは《困っているから治療に通って来ているのでしょう。安心して移動できるように手助けすること》という内容で締めくくられた。

〔スーパービジョン後の心理援助〕

大変反省したセラピストはセッション二を慎重に行なった。歩行困難が続いていたのでDさんには両肩に強い緊張があった。最初に坐位になり、両肩をゆっくり挙げて力を弛めながら降ろすという課題を行なった。Dさんは「あー、気持ちがいい」とため息まじりに快適なからだの感じを口にした。最後に立位での重心移動をした。右への移動でDさんは脚をワナワナ震わせていたが、足の裏の内側踏みつけによって少しタテの力が入った。その瞬間に〈そう、それ。手を離すよ。自分で立って〉と声をかけた。Dさんが「はいっ。大丈夫です」と言った。セラピストもDさんがしっかり立てることを援助する手によって確認できたので、すーっとゆっくり慎重に離した。と同時にDさんの足の震えがすっと止まった。その後、〈よーし。できたね。ばっちりだよ。じゃ、自分で元に戻してみようか〉と伝えると、Dさんはすっと重心を移動して真っ直ぐに立った。「あっ。震えてないです」とDさんはびっくりしながらも笑顔で言った。セラピストも本当にびっくりした。

こうして次に来院したときは「歩きは普通になりました」と言った。セラピストの目から見ると歩行困難はかなり改善していたが完全ではなかった。にもかかわらず「普通になった」と言えるほどDさんは自分のからだへの自信を取り戻していた。続いてDさんは「ただ肩が気になります」と自分のからだの問題をセラピストに訴えた。そこでこのセッションでは、両肩を弛める課題を丁寧に行なった。

動作法の後、Dさんは「私の足が治ったのは母親がご先祖供養に行ったからと言うんです。でも、まあそれで母が納得するのならそれでいいかと思っています」と笑いながら言った。母親が自分の病気を分かってくれないといつも不満ばかり言っていた以前のDさんからは考えられないことばだった。Dさんはわずか一回の心理援助によって周囲の人を許せる余裕までもてるようになったと言える。

それからのDさんはしばらく調子が良かったが、ある衝撃的な出来事でひどい過呼吸発作を起こし、救急車で救急病院に運ばれてしまった。その際、抗不安剤を注射され数分で落ち着いた。本剤への依存をセラピストは心配したが、Dさんは「あの注射はすごく効きますね。麻薬のようです。私は弱いからすぐに頼りたくなるけど自分のためにはなりませんよね。注射で私の病気は治りません」と言って自宅でも調子が悪くなりそうなときは自分で動作法をしているとのことであった。二回の大きなピンチを乗り越えたDさんは、その後も動作法をセラピストと続けながら日常生活での諸問題（育児の悩みや近所付き合い、夫との関係など）について話をしている。

〔Dさんへの心理援助を振り返って〕

今までセラピストが受けてきた教育では、転換性障害の治療の困難さを強調する論調がほとんどであった。大抵の場合、疾病利得があるから治るまでに時間がかかるとされている。また転換性障害だけではなく他の診断名を抱えるクライエントであっても治療がうまくいかないと、それは治療への抵抗だとみなし、大半をクライエントのせいにしてきた。今回のセッション一のセラピストがまさにそうであって、心理援助をする前から治るはずはないとこころのどこかで決めつけていた。動作援助のあり方にセラピストのこうした気持ちが反映していることがスーパービジョンによって明らかとなったのはとても衝撃的であった。しかし、約束の時間に間に合うように家を出て一所懸命病院にやってきて、決して安くない治療費を支払っているのは患者さんである。その気持ちを考えれば、治りたくて来院しているはずである。ただその方法が分からないから困っているのが患者さんなのではないか。実際、セッション二でDさん自身の努力により楽なからだを取り戻し、安心して立てるようになったことでDさんの生き方に自信と余裕が見られるようになっている。援助の仕方でこれほど違ってくる。本当に今までクライエントに失礼なことをしたと反省している。筆者はこのケース以来いくつものケースの経験から、いわゆる〝疾病利得〟と決めつけるのは治療者側に治療能力がないことの逃げ口上に過ぎないのではないかと考えるようになった。

2．統合失調症のケース

1　二十二歳男性、Eさんのケース

〔Eさんに関する問題〕

Eさん自身から悩みや困っている内容が語られることはないが、「退院して外来治療になると、服薬が中断し

症状が再発する。主体性が出てこない」と母親および主治医が問題にしている。

〔問題の経緯〕

二十歳ごろに独語、空笑、拒食、無動、整容不能となり医師の往診にて入院となった。入院治療中のEさんは職員や他患との疎通もなく一日中の大半を臥床して過ごしており、作業療法やプレ・デイケアの誘いも一切受け入れなかった。一カ月後に退院し自宅でゲームなどをして過ごしていたが、二カ月後に拒薬が始まり症状が再発。再び入院となり、主治医からの依頼で動作法導入となった。

〔心理援助〕

病棟からプレイルームに移動して動作法を実施した。Eさんとセラピストが異性であることを考え、動作法中は主治医が記録をとりながら同席した。

入院から一週間が経過したEさんは特に目立った精神症状がなかったけれども、姿勢をみると猫背で顔はうなだれ、両腕をだらんと前に垂らして元気のないゴリラのように歩き、顔の表情は精彩を欠いていた。

動作法をしてみるとEさんのからだは、ガチガチに硬いところと、こんにゃくのようにふにゃふにゃなところが入り乱れていた。セッション一では、ほんのわずかに肩から弛んだだけであったが、他は動かすとぶるぶる震えてしまい、セラピストは援助に戸惑った。しかしセッション二では自分から課題をリクエストし積極的に弛めていった。その度にセラピストは〈今のいいね。その感じで〉と励ました。こうした援助をわずか二セッション行なったところで驚くべき変化がEさんにみられた。作業療法の園芸に参加したり、他の患者とデイルームで将棋をさしたりと活動的になった。ところが動作法では前屈の後に坐位をとってもらおうとしても「何か力が入らない……」と言ってセラピストの方にもたれかかるように倒れたり、躯幹のひねりをしていると目を閉じ眠ってしまったかのように反応が乏しくなった。あれほど前向きだった動作法への取り組みが変容した。しかし病棟生活はこれと対照的にすこぶる元気で、園芸での動きも良くなり笑顔を見せるようにもなった。プレ・デイケアにも参加していた。この違いをどう考えればよいのかと悩んだセラピストは、Eさんの了解を得てビデオ撮影し、スーパービジョンを受けることにした。

〔スーパービジョン〕

セラピストは動作法中のEさんのぼんやりとした動きと眠り込みが疑問であった。〈どうして眠ってしまうのか。退行なのか。治療への抵抗なのか。嫌な課題から逃れるため現実から逃避しているのか〉と質問した。

動作援助のビデオを見てスーパーバイザーから《大事に手伝っていますね。過保護。自分でやらせたのは前屈だけで、しかも手伝っている。彼はやることないですよ。セラピストが全部やってくれるからとても良い気分になっているだけで実際は眠ってない。その証拠にからだの向きを変えるときの彼の動きはしっかりしてるでしょ》と指摘された。

続いて《課題というのは弛めるだけではダメですよ。弛まないのは力を入れさせないから。彼にもグッと力を入れさせたり、それを弛めさせたりして仕事をさせないとね》と言われた。最後に《Eさんには周囲の人間がどうしても世話を焼きたくなるような気持ちにさせるものがあって、セラピストもそうさせられていたのかもしれませんね》とつけ加えられた。

〔スーパービジョン後の心理援助〕

セラピストは心理援助の仕方を見直し、Eさんに自分で動かしてもらうように配慮した。Eさんが自分で力を入れて弛めるという課題にしたり、Eさんが坐位で踏ん張れるよう〈手を離すから自分で坐っているのですよ〉と声をかけ頑張らせる課題にした。するとそれまでぼんやりしていた表情に少しずつしっかりした感じが戻ってきた。躯幹のひねりで眠ることもなくなった。主治医によれば動作法後の診察で、以前は椅子に落ち込むようにしてドヨンと座っていたがこのセッション以降は背筋が伸び表情がイキイキしてきたし、話も「はい・いいえ」で終わっていたのが「○○はあまり好きじゃない」と自分のことばで語るようになったとのことであった。病棟での生活も活動的なまま維持し二カ月後に退院。デイケアへ通所するようになった。さらに原付バイク免許を取得しEさんは母親の付き添いなしで外来通院を始めた。その後、再入院することなく地味ではあるがマイペースで生活している。

〔Eさんへの心理援助を振り返って〕

動作法開始当初、Eさんのからだはガチガチとふにゃふにゃの二つでできていた。セラピストとして援助の手ごたえが乏しく、それゆえ動作援助をしっかりしないとEさんには何も伝わらないし何も感じてくれないに違いないと思っていた。正直なところ診断名が統合失調症ということも援助の不適切さを招いた要因かもしれない。スーパービジョン後の動作法では、こうした援助のあり方を修正し、Eさん自身に仕事をしてもらうようにした。するとぼんやりしていたEさんが、自分で自分に働きかけるようになった。日常生活も確実に活性化した。ぼんやりとして周囲に無関心を装うEさんの生き方を変えるためだったはずの心理援助が、セラピストの過剰なサービスによってそれをさらに維持・発展させていた。援助の仕方の問題を指摘され、そういう視点でビデオをみればセラピストの問題が一目瞭然であり何の言い訳もできない。少々恥ずかしいが、あまりにエビデンスがはっきりしており、かえって素直に受け入れやすい。客観的にセラピストとしての自分を振り返る大切さを痛感させられた。

3. ケース研究についての一提案

今回の二ケースはいずれも動作援助場面をビデオ撮影した映像そのものがスーパービジョンの材料となっている。スーパーバイザーに援助場面そのままを見てもらうわけであるから、まったくもってごまかしようがない。さらに言えばDさんは動作援助をしていないただのアセスメント目的で撮ったつもりだったが、その前の冷めたセラピストの援助姿勢までが暴露されてしまった。しかしセラピストの援助に対するこころ構えの問題がはっきりとした後の、反省を踏まえた新たな動作援助によってクライエントは確かに良い方向へと変わっていった。

今までの心理臨床のケース研究では、セラピストとクライエントの間に何が起こったかについては、大半の場合はあくまでセラピストが受けた印象をもとに推測するしかなかった。面接場面を録音・録画することもままならない（家族療法では録画することがあるが目的が異なっている）。しかもスーパービジョンをとおしてセラピストの問題が何となく頭で分かったような気がしたとしても、ならば具体的に援助をどのように行なえばよいのかについてははっきりしない。

一方、動作法は、クライエントにビデオ撮影の目的（セラピストが援助の仕方を検討するため自分を指導してくれる先生に見せたい、など）をきちんと告げると大抵は快諾してくれる。自分の性格とか過去のことなどが記録されるわけではなくて動作が撮影されるだけだからクライエントは良いも悪いもなく、恥ずかしくもないと感じるようである。こうして録画された心理援助場面の実際を検討することでセラピストの問題がはっきりする。それは単に技法の取り扱い方といった技術的な問題だけではなく、セラピストとしてクライエントに関わっていくこころ構えの問題も含んでいる。むしろ後者の問題をじっくり検討することでセラピーの目的がはっきりし、具体的な援助方法が明らかとなる。

現在までほとんど密室のなかでひっそりと行なわれていた心理援助であるがゆえに、心理臨床家が援助の質を高めていきにくいという難問があった。すべてをオープンにすることは無理であるが、セラピストの腕を本当の意味で磨いていくためにも、ビデオを用いた新しいケース検討を推奨したい。

V　おわりに

精神病院での心理臨床活動はまだまだ肩身が狭い。ハード面といえば心理検査用具と面接室にテーブルと椅子があるだけというのが大半と言ってよい。遊具があれば良い方で、箱庭があるところは稀有であろう。

なのに対象とするクライエントは、軽症から重症精神病までで、年齢は乳幼児から高齢者までと幅広い。さらに従来の個人精神療法、特に洞察型精神療法に適合するクライエントは少ない。そこで精神病院に籍をおく臨床心理士に必要なことはと改めて考えれば、机と椅子で誰に対してでも効果的な心理援助ができるということに尽きる。他の職種が治すことのできない患者を治せるようにならないと、臨床心理士の存在意義はまったくない。

動作法は基本的な心理活動であるからだの動きを心理援助の手段としているので、生きている人間すべてに適用できる。この適用可能性の広さが精神病院での心理援助の出番を多くする。パイプ椅子さえあればどこででも援助を始めることができる。誰に対してどこででも適用できる動作法は、これからの精神科心理臨床にとって欠かすことのできない治療技法であると思っている。

4　総合病院における臨床動作法

川添記念病院　非常勤臨床心理士　大川貴子

●編者コメント

大川さんは福岡教育大学で秋山俊夫教授の臨床心理学の手引きを受けた後、同大学の鶴光代さんに臨床動作法の指導を受けていたが、鶴さんの秋田大学への赴任に当たり、私・成瀬が藤吉さん共々その後を引き継いで隔月のスーパービジョンを続けている人である。

総合病院へただ一人の常勤の臨床心理士として勤務して以来の奮闘記がまず読者をして、まあ大変だったでしょうに、よく頑張ってきたねと感嘆の読後感を残させるに充分のものである。世間にやっと知られるようになったとは言え、精神病院はまだしも総合病院に到っては、何処でも概ね似たような状況と言ってよい。そのなかで、大川さんがどのように医師をはじめ看護師や周りの人たちから認められ、成果を挙げ、信頼を得、臨床心理士の仲間を増やし、臨床動作法の勉強仲間と共に歩んできたか、これからどのような努力が要るのか、等々、彼女のまさに実体験からの反省や助言は現在総合病院に勤めている方々はもちろん、これから勤めようとしている人にとっても貴重なことばであるに違いない。

臨床心理士ではありながら、ズブの素人として臨床動作法に出会い、一回の研修会に出ただけでそれを現場のクライエントへ積極的に導入したというのは、それまでの現場でよほど困難を感じていたためと思われる。いきなりの導入に躊躇《ためら》う人が少なくないが、動作法では薬剤や手術と違って重大な危険を孕まないし、無理な動きを強制しない限り、あまり技術的にうまくなくても、大抵はその直ぐ後で気分が良くなったとか表情が良くなって帰るのが普通である。大川さんが初めのうちに得た非常に多くの事例を、失敗も含めて有りのままに紹介してくれたのは、後に続く人たちに貴重な教訓となった。ことに、総合病院のことだから、精神科以外に、思いがけないさまざまな分野で臨床動作法の活動の将来の広がりを予見させられたことに感謝したい。

Ⅰ　はじめに

私が総合病院に勤務したのは非常勤時代を含めて十三年弱の間だった。大学院修士課程在籍中からその病院の精神科へ週一、二日、非常勤勤務を行なうことになり、医師から依頼された心理検査や心理面接をごくたまに実施する程度の仕事をしていた。そして修士課程を修了してそのまま同じ病院に就職し、院内でただ一人の常勤心理士として精神科に配属された。とはいえ、総合病院なので必要があれば院内中の診療科からの依頼を受けなくてはならないはずだった。しかし就職してみると活動したくてもほとんど仕事がなかった。精神科での仕事も少なかったが、それ以外の診療科においては臨床心理士がいるということすら大半の職員に知られていなかった。それまで病院として心理職を使いこなすという体制がなかったのだから、それも仕方のないことだったと思う。また、私はまだ二十代半ばの小娘で臨床家としての経験も浅かった。そのうえ非常勤時代からずっと、病院内に私を導いてくれる先輩心理士も敷かれたレールもなかった。それゆえ今後、臨床心理士として広い病院内でどういう臨床活動を行ない、どのように自分のなかに確固たる核を作っていけばいいのかについてずいぶんと悩んだ。

そんななかで私は数年のちに幸運にも臨床動作法と出会い、そのおかげで紆余曲折を経ながら院内のあちらこちらで臨床活動を行なってきた。今回執筆の機会をいただき、この場を借りて、私が総合病院でなぜ臨床動作法を導入するにいたったのか、やってみてどのような壁にぶつかってきたのかを振り返りながら、臨床家としての体験と臨床動作法に対する思いを語ってみたい。

II　臨床動作法に出会うまで

就職当初の私は、心理面接の技法として言語面接や芸術療法、遊戯療法を中心とした面接を行なっていた。しかし担当するクライエントは成人が中心だったので、クライエント一人ひとりと長期にわたる言語面接を主に行なっていた。

私は大学院で指導教授のもと精神分析を中心とした精神力動を学んだ。ケースの捉え方も精神力動に基づいて指導していただいた。就職してからも毎週、出身大学の研究室での勉強会に出席し、教授からスーパーバイズを受け、外部の研修会では事例発表を行ないながら事例に取り組んでいた。指導を受けた事例はやはり改善していった。しかし、一人ずつの面接が長期にわたっていくなか、クライエントへの面接依頼が徐々に増えていき、クライエントの数は溜まり続けた。いっこうに「さばける」感じもなく、うまくいかない感じが募り始めていた。言語面接はとにかく長引くし、私自身の未熟さゆえ、表面上のことばにふりまわされた。クライエントの本質を見つめることも、クライエントが変わっていく援助をすることもできず、私は自分が情けなく仕事が嫌になっていた。

Ⅲ　臨床動作法の導入

1．臨床動作法との出会い

今から十年ほど前だったか、知り合いの先輩心理士に「〝困ったときの動作法〟ということばがあるよ」と誘われて臨床動作法の研修会に参加した。そのとき私は臨床動作法に興味をもっていたわけではなかったが、「困ったときの動作法」というそのことばの響きに魅かれてふらっと参加した。

参加してみると、心理の研修なのにジャージに着替えた。何をするのだろうと思っていると、座りましょうといわれて参加者全員で一つの輪になって床に座り込んだ。まず胡坐で座り、上体を前や左右に倒して腰や背中の緊張に気づき、そこを充分に弛めるという上体廻しの課題に取り組んだ。「なんて気持ちいいのだろう！」と思ったが、ストレッチのようなものなのかなとも思った。さらに肩を挙げたり降ろしたり、あるいは後方に肩を開きながら余分な緊張を自分でコントロールして目指す動きを確実に行なう、肩の挙げ降ろし課題や肩開き課題に取り組んだ。「うわ、ものすごい肩凝り！」「肩ってこんなに思うように動かないものなのか」「おっ？さっきまであんなに痛かったのに痛くない、なぜ？」。次に側臥位になって腰からからだを捻る躯幹《くかん》ひねり課題に取り組んだ。「うわ、腰から動いて捻っているのに腕ばかり気になる」、「腕の力が抜けた。あれ、どんどん動く！」。簡単そうで単純にみえる動作に取り組んでみると実に大変で、実際は頭で理解して行動するような余裕はまったくなかった。驚きの体験だった。

そうこうしているうちに、本当に短いが充実した時間が終わった。私も一緒に参加した他の参加者もすっきりとした顔つきになって、皆笑顔だった。私自身は、理論はほとんど理解できていなかったが、「こんな体験ができるならクライエントたちもきっといい体験をするに違いない。これを使わない手はない！」と、気持ちが高まるのを感じた。

2．臨床動作法、いざ導入

研修から戻ると早速、臨床動作法を取り入れることにした。当時、関わっていたクライエントに一斉に導入した。初心者だったので技術は今よりもさらに話にならないほど下手だったし、理論もさっぱり頭に入っていなかった。しかしそんな稚拙な援助でも、クライエントは徐々に変化し始めて良くなっていった。最初はなぜ良くなっていくのかまったく分からなかった。ただ、臨床動作法を取り入れてみて、それまでの言語面接とは比べものにならないようなクライエントの活き活きした表情と、何よりもそれまで体験したことのないセラピストとしての私自身の充実感は本当に新鮮な感動だった。

それでは一体どんな感動があったのか、またどんな壁にぶつかることになり、どう感じてどう試みていったのか、これまで出会ったクライエントとのやりとりをとおして、クライエントと私自身の動作法体験を振り返ってみる。

Ⅳ　臨床動作法の実際――事例をとおして体験したこと

（＊守秘義務遵守のため事例の概要などを変えています）

1．臨床動作法を導入し始めたころ

① 長期間にわたって言語面接を行なってきたAさん

不安発作に苦しんでいたAさんは、精神科外来に長年来談されていた中年期の患者さんだった。Aさんの声のトーンは低めで、いつもため息をつきながら周囲に対する不満を訴え続けていた。ときに静かに涙されながら、暗い表情のまま退室していくという状況が繰り返されていた。セッションを重ねるほど、この先Aさんも私もどういう方向に進んで治まるのだろうかという気がして落ち着かなかった。

あるとき習いたての臨床動作法を早速導入してみようと思い、Aさんに肩凝りはないかと尋ねてみた。すると長年ひどい肩凝りと吐き気に悩んでいると教えてくれた。そこで「からだが楽になるとこころも楽になる方法を最近勉強しているのですがやってみませんか」と誘ってみるとAさんはすぐにいいですよと受け入れてくれた。

最初に胡坐で座ってもらい、肩の挙げ降ろし課題をやることにした。しかし私は、Aさんの後ろに坐ったはいいが、まず肩をどう持てばいいのかが分からなかった。どこをもつのか、どのくらいの強さでもつのか、どうやって肩を動かす援助をすればいいのか。声かけは何と言えばいいのか、何回くらいやればいいのか。私の脚はどこにどのように置けばいいのか。研修を一、二度受けたとはいえ、いざ一人で援助するとなると何も分からずパニックになった。今思えば、私は毎回焦りながらやっていたのできっとAさんには私の援助が相当心地悪いものだったろうと思う。私は自分の援助に対して不安でいっぱいだったので、Aさんの動作の特徴や体験の仕方を見ながら仮説をたてるなどということはとてもできなかった。

しかし初めて援助をしたとき、普段無表情のAさんが「ああ、気持ちいいですね」と眠たそうな顔でにっこり笑って見せてくれた。「おや?」と思い、次の面接でもやってみた。同じようにうっとりとして面接室を後にしていった。次の回、いつもよりも顔から緊張感がとれていた。また同じ課題動作を取り入れた。次も、その次の回も同じ課題を取り入れた。繰り返すうちAさんの話は短くなり、周囲に対する嫌悪感の訴えが激減し、自分を肯定する発言が認められるようになった。段々と面接の間隔が空き、まもなく面接は終結となった。

あれほど長期間にわたって言語面接をやってきたのに、動作面接を導入したら短期間で良くなってしまった。どうして良くなったのか当時の私にはさっぱり分からなかった。当時の私は臨床動作法の理論が頭のなかにほとんど入っていなかったので、クライエントの動作をとおして見立てをすることなどとてもできなかった。それどころか私は、Aさんのからだの様子を細やかにみる余裕もなかったし、見る目もなかったのだから、動作面接を行なったというのもおこがましいほどである。

　このように、動作面接を取り入れた初期のころはただ必死に研修で習った課題をやることに終始していた気がする。クライエントの動作の特徴、体験の仕方をみて、仮説をたてて面接を行なうことの大切さを知ったのはもう少し後になってからだった。

[1]　気持ちよさだけを求めにきたBさん

　しかし一方で、毎回動作面接を受けるのを楽しみにやってくるのに日常生活上、何の変化も生じないクライエントがいた。動作面接を行なった後はとても良い表情をして帰っていくのに、次に来るときには前回と同じことを述べ、同じように暗い表情をしてやってくるのである。

　抑うつ的で倦怠感を訴えるとのことで心療内科から紹介されてきた二十代のBさんもそのなかの一人だった。Bさんに好評だった動作課題は胡坐位で左右や前にからだを倒して腰周りを弛める課題と、側臥位で腰や肩甲骨の下あたりからからだを捻る課題だった。「ああ、気持ちいい」と心地良さそうにしているBさんの様子に、きっとBさんは毎回動作面接を楽しみにしているのだと私は思っていた。しかし、日常生活における問題は一向に変わらなかった。

　どうして改善されないのかなと私は悩んだ。そして最終的には「この人はもともと不健康な人格レベルなのだろう」「この人は依存的だから能動的になれないのだろう」などと勝手な理由をつけて自分を納得させていた。今だから分かるが、これは非常にひどい話だ。私は自分の未熟さを棚に上げてクライエントのせいにしていたのだ。

　当時の私は、マッサージ師と化していた。弛んで気持ち良ければ良いという考えに終始していたように思う。

胡坐位ではBさんが動ける範囲内だけで動かしていたし、側臥位で動けないときは「私に身を任せてください」とBさんを支え、全身の力が弛むことを待っているだけだった。このように私はBさんに新しい体験を目指すことなく「ただ脱力すること」だけを望んだのだから、Bさんは見事にそれに応えてくれただけなのだ。

臨床動作法は弛むことだけが目的ではない。しかし、私はクライエントが能動的に自分の目指す課題に取り組むことを目的とせず、ただ気持ちの良い体験を与えることだけに終始していた。つまり、私がやったことは「心理面接」とは決して言えないものだった。

それでも先に述べたAさんのように健康になって面接が終結となったクライエントが多数いたのは、クライエント自身による自己回復への努力が勝っていたからではないかと思う。クライエントのなかに新しい体験の仕方が生じたのに私は気づけなかった。クライエントが良くなれば面接のおかげと理解し、良くならなければクライエントのせいにする。本当にひどい臨床心理士がいたものだと思う。

Bさんはその後、家族や周囲の人に依存したいのに依存できない葛藤が増して嗜癖行為がひどくなり、主治医の判断により別病院に紹介となった。私が未熟でなければ、そしてもっと責任をもって事例に取り組んでいれば違った形になったかもしれないとひどく後悔したケースだった。

2. 臨床動作法の面白さを味わい始めた時期

1 排便コントロールができなかったC君

少しずつ精神科以外からも依頼が増え始めたころに、幼少期からずっと重症の便秘と下痢排便の失禁を繰り返していた小学校高学年のC君と出会った。精査目的で入院していたが、日常生活上で親との関係に問題があるのではないかと小児外科主治医より紹介を受けた。C君の便秘はかなりひどく、少々の薬や浣腸には排便反応がまったくないほどであった。

会ってみると、C君は常に上半身を内に丸めて身を硬くさせて緊張している様子だった。C君の保護者とも会ったが、継続して面接することは困難な状況であった。家庭や学校での環境調整は別に行ないながら、C君に対しては臨床動作法を活用することにした。

C君は坐っていると骨盤が後傾し、腰周りのかたさが認められたが、立位ではクニャクニャとしてじっとしていられなかった。C君は家庭内で常に緊張せざるを得ない状況にあり、学校では失禁を恐れ気の抜けない状態が続いていた。生まれて以来、常に安心感をもてず、身の置きどころがないまま生活をしてきたC君の様子が動作特徴にも表われていた。

そこで胡坐位で腰や背中、胸を前後に動かしながらタテ軸を自分のからだのなかに作っていく課題を取り入れた。はじめC君は集中できず、キョトンとした表情であちらこちらを見ていた。適切な力の弛め方や入れ方が分からないようで、腰周り以外は動くと上半身全体がグニャグニャとなる動きが多かった。腰を前・後傾させて動かすときは、胸部や肩、頭も一緒に動かすことで腰を動かそうとしていた。そこで、動いてしまう腰以外の部分を動かさないようブロックして、腰だけを動かすように援助すると、C君は一瞬「ん？」という表情に変わった。そして腰をどう動かせばいいのか自分自身で探すように、徐々に一点をみつめて自分のからだの動かし方やその感じを味わっている様子がうかがえた。何度か自ら試行錯誤を繰り返すうち、ある瞬間に不必要な力をフッと弛められるようになった。「そう！　それでいいよ」と伝えると、その後、腰を動かすときの過剰な力を自ら弛められるようになった。さらに、「じゃあ手を離すよ、一人で坐って」と腰をタテにおいた位置で座るよう伝えると、それまで腰を後ろの方向に落とすように坐っていたC君が、腰をまっすぐ垂直方向におろすような力の入れ方を示し、一人でスッと座るようになった。その途端、「できた」とC君はつぶやいた。「そう！　できたよ」と伝えると、C君はなんとも言えない表情でニヤリと笑った。硬く屈になっていた腰周りがよく動くようになり、C君は、「まっすぐ座るほうが気持ちいい」と言って、一人で落ち着いて坐っていられるようになった。

そしてクネクネして落ち着かないからだの姿勢も少し良くなった。

C君は面接開始後まもなく浣腸に反応して排便するようになり、さらに面接開始後三週間たらずで自分で便意をもよおし自力で排便できるようになった。C君はまもなく退院、その後外来でも数回面接を継続したが、日常生活で適応上の問題もみられず面接は終結となった。

自分のからだを思うようにコントロールできるようになり、C君は長い間恥ずかしいと感じながら外せなかったオムツから生まれて初めて完全に解放された。学校生活でもずいぶん活発になって明るくなったと、後に担任の先生から話をうかがった。私はほんの数回のセッションで良くなったことに嬉しさと驚きを感じ、臨床動作法の効果を目の当たりにしたような気がした。C君自身が自分のからだと能動的に向き合い、力の弛め方や入れ方の加減を自ら探り納得していった様子と、その後のC君の症状や生活の変化に「ああ、これがからだのやりとりをとおしてこころのあり様にアプローチする臨床動作法たる所以なのだな」と実感できた事例だった。

また、C君との面接は、実際に身体上の症状はあるがその形成過程に心理社会的要因が大きく影響していて、薬や医学的処置が効を奏さない患者に対して臨床動作法が効果的であることを知った事例でもあった。C君の場合、あまりの腸の動きの悪さにまず身体疾患が疑われたが、それを小児外科の主治医がきちんと否定して心理的要因を疑った。その結果、臨床心理士が活用され、医師と看護スタッフとともにチームを組んで事例に取り組んだことで改善されていったという点でも、この事例は非常に意味のあるケースだったと思う。

②　若くして癌に罹患、話せなくなったDさん

婦人科外来からの依頼で、まだ二十代の若さで癌に罹患したDさんと至急会うことになった。癌は早期発見により手術で完治し退院できたものの、その後まったく他人と話せなくなり泣きっぱなしの状態となった。すぐにDさんと会ったが、自発語はなくうつむき、声も出さずに泣くばかりであった。言語でのやりとりはで

きず簡単な心理検査さえ実施できなかった。私には動作面接以外にDさんとのやりとりは考えられなかった。「少しでもからだもこころも楽になっていける方法があります。試しにやってみて、嫌だったらやめましょう」と伝えたところDさんは肯定も否定もしなかった。

椅子に坐ったまま肩挙げを行なったところ、背中は丸く、からだをまっすぐに保つことができなかったので、肩の動きを充分に感じるというのは難しかった。あまりに抑うつ状態が強くて細かい動きを求めても応じられそうになかったので、側臥位で大きく動く躯幹ひねり課題を試みた。すると肩や背中、腰の上部に非常に強いつっぱりが認められ、Dさん自身も思わず「無理」とつぶやいた。再度動かして動きがとまったところで「ここがきつい？」と尋ねるとDさんは頷いた。「ここは大丈夫？」「今弛んだ？」などと尋ねるとDさんはちょっと間を置きながら大抵頷いていたので、そうなのだろうと私は思っていた。

しかし私自身の手ごたえが悪かったので、Dさんの許可を得たうえでセッションの様子をビデオに撮り、成瀬悟策先生にご指導いただいた。すると「クライエントは聞けば大体うんと言ってくれるもの。セラピストの手ごたえでどこが硬かったのか、どのくらいの力がピピッと入ってきたかというところに神経を集中させること。そこが一番大事」とご助言いただいた。

そこで指導をもとに援助の仕方を捉え直してみた。そして動いたかどうかを目で見て、あるいは尋ねて確認することを極力控えることにした。「あ、今力が入りましたね」「今動きましたよ」など、ことばにするときは実況中継をするような気持ちで取り組むことにした。Dさんは抑うつ状態が強く感覚が鈍っていたので、最初から自分で気づくというのは難しかった。だから私が実況中継することでDさんが自分のからだの感じに気づいたり、「セラピストは自分のことを分かっているのだな」と感じたりできるのではないかと推測した。また課題動作を行なうとき、このように動かすのだというきちんとした「動かし方」を明確に援助して、Dさんがそれまでの自分のやり方と違うなとはっきり気づけるように工夫することにした。

こうした援助は本来は動作法援助の基本的なことなのだが、改めて指導を受けてみると当時の私には結構難しかった。実況中継が的外れでは話にならないし、私自身がきちんとした動かし方というのを分かっているのかどうか怪しかった。それまでの動作面接では、私のクライエントへの声かけは「ここはきついですか」「ここで大丈夫ですか」「弛みましたか」など、ことばで反応を確かめる傾向が強かったことに気づいた。また動かし方の援助も、マニュアルのような正しい「動き方」、つまり肩や腕がちゃんと挙がったか挙がらないか、からだがちゃんと捻られたか捻られなかったか、といった見た目の動きにもとらわれやすかった。指導を受けたことで、私は「動かし方」ではなく「動いたかどうか」で判断していることに気づいた。

また、大体の抑うつ感の強いクライエントは特にセッション中はあまり語らないし、表情で見て理解することもなかなか難しい。「大丈夫ですか」と聞けば「はい」と答えやすく、ことばでも表情でも文句をあまり示さない。私はもともと抑うつの患者さんには腰がひけるところがある。動作法での援助をするときに、クライエントは辛くないか、嫌じゃないかとすごく気になってしまう。Dさんに対しても同様で思い切って援助できなかった。成瀬先生の指導を受けて、私は抑うつが強いクライエントを目の前にすると表面上の手がかりが得られにくいためにいつも慌てやすいのだということにも気がついた。しかしそれでは援助にはならない。からだの感じに届かない援助はかえって害になるのだと感じた。動作面接では、援助の手がセンサーとして機能するかどうか、そこだけが確実な手がかりとなる。それは、もちろん抑うつの患者さんだけに言えることではないが、言語でのやりとりで反応の少ない抑うつの強い患者さんには特に注意することが必要なのだと思った。

その後、稚拙な私の援助にも関わらず、まもなくDさんは自ら動かしにくいところを探すようになった。そして自体の感じに集中して注意を向けるようになった。それまで動かしたことのないやり方で動かそうとするようになり、分からないときはすぐ首を捻るようになった。それを受けて「こっちにこう動かそう」「あ、今力入った」「お、今変わった」と動作に応じて伝えると、Dさんは「ああ」と納得して再チャレンジを繰り返すようになった。こうして二人でのやりとりができるようになってくると，セッション中に二人で笑い合う場面も多くなっていった。Dさんは面接中に泣くこともなくなり，時々ゆっくり話せるようにもなった。日常生活においても次第に活気が出るようになり，Dさんが社会に出て働くようになったことをきっかけに面接は終結した。

ところで総合病院のなかでは，Dさんのように一般診療科の患者さんで情緒的混乱や心理的不安定を呈するケースが実際はかなり多い。そのほとんどはすぐに安定剤を投与されるか，精神科や心療内科に紹介される。それが言わば医師のマニュアル的対応なのである。しかし私たち臨床心理士にはマニュアルはない。だからこそ逆に考えれば，臨床心理士は目の前のクライエントに対してその独自性を発揮して自由にアプローチすることができるのだ。ただしその分，臨床心理士の技量が問われるし，重責を担っているのだと言える。

結局，Dさんには最後まで安定剤などの薬物は投与されず，何とか面接で改善へとつながった。援助の難しさを感じはしたが，同時に総合病院に勤める臨床心理士としての醍醐味を感じることができた貴重な体験だった。

③　事故後ショックのあまり反応がみられなくなったE君

交通事故にあって救急外来に運び込まれた幼児のE君は，かなりひどい頭部外傷と手足の骨折などの重傷を負ったが手術により一命をとりとめた。意識が戻って数日後，救急病棟スタッフより「まったく発語がないので様子を見に来てほしい」と連絡があった。会いに行くとE君は人が近づいても反応を示さなかった。声かけをしてもだめだった。E君はじっと一点だけを見つめてただ車椅子に坐っていた。

私はそっとE君に近づいて挨拶をした。「手を握るね」と声をかけて，怪我をしていない方の手を握ってみると一瞬ピクンとしたが表情は変わらなかった。どう声をかけても反応はなかった。また翌日来ることを約束し退室した。その後は毎日病棟に通った。一緒に短時間を過ごし，当たり障りのない声かけを続けた。三日経ったとき，初日に手がピクンとしたことを思い出し，私はE君の手を握って「握手してみようか」と言いながら手を動かすことを試みた。私の声かけに対してE君は何の反応も示さなかったので「動かしてみるよ」と伝えて他動的に少しだけ動かそうとした。すると、予想に反して手首に力が入って動かせなかった。意外だった。顔を見ると眉間に少ししわが寄っていた。E君は心因反応的に外界からの刺激がまったく入っていないのかと思っていたが、その逆で、外界に対してひどく緊張して落ち着いて過ごせなくなっていたのだと分かった。「嫌だったかな、ごめんね。じゃあ今度は握手はやめて、私の手の上に手を置くだけにしてみよう」と声をかけ、E君の手のひらを私の手の上にのせ気持ちだけはE君の手を包むようにした。E君の手は最初はかすかにピクピクとしていたが、しばらくすると私の手にE君の手の重さが感じられるようになった。「いいよ、そのままだよ」と言って、しばらくそのままにした。「よし、じゃあもう一回ゆっくり握手しよう、よろしくね」と言って、ゆっくり小さく握手のように手首を動かしてみた。すると、E君が一緒に動かしている手ごたえがあった。「上手、上手」と伝えると、E君は思わず目線を下に落とした。反応が出た。嬉しかった。その直後、すぐにE君は手首も腕も屈げたり挙げたりして動かすことができるようになった。

E君はすぐに看護スタッフや私の目を見ることができ、指示に従って動くようになり、食事ができるようになった。そして時々笑うようになり、発語が出るようになるなどみるみるうちに回復していった。まもなくE君は退院となった。

もし私が臨床動作法を知らなければ、どのようにE君に接しただろうと今でも思う。「日にち薬」を利用して時間をかけて会ったかもしれないが、E君のこころの状態をああでもないこうでもないと推測することしかできなかったかもしれない。一見、無反応に見え意思疎通のとれなかったE君が、実は外界からの刺激に対して過剰に力んで自分を守っていたことを知ったのは「握手ができない」という動作の様子からだった。握手すらできないほどE君のこころはかたまっていた。動作はそのままこころの様子を表わしている。これほどダイレクトで分かりやすいアプローチがあるだろうかと思った。

また、E君の事例は救急の分野でも臨床動作法を用いて活動することができそうだと感じることができた事例だった。それまでに私は何度か救急病棟で他の患者さんと関わりながらスタッフと一緒に援助したことがあった。それが縁となり、だからこそスタッフが声をかけてきてくれたケースだった。一つの部署だけに閉じこもっていては決して会うことがなかったはずの事例であり、診療科の垣根は臨床心理士には関係なく働けるものだなと痛感した。

4　繰り返し腹部の外科的手術を受けていたFさん

原因不明の腹痛のため他の総合病院で繰り返し検査を受け、数回の手術を受けた中学生のFさんと会うことになった。なかなか腹痛がとれず救急外来をとおして小児科病棟に入院となったが情緒不安定な状態であるとのことで臨床心理士に介入依頼があった。

Fさんに会ってみると、ベッドの上でウンウン唸っていた。声をかけるとちらっと私を見たが、苦しそうに唸り続けていた。しばらく側にいて声かけを続けていると、唸り声が静まり少しずつ会話ができるようになった。ベッド上に座れるか尋ねると、腹部を押さえながらお腹を抱えるように坐った。顔に汗が浮かんでいた。トイレに行きたいということで一緒に立って行ってみた。腹部の傷を守るように背中がひどく屈になっていた。それがとても印象的だった。「お腹、何回も手術しているから気になるかな」と尋ねるとコクンと頷いた。「気になって仕方ないよね。その分、お腹と背中にいつもすごく力が入っているみたい。もしかすると痛みの原因はそこにあるかもしれないなあ。もし良かったら、その力を楽にすることで痛いのが良くなるかもしれない良い方法があるけれど、試しに一緒にやってみる？」と話してみると、「うん」とFさんは返事をした。

そこで側臥位躯幹ひねり課題に取り組むことにした。しかし腹部が動くことが怖いのか、なかなか腰から捻《ひね》ることができなかった。私の援助する腕や脚に身を任せるよう促したが、最初はそれも難しかった。いきなり腰からは難しいかなと思い、ブロックする脚を背中に変えて、肩を開くよう援助を変えた。するとFさんはそれには応じることができた。肩の力を適度に弛めることができたので、少しずつブロックする脚を背中から臀部《でんぶ》方向にずらしながら捻っていく援助を行なうと、動くことへの抵抗が最初よりは減っていった。そこで再び腰から動くように援助したところ、Fさんはかなり慎重な様子だったが、ある瞬間ゆっくりと腰から捻ることができた。「できたね！」と伝えるとFさんは目を開いて少し微笑みながら大きく頷いた。Fさんはいったん動かすことができるようになると自らすすんで大きく動かすようになった。腰周りと腹部の緊張が動かすことで弛み、そのため自由に自体を動かせるようになった。まるで「動いても大丈夫」ということをFさん自らが確かめるように積極的に何回も動かしていた。それから腹部を守るように背中が屈になっていた姿勢が改善された。同時にFさんの腹部の痛みの訴えは激減し、まもなく退院することができた。それ以後、外来で数回Fさんに会ったが元気そうであり、まもなく受診は途絶えた。その後も腹痛を訴えて外来を受診することがあったようだが継続にはならず、薬で痛みをコントロールしながら活き活きと通常の生活を営んでいるようである。

さて、総合病院というところは新しい治療が導入されやすく、また最新式の検査システムが比較的整っている。そのため、それらを駆使したうえで医師から「○○病の可能性がある」と告知されると、患者としては盲従的にならざるを得なくなる。この段階で「医師の言うとおりに治してもらわなければ」という主従の関係が成り立ってしまいやすい。そしてそこには患者としての完全なる受動的姿勢が形成されてしまう。

患者は診断を下されると「病者役割」を担うことになる。しかし「誰かに治してもらう」のではなく「私は病気を治すために何かしたい」という主体性が、治療を受けるにあたっても必要になるのではないかと思う。そして臨床動作法は「やまい」を抱え、医師に治してもらおうと受動的に病院を利用する「一個の人間」に対して、治療への主体性や能動性を提供することができる心理臨床的技法であるのではないかと思う。

Fさんは医師の診断に従って別の病院で手術を受け続けた。手術を受けていた病院の医師からは腹部を大事にするように言われていたらしい。しかしFさんの腹痛はとれず，腹痛の苦しみを抱え続ける患者として入院することになった。動作面接によりFさんは痛みを感じ守っていた腹部を自由に楽に動かせるという体験を得た。その後，Fさんは腹痛とつきあいながらも意欲的に生活し続けている。面接で得たFさんの動作体験は医師との主従関係に基づく「病者役割」からの脱却につながったのではないかと思われた。診断を下された患者の心理状態を医療従事者として，また臨床心理士として忘れてはならないということを学んだ事例だった。

3．一緒に臨床動作法に取り組んできた仲間の事例

就職当時私は一人常勤臨床心理士として働いていたが，出身大学の学生や研究生の方々が同時期に心療内科や小児科を中心に非常勤として活動することになった。広い院内で心細い思いをしていた私にとって，彼らは大切な同僚だった。

最初は別々に活動をしていて交流もあまりなかった。遊戯療法や芸術療法に力を入れていた同僚もいたし，児童相談所や保健所の乳幼児健診に通いながら勉強を続ける同僚や，ロールシャッハテストを専門に勉強していた同僚もいた。そのうち一緒に臨床動作法の研修会に行くようになり，頻繁に事例を検討しあうようになった。その後，仕事が増えるに従って，病院側に頼んで臨床動作法を学んできた臨床心理士を次々に雇用してもらった。お互い刺激を受けあい，切磋琢磨しあいながら日々の臨床活動に取り組んでいった。

そこで一緒に働いた仲間が動作面接を用いて効果を上げた事例の一部を紹介したい。

1　子育てにいきづまり体調を崩していたGさん

子どもたちがそれぞれ非行，緘黙，癇癪などを呈して来談したGさんは，自分自身も長年胃潰瘍や嘔吐，激しい頭痛に悩んでいた。言語面接による親面接では，頻発する問題の対処に終始してしまい，母親としての悩みの

解決が見えない状況が続いていた。そこで「親として」というよりも、Gさん自身が「一人の人間として」の生き方を変化させる体験を得ることができれば、数々の困難をGさん自身の力で乗り越えやすくなるのではないかと考え、動作面接を導入した。Gさんの立ち姿勢は肩が丸く盛り上がって腰が反り、首に過剰な力が入っていた。からだを動かすときは全力で動かし、自体に対する感じは不明確だった。「周囲に認められたくて全力で頑張るが努力が認められない、だから更にがむしゃらに頑張る」という体験の仕方がGさんの動作の特徴によく表われていた。そこで側臥位での躯幹ひねり課題、胡坐位での上体廻し課題やタテ軸作り課題などを取り入れたところ、Gさんは徐々に自体の感じがはっきりとし始め、無理に動かそうとしていた動作の仕方が変わり、適度な力で動かせるようになった。そして盛り上がっていた肩は自然と力が弛み、反っていた腰もタテに位置づけることが可能となり、からだの安定感が得られた。すると日常においても、頻発するさまざまな問題に対して動揺することが減り、事実をそのまま受けとめて対処できるようになった。「ちゃんと生きていく力が子どもにも私にもある」と発言するなど、子どもや自分自身のことを信じられるようになっていった。こうしてGさんは動作面接によって変化した体験をとおして、安定した生活を送るようになった（松尾、二〇〇二）。

② 情動のコントロールが困難だった統合失調症のHさん

統合失調症を発症した青年期のHさんは、入院後半年以上経っても精神状態がまったく安定せず、他者と関わると容易に混乱を呈していた。そこで情動をコントロールすることを目指して動作面接を取り入れることにした。胡坐位での肩の挙げ降ろし課題を導入したが、最初は緊張がかなり強かった。動作課題への対応に困ると「あ、なんか肩が動いている！」と突然笑い出すような様子が認められた。恐らくその笑いはHさんの漠然とした強い恐怖感の表われであろうと推測した。Hさん自身が現実に生じた自分自身の動きに気づき、援助をとおして課題に応じた動作をコントロールできるようになることを目指した。Hさんの肩の動きにあわせて動きの様子を伝え続け、Hさん自身が自分の動きに注意を向けられるようになると、Hさんの不安感や恐怖感も低減するようだった。その後、胡坐位肩開き課題や、背中を反らせて弛める課題、立位で重心を移動させしっかり足で地を踏みしめる課題などに取り組んだ。

最初Hさんは、時にやや混乱を呈し恐怖感をもって取り組んでいたが、課題に取り組むうちに過剰に力を入れなくても大丈夫だということを実感できるようになった。Hさんは少しずつ自分で自体の不適切な力を弛めたり適切な力を入れたりできるようになっていった。動きの感じ方も明確になり、課題に応じた動作のコントロールを自ら実感できるようになった。その後、日常生活上でも徐々に精神状態が安定し始め、活動の幅も広がり、外泊を繰り返して退院の運びとなった（江崎、二〇〇三）。

3 情緒不安定のあまり腎臓透析が安全に受けられないIさん

腎不全のために数年間透析を受けていたIさんは、次第に不眠や慢性の頭痛を訴えるようになった。さらに透析中にシャントを抜こうとするなど落ち着きのない行動が目立つようになり、腎臓内科だけでは対応できなくなったため精神科入院で状態の改善を目指した。Iさんは、透析を受けて自分のからだの自由が制限されるという状況のなかで、漠然とした不安感が募っていることが推測されたので、Iさんの不安の軽減を目指して動作面接を導入することとした。面接開始当初Iさんは「きつい」と言って面接を断る様子が認められたため、短時間でも動作面接を継続して行なうことでIさんとの関係の構築を目指した。側臥位での躯幹ひねり課題で、Iさんは肩を動かそうとしても肘に力を入れて勢いで動かしてしまい、スピードや力の調整が困難だった。また動かしにくくなると「痛い！」と言って取り組みをやめてしまうことが多かった。肘を伸ばして動かそうとしてもうまくいかない場面では「肘が伸びないんです」と表情が硬くなったが、伸びない肘に注意を向け力が弛められるといいなと思って待つように促すと、Iさんは動かしにくい肘の感じを味わい、スッと力を弛めることができた。

「そうそう！　それです！」と伝えると、Ｉさんの表情がやわらいだ。その後、Ｉさんの方からやってみたい動作課題の提案が出るようになり、動作面接に意欲的に取り組むようになった。課題の遂行がうまくいくとＩさんの表情がやわらいだり笑ったりするなど情緒的な安定が得られるようになった。まもなくＩさんは透析を含む通常の治療活動を安定して受けられるようになり、しばらくして退院となった（松本、二〇〇四）。

Ⅴ　総合病院で臨床動作法を導入するにあたって

次に、総合病院に臨床動作法を導入し、定着させ広めるためにどのような工夫をしたのか、またどのようにすることが望ましいと思うのかについて私の考えを述べたい。

1．病院に臨床動作法を導入する障害

初めて臨床動作法の研修会に参加した後、私はさまざまなクライエントに対して「とりあえず動作法」だと考え、できる限り動作面接を取り入れてやってきた。私の場合、幸運だったのはクライエントの主治医が自由に臨床動作法を取り入れさせてくれたことであった。どの診療科の医師も、こういう技法がありますと申し出ると、どうぞやってみてくださいという返事がかえってきた。医師の大半は、良いものならぜひ取り入れるという柔軟性がとてもあるように思う。この点は、勤務していた総合病院が医師の研修機関でもあり、若い医師と意欲のあるベテランの医師が混在し、かつ患者さんが良くなるためにフレキシブルな対応をせまられる総合病院ならではの特徴だったのかもしれない。

ただ、研修会で知り合った臨床心理士の方々の話を聞いてみると、臨床動作法を取り入れにくいと話す人もけっこういる。主治医が臨床動作法に対する抵抗をもっていたり、臨床心理士自身が臨床動作法導入に対して消

極的であったりするのが主な理由のようである。精神科の医師に特に多いようだが、主治医が常に拠り所とする別学派の技法を有していて臨床動作法に強い嫌悪感をもっている場合が多々あるようだ。そんな場合、確かに導入は難しいようである。ある臨床心理士は「試しにちょっとやらせてください」と医師に直接動作法を実施したそうだ。それ以来、臨床動作法の導入を許されたという話を聞いたことがある。

一方、臨床動作法導入に対して臨床心理士が消極的であるのは、実技に自信がもてない、研修機会が少ない、いま一つ魅力を感じない、他に自信をもって駆使できる技法がある、という理由があるのではないかと思う。私は臨床動作法が好きだが、そうではない臨床心理士がいても当然と思う。しかし導入したいが自信がない、というのであれば話は別である。研修を受ける機会は以前に比べかなり増えているし、研修会を自分たちで作り上げても良いと思う。研修会に参加したときに相談できそうな先生と仲良くなっておき、連絡先を聞いておくと後々必ず相談にのってもらえると思う。

2. 効果の検証とフィードバック

動作面接を導入し、事例ごとに見立てを行ない仮説をたて、クライエントを援助していくわけであるが、やりっぱなしでは良くないと思う。各事例をまとめ、効果の検証を行ない、それを担当の主治医やスタッフにきちんと説明することが大切だと思われる。臨床動作法の場合はまだ医療現場でよく知られていないからこそ、特にそれらが重要だと思われる。そうすることで、臨床動作法は決して体操ではなく、きちんとした臨床心理的面接技法であるということが理解されると思う。

3. 勉強会や研修会を開く

臨床動作法は誰もが知っている技法ではない。だからこそ「何をやっているのか分からない」では困るので、病院内での全体勉強会で研修を担当させてもらい、臨床動作法を取り入れた内容を発表させてもらった。また、総合病院に毎年やってくる研修医のための勉強会や、附属看護学校での授業や看護学生の精神科実習期間中に設けた勉強会において臨床動作法を実習として取り入れた。院内に臨床動作法を定着させるために、こうした言わば「布教活動」にも力を入れた。

臨床心理士個人としては、やはり動作面接の腕を常に磨かなければならない。それは臨床動作法だけに限ったことではないが、特に臨床動作法の援助の仕方は時々変わるので頻繁に研修を受ける必要があるのだ。たとえば肩開き一つとっても、以前は少し肩を挙げてから開いていたが、今は肩を挙げずにそのまま開き、その際上方に逃げやすい肩をやや下方にむけて援助する形になっている。その方がより有効だと分かったからである。とにかく研修会に参加しておかないと適切な援助ができにくい。だからこそできる限り研修会への参加、学会や研究会での発表、事例の検討会開催を続けてきた。

また、地元でも中身の濃い研修を受けたいと思って九州臨床動作法研究会や福岡臨床動作法研究会などを有志で立ち上げた。その点で私は本当に恵まれていた。福岡には何といっても成瀬悟策先生がいらっしゃる。そして長いあいだ福岡にいらっしゃった鶴光代先生にもいまだにご指導を賜っているし、針塚進先生からも度々研修会で手厚くご指導いただける。いつも相談にのっていただく藤吉晴美先生はさまざまな場でリーダーシップを快活にとられる。私は本当に恵まれた環境のなかにいるのだ。同じように、臨床動作法にご尽力されている先生方は日本中にいらっしゃる。ぜひ先生方のお力を借りて研修の機会を増やすことをお勧めしたい。

4. 仲間を増やす

総合病院は大きい。独りではマンパワー不足になりがちだ。

臨床動作法をどんどん取り入れていったところ、面接期間が短期間で終わる事例が増えて新しいクライエントと出会うサイクルが早くなり、クライエントの数も徐々に増えた。診断名や診療科の壁をとっぱらって、いろいろなクライエントと出会う機会も増えた。どの診療科から依頼がきても対処できる臨床動作法の面接技法を用いることができたことは、その後の活動に確かな方向性を与えてくれた。

病院側に対しては毎年業績レポートを提出し、臨床心理士の増員を願い続けた。許可がおりると、臨床動作法が使える人員を増やしていった。そして各々がさまざまな場所で臨床動作法を活用し、裾野を広げていった。私が一緒に働いた同僚たちは仕事に対して非常に意欲的で、忙しいなかでも丁寧に臨床活動に従事する姿に私自身学ぶことがとても多かった。仲間がいるということは本当に心強かった。こころから感謝している。

VI　おわりに

1．今後の展望

総合病院内にはたくさんの診療科がある。しかも各診療科は人間の臓器別に細分化されている。外科であれば心臓は心臓外科、骨や関節は整形外科、脳は脳外科。内科であれば消化器、循環器、神経、腎臓など、それぞれ専門の内科がある。一人の人間でも身体部位ごとによって受診する科が違ってくるのである。最近は細分化を見直して一人の人間として患者を診察する総合診療科という診療科もできているがやはり従来の医学ベースと言える。その点、臨床心理士はクライエントを全人的に理解し、クライエントの回復に寄与できる役割を担える。そして臨床動作法はからだの動きをとおして面接を行なうものであり、身体疾患で受診する患者さんが多い総合病院にはうってつけの面接技法だと思う。

今後、具体的には、姿勢の歪みから生じるような身体疾患に対して、人間のこころを扱う必要はないと思われがちな整形外科や外科系においても臨床動作法が有効であると考えられる。また、最近は周産期母子総合センターのように、生まれる前から成人するまでの人間の発達を継続的に援助していく方向にある。臨床動作法は妊娠時からはもちろん乳児期からも導入の対象になっているので、総合病院でも積極的に取り入れるのが好ましいと思う。ともかく、臨床動作法が効果的であると仮説をたてられる患者さんに対しては、診療科にかかわらず積極的に実施していくと良いと思う。

2. 最後に

非常勤時代、実は私は面接室に閉じこもることが多かった。病院に入ってみると意外に臨床心理士に対する風当たりは強かった。なかなか面接室から出にくく、仕事の依頼をじっと待っていることも多かった。そんな姿にある日、他の職員から「お高くとまっている」「働きが少ないくせに高待遇」と陰口をたたかれた。そう思われても仕方なかった。積極的に職員とも仕事とも関わろうとしなかったからだ。

それをきっかけに職種に関係なくいろいろなところに顔を出して、他職員と一緒に仕事をして経験することに徹した。作業療法活動に参加し、看護師が行なう患者さんのオムツ交換やからだの清拭、食事介助、風呂入れなどもやった。病棟夜勤の手伝いも経験し、外来事務の手伝いもさせてもらった。そうするうちに院内の構造やいろいろな事情を知ることができ、多職種との共通言語や共通イメージができてとても働きやすくなった。そこまでする必要があったのかどうかは分からないが、それが私なりの総合病院への溶け込み方だった。

私は総合病院に勤めることができて今は本当に良かったと思っている。最初は右も左も分からず失敗することだらけだったし、そのたび他職種から受けるバッシングのようなものも結構強かった。しかしそれも始めのうちだけのことで、とにかく一所懸命頑張り、仲間とともに仕事に取り組んできたことで病院側に心理職という存在を理解してもらえたというのは本当によかったと思う。

そして何より私自身にとって、臨床動作法と出会えたことで自分のなかに臨床家としての核のようなものができた。クライエントと面接することが楽しいと思えるようにもなったし、難しい事例と出会っても「もしかしたら動作法でなんとかやれるかもしれない」と積極的に取り組めることも多かった。臨床動作法はクライエントを能動的に変化させるが、同時にセラピストも積極的に変えてくれる。私は総合病院こそ臨床動作法を取り入れると良いと本気で思っている。心理療法が、該当しないと思われがちなクライエントでさえも導入してみると効果覿面《てきめん》であったということが本当に多い。臨床動作法のおかげで、臨床心理士として活動できる幅は広がるように思う。

臨床動作法は非常に魅力ある臨床心理的面接技法である。私や同僚が総合病院で多くの事例をとおして体験したワクワク感を、ぜひとも臨床心理士の方々に体験してほしいと思う。

引用・参考文献

江崎直樹（二〇〇三）：リハビリテイション心理学研究、第三〇巻二号。
松尾純子（二〇〇二）：日本心理臨床学会発表内容より。
松本朋子（二〇〇四）：日本臨床動作学会発表内容より。

5　小児科医院における臨床動作法

大分市児童家庭相談センター　臨床心理士　大島英世

●編者コメント

大島さんは鹿児島女子大学の文学部人間関係学科を卒業後、数年間をある精神病院に常勤した後、兵庫教育大学の冨永良喜教授のもとで修士課程在学中から臨床動作法を学び、その後も小児科医院で単身の臨床経験について同教授のスーパービジョンを受けた。現在は大分市児童家庭課職員として市の児童家庭相談センターに勤務し、併せて吉備国際大学の博士課程（通信）において、成瀬の指導で身体軸を中心にして、人がタテに生きるということについての研究中である。

大島さんは以前に勤務した精神病院と、脳性マヒの子の動作訓練の経験を基礎にしながら、小児科医院の四年間に出会った子どもたちとその母親たちの変化について報告した。臨床動作法について、すでにある程度の経験を持っていたので、小児科という個人の医院に臨床心理士としてただ一人で職を得た割には、比較的すんなりと医院に馴染めたようである。

はじめの二例は養護施設からもち込まれた、発達の遅れた幼児についてのものである。心身障害児とか発達の遅れた子と言うと、わが国の心理臨床家のなかには、それが臨床心理の対象の埒外とする人が少なくない。また障害児を対象とする人たちも、臨床心理の見方とは異なる独自の扱いをする向きもある。大島さんのこの二例は、障害の有無と関係なく、ある動作の体験がいかにこの子たちのこころを活かし、育てるかを如実に示してくれる。

閉所・暗所でパニックになる子、多動で一人遊びの子では、適応しきれない外界に振り回されて自分にこころを向けられなかったのに、動作をとおして自分自身の感じと、援助される体験の経験をとおして、外界へ積極的に適応できるようになっていくプロセスだが、それは大人の場合と変わらない。幼・小児にとって母親の動作とこころの変化が具体的に述べられた。問題児に限らず、母親一般の問題としてここに改めて強調しておきたい。

I　はじめての小児科医院

大学院を卒業した年の四月から、小児科医院で臨床心理士として勤めることになった。私が勤めていた小児科医院は、発達小児科ではなく、いわゆる小児科・内科・アレルギー科を看板とした開業十数年、多くの常連患者を抱える医院である。

そこでは、四年間で約百四十事例の親子の心理療法を担当した。乳幼児から思春期、時々は成人の方も相談に来られた。相談内容はさまざまで、ことばの遅れや多動、自閉、コミュニケーションなどの発達の問題やチック、吃音、緘黙、頻尿、不定愁訴、不登校、パニック、いじめ、虐待、ＰＴＳＤ、うつ、過呼吸、自律神経失調症、アトピー、喘息に至るまで、いろいろな相談を受けた。

私がその医院へ就職する前は、一人ずつ二人の臨床心理士が勤めていた。どちらも一年ずつで医院内でのいろいろな仕事を兼任していたので、相談業務だけに専念するため常勤で仕事をするのは私が初めてであった。医院内での仕事内容、臨床心理士の役割、医師、看護婦、事務員の方たちとの協力関係、地域の保健師や保育所、幼稚園、学校と医院とのつながりの基盤はまだできていなかった。しかし、年数が経つごとに対外的なつながりは自然とでき、保健師や保育所、学校の先生が相談室へ出入りし、話し合う機会も増えていった。

相談室ができたことは公表されていなかったが、来談する人は年々増えていった。振り返れば、一年目は主に診察からの紹介が多く、二年目には相談を受けつけている医院ということを人づてに聞いて来た人が加わった。三年目には相談に来ている人や終結をした人から聞いて来た人、学校からの講演依頼を受けることなどもあった。四年目には保健所からの紹介が増え、保健師と連携しながら支援するケースも出てきた。

医院内については、看護婦さんや事務員の方に対する相談室ができて、今までとは質の異なる親御さんと接するということに対する戸惑いや不安を聴き、必要な専門的な知識、関わり方のアドバイスを行ない、心理的な悩みで受診した方を全体で抱えていけるように環境づくりをした。今振り返ると、看護婦さんや事務の方が個人的にも仲良くしてくださり、お互いに気心を知りながら物怖じせずに話し合える心地良い人間関係ができてきたため、それが自然と相談に来られる方を抱える基盤になっていったのではないかと思う。

院長に対しては、主訴や生活上起こっている問題、来談することによる改善の見通しや経過を伝え、心理的な問題としての見方や心理療法を行なうことによるこころの変化、生活上の問題の改善について道筋を説明し、心理療法による改善のプロセスや効果を理解してもらえるよう努めた。

また、診察時の関わり方について院長から相談を受けることもあったため、内科の診察と心理的な相談を受ける場合の違いについて話し合うこともあった。同じ診察でも、からだを診るのとそれに加えてこころを診るのとでは見方や会い方がかなり違ってくる。

心理的な相談で診察を受ける人にとっては、自分や子どものことをどのように医師が受け入れているかという信頼関係が主になってくるが、からだの病気で受診した人は、たとえば、インフルエンザの症状が早く治る薬がほしい、熱が冷めるまでどうしたらいいかといった対処的な相談が主になる。同じ診察でも一方では早急な処置が必要、一方ではじっくりと聴く態度が必要という違いがあるため、相談者の不安や独特の感じ方などについて面接での様子を交えながら伝えるようにした。特に、心理学の用語を使わず話すように心がけ、日常的なことばで表現するようにした。そうすることで院長と共有できる情報は多く、じっくりと話し合うこともできたように思う。

II　小児科医院での臨床動作法の導入について

私が勤めた小児科医院の院長はガッチリとした心意気を持った先生だった。「わしが責任を取るから何でもいいものはやっていいぞ」という、ドンと背中を押すようなセリフを言う人であったから、医院のカウンセリング部門は私にすべて任されることになった。

それまで、いくつかの病院で心理臨床の仕事に携わったが、援助方法については医師の理解のあるなしによって左右され、なかには改善の方向にあるにもかかわらず心理療法の効果と捉えてもらえなかったという苦い経験もあり、やりたいようにやっていいと言われたときには天にも昇るような気持ちであった。

しかし、後でよく考えてみれば、自由にやっていいというのはその代わりにちゃんとした効果を上げること、というメッセージが含まれてもいることに気づいた。大きな可能性とてつもないプレッシャーを同時にもらったような気持ちになり、気の引き締まる思いがした。

私にできる心理療法の技法は、正直なところ動作法しかなかった。院長には始めから動作法を用いて心理療法や療育をしたいと伝え、自閉症や多動、心身症、神経症、うつ、統合失調症の方などへの動作法の実践的な研究の歴史を伝え了承を得た。

こうして小児科医院での初めての仕事が始まり、心理療法によってこころが安定するということを院長に知ってもらえるようにいろいろに気遣いながら仕事を進めていくこととなった。

Ⅲ　人と関わる喜び、楽しさを知った

1．はじめてことばを話したAちゃん

①　はじめて自分で動かす

そんなある日、動作法の効果と思われる劇的な出来事が起こった。ある養護施設から、発達が遅れ三歳になっても発語がなく、無表情で笑うことのないAちゃんが連れてこられた。Aちゃんは生まれてからずっと施設で生活をしてきた。私が初めて会ったときは三歳を過ぎていたが、一歳半ぐらいの発達年齢、オムツをしていることもあってか赤ちゃんという雰囲気だった。一緒に遊んでみると、視線を合わせることがなく暗い表情でうつむいて黙々と一人遊びをしていた。人を避けることはなかったが、相手がいようといまいとAちゃんには無関係の様子で、おもちゃを使って遊んで見せても視線を移すことはなく、まねをしようとする様子もなかった。Aちゃんが唯一表現できるのは「いや」という感情を示すとき、うつむいたままお尻を横に振る動作だけだった。施設のなかでも無表情で笑顔がなく同年齢の子どもの遊びについていけないため、小さい年齢の子と一緒にいるということだった。

そんなAちゃんと出会い、毎週三十分間、動作法と遊びをすることになった。Aちゃんの問題は、もともと低体重出生のため発達が遅れ、人とのコミュニケーションに関心が向かないことと、人と過ごす喜びというものを

まだ実感として体験していないのではないかということだった。送迎の職員の方との分離で大泣きという始まり方だったため、まず安心して私と相談室にいられるようになることが先決だと思われた。とにかくAちゃんに仲良くしてもらい、「一緒に」という共同作業の体験をとおして、人と過ごす楽しさ、喜びというものを感じてもらうこと、そこからAちゃんの生活体験が拡がり、発達が促進されていけばいいのではないかと思った。おもちゃを使ってみても模倣がなく、かと言ってAちゃんの遊びの世界に入っても無反応で黙々と遊んでいるため、道具を使うより動作を使ったからだ遊びのような体験のほうがAちゃんには伝わると思われた。

このような理由からAちゃんに動作法を試みることにしたが、導入は簡単にはいかなかった。Aちゃんをマットの上に座らせようとからだに触れると、Aちゃんはうつむいてからだを緊張させ嫌がった。ここで座らせてしまうときっと泣くだろう、初めの体験が嫌なもの、怖いものになってしまうとAちゃんにとっての動作法が嫌なものになってしまう。そんな気持ちがよぎって、それ以上座らせるのはやめにした。結局、どのようにすれば初めての動作が心地良く楽しいものになるのか、Aちゃんと遊びながら考えることにした。まず、Aちゃんは自分でおもちゃを探したり取りに行くことがなかったので、私がいろいろなおもちゃの音を出したり、動かしたりしてAちゃんの好きなものを探すことにした。こうしてAちゃんの好きなものは、おもちゃのピアノの音を聞くことだとわかった。

鍵盤を押せば音が出る、そのことを不思議そうに見ているので、なんだか歌を歌ってあげたくなってチューリップの曲を弾きながら、「咲いたー、咲いたー、チューリップの花が～」と歌ってみた。どうすればAちゃんがこちらに関心をもってくれるだろうかという必死な気持ちと、どうしても歌いたくなった気持ちとで歌を歌った。子どもに歌を歌ってあげたことは私にとって初めての経験だった。そして、Aちゃんはもう一つ私に始めての経験をさせてくれた。それは、オムツを替えることだった。相談室には私とAちゃんしかいなかったから、Aちゃんの身の回りの世話をするのは、当然ながら私の役目となっていた。初めてのオムツ替えでは、オムツを持ったまましばし呆然として、オムツの前後はどっちかなとか、留めるところは確か前だったはず、などと思いながら、目の前でコロンとかわいらしく寝転ぶＡちゃんにオムツを替えてあげる。「気持ちいいねー」と声をかけながらなんだかこちらも嬉しい気持ちになった。

　こんなふうに過ごしながら、そのセッションの終わりの挨拶のとき動作を取り入れてみることを思い立った。「これで終わります。よく頑張りました」と挨拶をして終わるとき、ふと「よくできました、バンザーイ」と、Ａちゃんの右手をにぎり、腕を上に挙げてみた。一回目は驚いたように手を引っ込めてからだに緊張が生じた。次の回では手に触れたときの身構えはなく、私がＡちゃんと手をつないでバンザイの上方向に挙げると、くたんとした力の入らない腕のままされるがままになっていた。そしてその次の回、されるがままの一方的で受動的な動作からＡちゃんの自発的な動作が現われた。Ａちゃんが動かしてこないかなという気持ちでゆっくりと腕を待ちながら挙げるという援助をしていくと、途中からぐっとＡちゃんが力を入れてバンザイをしてきた。「上手だね。バンザイできたね。もう一つバンザーイ」と繰り返すと、確かにＡちゃんが自分で動かしてきた。「バンザイできたね、上手だね」と褒めたがＡちゃんは私のことばより動かした腕の感じを感じてか、きょとんとした表情を見せた。その後からＡちゃんはとても喜んでバンザイをするようになった。こうして触れられることへの身構えはなくなり、一緒に腕を動かしたり、肩を挙げたり、動作を通じてやりとりができるようになった。このような動作でのやりとりができるようになったことと並行して、Ａちゃんは視線を私に向けるようになり、笑うと笑い返し、音の出るおもちゃを自分から取りに行き、遊びを模倣し、歌を歌ってあげるとからだを横に振ってリズムをとりもう一回という表情をして何度も要求し、からだでリズムをとってはにこにこ微笑むようになった。

　ちょうどそのころ、突然に看護婦さんから「大島さん、あの子に何したの」と聞かれた出来事があった。何事かと思って訳を聞くと、Ａちゃんが初めてしゃべったというのである。セッションが終わった後で診察を受けたときのこと、バイバイと挨拶する院長に初めて「バイバイ」と答えた、ことばをしゃべったというのが看護婦さんの驚きの理由だった。私は良い機会だと思い看護婦さんに動作法について話してみた。からだを使ったやりとりをAちゃんができるようになりよく笑うようになったと伝えると，そういえば診察を怖がらなくなり表情も明るくなったと気づかれた。看護婦さんとしては，Aちゃんはしゃべらない子だと思っていただけに突然の「バイバイ」にとても驚いたということであった。

こうして，動作法というものが何がしかの影響を人に与え，変化をもたらすものであるらしいということが看護婦さんにも院長にも目に見える変化をとおして理解されていった。いつしか診察で「ここではリラクセイションができます」と院長の口から語られ，相談に来られた方や診察から心理療法が必要だと判断された方に，積極的に動作法を紹介されるようになった。

2　他動から主動へ

ここでAちゃんの体験がどのようなものであったのかについて振り返ってみたい。Aちゃんは「バイバイ」を言えるようになってから，いろいろにことばを表出するようになり，チューリップの歌にも腰を振ってリズムをとりながら大きな声で一緒に歌うようになった。初めは大きなボールを見ただけで脅えたように身構えていたが，次第にボールの上にからだを乗せることも嫌がらなくなった。動作のやり取りに慣れたころ，自分からボールを出してはボールの上に乗せてほしいと抱っこを要求した。私に抱えられてボールの上に腰掛け，窓の外の風景を見ながら気分良さそうにリズムを取って一緒に歌うことがAちゃんの楽しみになっていった。動作法をするようになって変化したことは，視線を合わせて人と関われるようになったこと，からだや表情で喜びの感情を表現できるようになったこと，遊びの模倣や要求を示す表情，ことばの表出ができるようになったことである。表情がいきいきとしてきたことは施設でも気づかれ，Aちゃんは覚えた私の名前を施設で言うようにもなった。このようなAちゃんの変化にはどのような体験が影響を与えたのだろうか。

Aちゃんと行なった動作は、片手バンザイ、両手バンザイ、肩挙げ課題である。初めての動作から振り返ると、初めはからだに触れられることへの身構えが強かったが、次第にその緊張は弱まり、手をつないでバンザイすることを嫌がらなくなった。しかし、そのときの動作は、援助者にからだを任せきった援助者による他動の一方的な動作であり、Aちゃんが自分で動かそうと思って動かした動作ではなかった。一方的であってもからだを動かすことを喜んだが、あるときから一緒に腕を動かしてくるようになり、次第に自発的な主動の動作へと変化していった。Aちゃんの動作の体験を推測すると、まずからだが動く感じに初めて気づき、それが楽しい体験として感じられたこと、次に援助者と一緒に動かすという共同作業を楽しんで体験し、興味をもてたこと、そして自分で能動的に動かそうと思って動かし、動作の実感が体験されたのだと思われる。Aちゃんの独りっきりの世界から他者と交わり、なおかつそれが楽しく喜びとして感じられ、ことばを使いながらいきいきと安心した気持ちで人と関わることができるようになったことがAちゃんの成長であるように感じた。

Ⅳ　からだに働きかけることからこころに働きかけることへ

1.　課題をどう伝えたらよいか

精神科にいたころの援助の対象者は主に思春期から成人の方だった。小児科医院に勤めてからは、乳幼児とその親御さんに変わり、心理的な距離のとり方が以前よりもぐっと近くなり、慣れるまでは戸惑いと緊張の連続だった。動作法の用い方もそれまでのやり方では通用しない部分が出てきて、子どもと動作法をする難しさというものを痛感し挫折感を味わうことがよくあった。特に子どもに用いる場合に難しかったのは、今からどんな動作をするのかという課題を伝えるところである。

大人の場合はことばを使って伝えることができたが、子どもの場合はことばだけでは伝わりにくいというところが私を悩ませた。「肩を挙げてみましょう」と大人に伝えれば、すぐに肩だと思っているからだの部位を動かし始める。なかには緊張が高まって動かせなくなってしまう人もいるが、肩ということばの意味が分からない訳ではない。ところが子どもの場合、身体部位の概念が出来上がっていなかったり、肩という部位を独立させて初めから動かすということが難しかったりする。肩に触れて「ここよ」と伝えると、触れられた感じを手がかりにして動かすことができるが、「肩を挙げてみよう」とことばで伝えるだけでは、どこのことか分からずにぽかんとしてしまう。子どもへの動作援助をし始めたころ、こうした大人に対するときと子どもに対するときとでの伝え方の違いに戸惑うことが多く、ことばではなく動作でやりとりをするという基本的なところができていなかったということに気づかされることがたびたびあった。

また、ことばではなく、動作で課題を伝えて動作で受け取るというやりとりがとても大切だと思った時期がある。この援助の手をどのように動かして伝えれば伝わるのか、相手の動作を私の手が受け取れるだけの感受性をもてるかなど、動作をとおしたやり取りについて試行錯誤した時期がある。そしてそのうちに動作でのやり取りだけでなく、その子が動作をしようと、あるいは動作をしながら努力をしていることにこちらの感覚を研ぎ澄まし、そこの頑張りの部分をこちらも受け取ってやりとりしていくことが大切であると感じるようになった。

2．人といる安心感、表現する喜びを知ったBちゃん

①　動作の捉え方が間違っていた

ある養護施設で生活している四歳のBちゃんは、発達年齢が三歳程度、ネグレクトということであったが、心理発達をみる検査のなかで身体的な暴力を受けた経験が示唆されるような所見が出された。コミュニケーションを自発的にとれず、子ども同士の遊びにも関心を示さず、同年齢の子どもに比べずいぶん発達が遅れているのではないかと心配され、当小児科医院へ連れてこられた（以下、クライエントの発言を「　」、セラピストの発言を

〈　〉で括り示す）。Bちゃんと初めて会った日、〈おはよう〉と挨拶をすると、とたんにからだをくねらせて視線を避け、おどけた表情をして宙を見上げ、手をつないだ施設の職員の方にぶら下がって笑っていた。声をかけられたことは嬉しい様子だったが、急に緊張が高まり思わずおどけた顔をして視線をそらせてしまう。聞けば、施設でも素直に要求を示すことはできず、職員の方に甘えてくることもなく、うろうろとしていることが多いという。そんなBちゃんの様子を見て、発達を伸ばしていくことと同時に、人といる安心感や人と視線を合わせてコミュニケーションを取る楽しさや喜びというものを実感できるようになることが必要ではないかと感じた。

Bちゃんとの動作法は時間を決めて行なった。セッション前半は体操ごっことして動作を行ない、からだをとおしてやりとりをし、後半はおもちゃで遊びながら道具を使ったやりとりをするというふうに分けた。Bちゃんは、〈おいで〉と声をかけると反対に遠くへ行き、こちらの表情を伺いながら待つ、呼ばれるのを待っているけれど呼ばれるともっと遠くへ行って待つという子だった。そのため、どうすればBちゃんがマットの上に乗って動作法をする体勢を整えられるかということが、セッションが始まってすぐの課題となった。

あるとき、Bちゃんは「ぞうさん、ぞうさん」と言いながら、スリッパを両手にはめテーブルの上を這い回り始めた。なるほど、ぞうさんごっこもいいかもしれない、そう思った私はテーブルの端っことつながるようにマットの上にあぐら座りになり、〈ぞうさんが来たよ。私はぞうさんのお家、かわいいぞうさんが歩いて来たよ、ただいま〉とBちゃんに話しかけてみた。するとBちゃんは喜んでテーブルの端っこまで四つんばいで歩き、テーブルから私のあぐらを組んだ脚のなかに飛び込んできた。〈よく来たね、おかえり、かわいいぞうさん〉と私が言うと、Bちゃんは大喜びし、ようやくBちゃんとの動作法が始まるという導入が定例となった。

② からだをみることと動作努力をみること

Bちゃんには慢性的な緊張が肩、背、腰、股にみられ、四歳の子どもとは思えないからだの硬さをしていた。

肩挙げ課題をすると初めはまったく動かしてくる様子がなかったが、〈ここを上に挙げてみよう、せーの〉と援助をすると力いっぱい肩を挙げてきた。挙げた肩を降ろすときには力が抜けず、強く援助をしてやっとカクンと動き始めた。〈もう一つ挙げてみよう、せーの〉に今度はひどくのけぞって、注意がからだに向かなくなって遊びたがり、こちらもひっくり返りそうな勢いだった。肩挙げ課題をすればいつもこんな展開になり、腰も肩も硬く、じっくりとやりとりをするどころではない状態に陥った。

このやりとりについて私は次のように捉えていた。Bちゃんは肩がどこかというのは分からないかもしれないが、援助によって一緒に動かした部位を、もっと動かすということは分かってきている。しかし、肩を挙げることができても、次の瞬間にはのけぞってできない、どうしたらBちゃんに伝わる動作援助ができるだろうか。しかし、この捉え方自体が適切ではなかったかもしれない。

このことをある研修会のグループセッションのときに相談してみた。実際にやってみようとBちゃんの役になって体験をし、三つのことに気づいた。それは私の援助がBちゃんの自発的な動作を待たず、先走った援助をしていたこと、そのため自分で動かしているという感じが分からない体験になっているということだった。そして、もう一つ、Bちゃんの動作努力に対する私の見方が違っていたということが分かった。それは、Bちゃんは〝ここ（肩）〟を挙げようと努力をしている結果としてのけぞるという動作になっているのだったが、私はその努力の部分に眼を向けず、肩を挙げることができないと否定的な評価をしていたことである。Bちゃんが動作をしようと努力をしていることを捉えず、からだばかりを見ていたことに気づかされた。

3　動作の過程で表出された怒り

また、Bちゃんの動作の体験の過程では、硬い腰を弛めるときに攻撃的な態度に変わることが数回あった。背反らせ課題に取り組んだときのことである。硬い腰周りを自由に動かせるようになるために、両足を伸ばして座ったBちゃんの腰に私の太股を当てて、背を反らせて緊張を弛めていく背反らせ課題をした。〈せーの〉の合図に合わせて背反らせをし、硬さにぶつかっては弛めるという動作ができるセッションが数回続き、すっかりお任せをして「Bのこと好き？　○○ちゃんより一番好き？」と尋ねるようになった。すっかり身を任せて甘えるようになった後、あるときから背反らせをして腰の硬さが弛むのを待つ間に「バカ、死ね」と急に激しく怒り始め、大声で怒鳴るようになった。ばたつく手でびんたをされ一瞬面食らったこともある。何が起こったのだろうと一瞬にして思いを巡らせ、暴力を振るわれたときのことを思い出して怒りがこみ上げたのだろうかと思った。どういうことにせよ、今このときの自分・からだに向き合えるような援助をし、怒りを静めることが大切なことだと感じた。激しくなる暴言と暴れながら起き上がろうとするからだを止めて待つことにし、Bちゃんが繰り返すことばの「バカ」に楽しいリズムとメロディをつけて歌うことにした。まるでだだをこねる子どもをあやすような態度で腰の緊張が抜けるのを待つと、すーっと腰の緊張が抜けた。同時に、Bちゃんは顔いっぱいの笑顔でげらげら笑い出した。私はつい今までの嵐のような怒りは何だったのだろうと思った。腰の硬さを弛めるとき、このようなことが何回か続いたが、腰が楽になり安定してまっすぐに座る、坐位を保持できる、膝立ちで腰を動かす感じをつかみ、脚に力を入れてからだを保持できるようになると、攻撃的な状態に急変することはなくなり、むしろBちゃんの方から「してみせようか」と言いながら自発的に膝立ちをして見せるようになった。

このように、心地良い動作の体験をした後に、激しい怒りの態度をとるようになったというこの出来事にはとても驚いた。特に、腰周りの慢性的な緊張を扱ったときに激しく興奮したので、Bちゃんにとって腰の緊張とは要になる部分ではなかったかと思う。腰の緊張を扱ったときの激しい怒りがどういうことなのかは分からないが、からだをお任せできるようになった後に起こったので、ある程度は安心できるようになった結果、怖さや怒りを表現し始めたのではないかと感じた。

4　からだに力を入れることの難しさ

からだをまっすぐにして座る，膝立ちをする，立つというタテの課題については，Bちゃんがどのように力を入れればいいのかわかるように援助で伝えることがとても難しかった。と言うのも，膝立ちや立位をすると，くねくねとからだ中の力を抜いて上の空になってしまい，私が支えていなければ倒れるような状態になる。まるでBちゃんの気持ちがからだに乗っていないという感じで，どのような援助で気持ちをからだに引き戻し，集中できるようにするかということに援助の工夫が必要だった。

どうしたものかと戸惑いながらも，とにかく形だけでも膝立ちの姿勢を整えてからだを立たせ，タテの世界の感じを体験してみるというやり方から入ることにした。くねくねと動くからだをなんとか押さえてタテの姿勢にして，力を入れないと倒れるという危機感をもたせ，ぐっと気持ちが乗ってくるようにして気持ちが逸れないうちに次の動作を伝えるという援助にした。こうすればからだから注意を欠いてくねくねとした動きに逆戻りせずに集中した動作を続けることができた。また，Bちゃんはタテに力を入れる感じをつかむというのが難しく，正坐の姿勢から膝立ちへと脚に力を入れようとしても脚に思うように力が入らなかった。しかし，膝立ち姿勢で腰を動かす感じをつかみ，腰を立てようと初めて自分で動かせたとき，なんとも言えない目に力の入った表情をした。そして腰が安定すると，脚にぐっと力を入れて膝立ちができるようになった。初めて自分の脚に力を入れて立ち，膝立ち姿勢でタテになった姿勢を保持できたとき，「これおもしろいなー」と私の方を振り向いて感心したように伝えてきた。以来，とてもいきいきと力強い表情で動作を積極的にしたがった。こうして，膝立ち課題はBちゃんのお気に入りの課題となり，「Bがやってみせようか」と膝立ちを援助なしでやって見せては握手を求め，満足そうな表情をした。膝立ち，立位での踏みしめ，重心移動などで力を入れる感じをつかんでいくのと並行するように，Bちゃんはおどけずまっすぐ私に視線を合わせて挨拶ができるようになり，遊びの表現も豊かになり、一人遊びの世界から人と一緒に遊ぶ世界へと拡がりがみられるようになった。また、「先生見てー、できたよ」と自分で切り取った絵を施設の職員の方に見せ、ことばで要求できるようにもなった。

こうしたBちゃんの動作体験を振り返ると、脚に力を入れて踏ん張って立つという新しい動作の実感を始めて体験し、タテになったことを「おもしろいな」と実感として感じるようになったことが、大きな体験であったように思う。動作体験のなかで見られるようになったいきいきとしたこころの状態や積極性、やってみるから褒めてというような達成感の分かち合いが、人と安心してやりとりをできるようなったところではないかと思う。こうした体験を経て、日常生活では集団適応が良くなったこと、Bちゃんから積極的にみんなに折り紙を作って見せたことなどが報告された。Bちゃんのこころの安定、特に、からだをくねくねと動かしておどけなくてもまっすぐに人を見て応答ができるようになり、表情にも一回りしっかりとした力強さが感じられ、安心して人と向き合えるようになったことが印象的であった。

V　タテになるとがらっと変わる

動作療法をやりながら来談当初から終結までの全体を眺めてみたとき、自分の判断で主体性を発揮し始める時期があるようだとあるときから思うようになった。肩挙げや肩開き、腰弛めなどの課題では、自分のこれまでの努力の仕方がやりすぎであったり、自分のからだながらさっぱり感じがわからないということに気づいたり、それまでに感じたことのないような楽な感じになったり、意外とからだが硬くて驚いたり、それとは反対に硬いと思っていたからだを意外と楽に動かすことができたなど、人それぞれにいろいろな体験と気づきが起こる。それと対比する訳ではないが、ある程度からだの感じに実感が伴うようになり、坐位での軸立て、膝立ち、踏みしめ、膝立ちや立位での重心移動の感じをつかみ、自分で操作できる実感のあるものとしてからだが存在してくると、実生活で自分や出来事を客観的に眺めるような視座をもつようになり、感情にとらわれずに現実的な判断ができるようになる人が結構いると気づいた。タテに力を入れることができるようになることが、その人の生き方の転機を促すような体験を含んでいるのではないかと、あるときから思うようになった。

1．閉所・暗所でパニックになるC君

小学一年生のC君は、ある日、突然に閉所・暗所でパニックを起こすようになった。幼児期に車中に閉じ込められることが多く母親から乱暴な扱いを受けることが多かったということであったが、突然パニックに陥り、鍵がかかっていないか部屋中確認をして回り、一人でトイレへ行くことができなくなったことに家族は驚き、相談へ連れてこられた。

C君の立ち姿勢は胸を大きく反らせ、腰は反り、立つとからだをしっかりと支えられずにグラグラ揺れていた。坐位になると腰周りが頑として硬く、腰が落ち、背筋はねじれていた。C君は肩挙げや肩開きなど、少しの力で動かそうとしてもありったけの力で激しく勢いよく動かしてきた。頸、肩、腰の緊張が強く、肩を動かそうと思って頸を後ろへ倒したり、一度力を入れると弛めるという逆方向へは転換しづらく、そのままカチンと力を入れたままでいる。しかし、援助の手をとおして〈こうだよ〉というように動かしていくと、動作をする方向をつかみ、だんだんと一緒に動かしている感じが援助者にも分かるようになった。C君も緊張を弛めることが上手になり、すっかり身を任せ、からだを動かそうと積極的な態度を示すようになった。

特にC君にとって難しかったことは、膝立ち、立位で踏ん張ってからだをタテにするという課題で、脚に踏ん張る力を入れるということだった。援助者である私は、それまで、胸を突き出してぴょこぴょこ跳ねるようにしてからだを引き上げせわしく動き回るという動作様式をもっていたC君が、その努力の方向を変え、タテに力を入れるという新しい力の入れ方ができるようになるためには、どのようにして援助し、導けば分かりやすいのか

と、ずいぶんと頭を抱えて考えた。

結局、坐位で軸をまっすぐにして座ることができるようになったとき、〈この感じ、これ、覚えておいてね〉、「うん」というやりとりをして、坐位のタテの感じを覚えてもらい、その感じを手がかりにして膝立ちをした。C君が脚に弱い力を入れて膝立ちするのを援助した後、もう一つ踏ん張り感をつかむために〈ここでさっきのまっすぐのをしてごらん〉と坐位でのタテの感じを思い出させてみる。そこで彼は、ぐっと腰から頭までまっすぐに芯棒が入った姿勢になり、ひいては膝立ちのひざ頭までスッとまっすぐになった。そのときC君は脚で踏ん張り、からだをしっかりとまっすぐにして膝立ち姿勢をとった。それができると、立位での踏みしめでは膝を伸ばす力がぐんと入るようになり、踏ん張ることができるようになった。

こうしたタテになるという体験と並行するように日常生活ではパニックが減り、C君自らがパニックにならないような工夫を始めたということであった。パニックを起こしそうな場所へ行くと「トイレに入るとき鍵がかかっていたら行けない」と事前に母親に言うようになり、母親と一緒に確認すれば一人でもトイレへ行けるようになった。また、母親との分離不安も解消し、「僕のことを見てほしい」と母親に伝える時期を経て、友達と元気良く遊びまわるようになった。

2. 落ち着きがなく、集団にいても一人遊びをしたがるD君

三歳のD君は落ち着きがなく多動、保育園の集団遊びへの参加は、興味があれば集団に参加し、なければ一人遊びをしたがる頑固でマイペースな子である。言語発達は半年、コミュニケーション発達は一年遅れ、一人遊びをしてはすぐに飽きてしまうところがあった。一度は自立した排泄ができなくなり、保育所でも家でも排泄を知らせないままお漏らしをした状態で遊ぶようになり、心配して母親に連れてこられた。

D君には落ち着きをもち、人とやりとりができるようになるために動作法を行なうことにした。母親には動作

法を紹介し、D君と実際にしているところを見てもらい、導入時には母親にも動作を体験してもらった。

D君の動作は立ち止まることのないばたばたとした動作であり、ゆっくりと動かそうと思ってもからだが激しく動いて静止できず、坐位姿勢をとると激しくからだをくねらせてのけぞり、腰を据えて座ることが難しかった。ばたばたとしたD君の動作に合わせながら腰や肩を弛めていき、形なりとも坐位がとれるようにしていきながら、カクンと力を抜く、教示にしたがって肩の挙げ降ろしをするということができるようになった。そして、硬く屈に落ちた腰を立ててからだをまっすぐにした坐位姿勢がとれるようになったころ、座ってお絵かきをすることに興味をもち始めた、姉の模倣をするようになった、お手伝いをよくするようになったと母親から報告された。母親はそれらの変化を成長だと思うと語り、「あれをすると落ち着きが出るんでしょうか、家族も気づいて私に言うんです」ということだった。

また、それまで立位課題をしようと誘えば「いや」と急にからだをくねらせて立ち歩いたので、まずは母親にも手伝ってもらい、二人がかりで上体、膝を支え、両足裏をぴったりとつけて膝を伸ばして立たせ、D君に立つ感じに気づいてもらうことにした。すると、膝を伸ばしてスッとまっすぐに立ったとき、D君はきょとんとした表情に変わり、そわそわした動きがぴたりと止んだ。一瞬スッとまっすぐに立っているような位置で、しばらくD君は静止したように立っていた。そしてばたばたとした速い動作ではなくゆっくりと力を入れて膝立ちをし、脚に力を入れて踏ん張れるようになった。膝を伸ばして立つことができるようになると、からだに注意を向け続けて力を入れていく感じをつかみ、吟味しながらの動作ができるようになった。

日常生活では、落ち着きが出たこと、走り回るだけでなく坐ってする遊びができるようになったこと、排泄の際に知らせるようになり、失敗がなくなったこと、母親と遊びたがり、母親をよく呼ぶようになったこと、言うことがよく伝わる、やりとりがしやすくなった、周りの大人の話をよく聞いていて会話に入ってくる、母親の頷きのまねをするなど、人や外界と積極的に交わりながら生活をするようになった。

3．C君、D君の体験について

C君、D君はパニック症状と多動という二つの異なる問題をもちながら、どちらも落ち着きがなく、人や外界とうまく関わることができない状態であった。動作のやりとりのなかでもその落ち着きのなさは現われ、からだに注意を向けることが困難で、ゆっくりとしたコントロール感を伴う動作が難しかった。しかし、このような動作であってもそこにはスピード感のある動作体験の展開があり、実感というところまではいかなくても動作をとおして自分のからだを感じ、援助者と一緒に動作をしているということが、C君やD君の世界を広げていたのではないかと思う。

特に、タテになる、踏ん張って立つことができるようになるという新しい体験をした後、C君はパニックに至る不安にとらわれずに対処するようになり、D君はマイペースな世界ではなく人とやりとりをしながら過ごせるようになった。どちらにも共通して言えることは、自分の内面にとらわれず、外に目が向き、外界と関わり行動するという客観性と主体性が育っているのではないかということである。

また、C君もD君も母親に甘えを表出し、積極的に関わってほしいと表現できるようになったというプロセスを踏んでいる点も興味深く思えた。子どもと動作法に取り組んでいると、問題が改善するプロセスで子どもは母親に甘えを表出した後、または表出しながら、自分でやりたいという動機に基づいた行動が徐々に増え、最後には母親への依存というよりも自分で思いついたことを実現するための行動、創造性を発揮した遊び、子ども同士で遊ぶ世界へと、親から離れた世界で行動できるようになることがほとんどのように思う。子どもが自分の力を実感し、人に見せる喜びを知り、主体的に人や外界と関わりながら創造性を豊かに発揮していくようになるということが、動作の体験のなかでも展開し、生活のなかでも生きてくるように感じている。

VI　この子がかけがえのない子どもだと感じた——母子動作体験

1．育児不安の強い母親と身体症状を訴えるE君

①　母親がわが子にうまく働きかけられない

E君は五歳、年長組に入り、朝からきついと訴え始めたため母親に連れて来られた。母親はとても素直なタイプの人だったが、E君の生まれてからの様子は、育児を祖母に任せてきたのでよく分からなかった。親子でいる様子をみると、親子であるのにどこか母親の方が子どもによそよそしく振る舞い、直接話しかけることが少なかった。

そのため、母子のコミュニケーションがうまくいっていないのではないかと思い、母親に〈どんなことをして一緒に遊んでいますか〉と尋ねると、母親は雑誌を見てくつろぎたいため子どもは一人遊びをしていると言い、「絵本を読んでやるのも、他の人はもっと上手に語りかけるのかもしれないと思う」と語った。もともと人に接するのが苦手で子どもと積極的に関わることに自信をもてないでいるということなので、親子での共同作業が両者にとって良い体験になるのではないかと思い、母親の援助による母子での動作法を試みることにした。E君は母子での動作体験の前に私と動作を体験し、その後、援助者を母親と交代して母子での肩挙げ課題を行なった。母親の不安を和らげ、E君との動作のやりとりに実感が湧くよう母親にも動作援助を行なった。

②　緊張しすぎる母親

母親はE君の肩に手を置いて援助したときガチガチに緊張し、指先を当てるだけで手のひら全体で肩に触れることができなかった。〈やさしく、手のひら全体を肩にのせて肩を挙げましょう〉と伝えると、手のひらを肩に

つけるようにのせ直した。〈せーの〉の掛け声でE君が肩をぐっと大きく挙げ、降ろした。E君の肩が動いてきたことを感じたかどうか母親に尋ねると、「まったく分からなかった」と言う。見ると、E君の肩にのせた手には強い力が入り、母親の肩も緊張で上がっていた。そこで母親の肩の力が抜けるように〈お母さんも肩の力を抜きましょうね〉と私の手を肩に添えると、母親は肩の力をスッと抜いて手のひらをふわっとE君の肩にのせられるようになった。〈今度はE君が動かしてくるのを感じてみましょうね〉と言うと、E君の動作に添いながら「ああ、分かりました」と気がついた。E君にからだの感じを尋ねると「気持ちいい」と言うので、〈お母さんの援助が気持ちよかったそうですよ〉と伝えると、ほっとするよりも逆に緊張して「こういうのはしたことがないので」という返事が返ってきた。

3 受動的援助

動作のやりとりをするとE君は嬉しそうにしていたが、母親は援助をしたことによっていろいろな心境になった。たとえば、「援助するときにどうしても上手にしようと思ってしまう」「私は心配性なんです」と、E君との動作での共同体験よりも母親自身のこころの動きにとらわれていく様子が初めのうちはよくみられた。子どもの動作援助をしながら自分の方にばかり気が向いてしまうことが、本を読んであげようと思っても上手に読めないことを気にしてしまうという日ごろの子育ての心境と似ていた。私は母親の動作の援助体験の仕方を変えてみると感じ方も変わるのではないかと思った。母親の援助の仕方をよく見ていると、E君の動作に合わせることが上手になっているものの、母親の方から積極的に関わるような援助をすることが難しいと分かった。受動的な援助ならできるようになったが、能動的な援助には気が引けるということが分かったため、肩を挙げるだけでなく、後ろへ開く、いろいろな方向へ動かすなど、能動的な援助が必要な課題を加えた。

④　能動的援助

肩をいろいろな方向へ動かす能動的な援助を課題にすると，母親は見よう見まねでぎこちないながらもE君の動作を導くように援助し，E君も母親の示す方向にからだを開いてきた。E君が「気持ちがいい」と言えば，母親はなるほどというように頷くようになり，おどおどした自信なげな態度ではなく，E君にからだを近付けしっかりと力をこめ始めた。母親の表情は感心した表情から満足そうな表情へと変わり，「ずいぶん楽にやれるようになりました」と笑い，E君には「気持ちいい？」と聞いて頷くのを確かめては微笑むようになった。こうして動作のやりとりが互いに伝え合い，伝わりあうような和やかで安定したものに変わっていったころ，日常生活上の出来事を語りながら「私にとってこの子はかけがえのない子どもだとはっきりと感じました。私にとってこの子が本当に大切なんだと」と，子どもへの確かな気持ちが実感されたことが語られた。

⑤　母子協調動作

動作でE君とのやりとりが実感されると，母親は子どもと動作法をすることを期待して来談するようになった。母子での動作は，E君の様子に感心を向け，E君の動作に合わせ一緒にやっている感じを実感しながら援助をするという協調的な体験を課題としてじっくりと体験されるようになった。

こうした動作の体験と並行して，日常生活ではE君は肩をもんでほしいと母親に甘え，よくしゃべり，母親と一緒に遊びたがるようになった。そしてその時期が過ぎると，母親よりも友達とよく遊び，母親も驚くほどのやんちゃな姿を見せるようになり身体症状の訴えはなくなった。母親は，E君の甘えに応じて肩をもんだり絵本を読んであげるようになり，「こういうことをしてあげたかった。読んでいても，うまく読めないと思って緊張していたけれど，最近は読んでいても，そういうことより楽しいなと思うようになって，私もこれでいいのかなと思うんです。この子に本を読んであげるのが嬉しくて」と微笑んだ。また、自分についても「私もずいぶん変わりました。何気ない、当たり前のことが幸せだなと思うようになりました」と語った。こうして、もっと上手にならなければという気持ちから解放されて自由な気持ちで子どもと過ごす喜びを実感し、自身についても肯定的な気持ちをもてるようになっていった。

⑥ 母子動作での母親の体験

自信のなさから育児に対する不安を感じ、積極的に子どもと関われないまま過ごしてきたE君の母親は、E君の動作援助をすることをとおして自分と一緒にからだを動かしてくるE君に気づき、日常生活でも少しずつE君に関心を向けるようになっていった。

共同作業のプロセスでは、E君の動作努力よりも母親自身の心境に目が向き、E君から関心が離れてしまうということが初めのうちはよく見られた。この母子での動作法によって分かったことは、母親が子どもと関わるときの不安や戸惑い、こころの向きが動作援助の体験の過程でも体験され、現われてくるのではないかということである。そしてそのこころの向きは、しっかりとからだに触れて援助ができるようになる、子どもの動作や一緒にやっている実感を感じるという体験と共に、感じ方も多少変化し、子どもにこころを向け、子どもに対する気持ちが深まり、親子の絆が育まれてくるように思われた。

Ⅶ 小児科医院での動作療法をとおして感じたこと

1．小児科ではことばより動作

小児科医院ではからだの訴えから病院に来る人が多いためか、からだを用いた動作療法は受け入れられやすいようである。多くの子どもたちは、動作療法によって援助者との共同作業の体験と自分のからだをいろいろに動かす体験をしながら、表情豊かに、自由にダイナミックな表現ができるようになっていく。子どもの場合、初回から動作の感じに実感が湧き、新しい体験に馴染むのが大人よりもはるかに早い。〈今日したことのなかではどれが面白かった？〉と聞いてみると、一番人気の課題は膝立ち、次は踏みしめ課題だった。からだを大きく動かす課題を気に入る子どもが多く、特に膝立ちの重心移動が面白いと感じるようである。

重心を移した時に、ふらふらっとしてから俄然やる気を出す子がいたり、ふらついた瞬間に緊張が解けてクスクスと笑い始める子がいたり、重心を数回移すと思い切った動作をし始めたり、重心が安定したところでぴたりとからだの位置を決める動作を楽しむ子どももいた。自分のからだの感じに気づき、自由に動かしていろいろにバランスをとり、ときにふらつくことさえも面白いという感覚が、ふらつきを怖さや失敗と捉えがちな大人とはずいぶん違うように思えた。子どものうちはいろいろな体験に対する好奇心が旺盛で、失敗とか成功とかに分割された気持ちではなく、この感じ、この面白さ、もっとやりたいというような自由な感覚にこころが開かれているということかもしれない。動作体験の過程でそうしたいきいきとした感じが呼び覚まされ培われ、子どもが本来もっている力が主体性となって発揮されていくように感じる。

2. わが子の主動性への理解

子どもが主体性を発揮し、日常生活でもそれまでとは違った主体的な態度を見せ始めたとき、母親の受け止め方に違いが見られた。たとえば、一時的な出来事で母親が不安に陥り子どもが不定愁訴を訴えた事例では、子どもが症状を訴えなくなり母親よりも友達と活発に遊ぶことができるようになったころ、母親が「私が心配しすぎました。私が落ち着いていればいいんですよね」と語ったことがあった。別の事例で、子どもに吃音がありもともと不安が強かった母親の場合は、吃音がまったく出なくなり庭で大きな材料を使ってダイナミックな工作をして遊ぶようになった子どもに対し、「このごろいろいろなことをして遊ぶようになって心配です」と変わらず不安でいた。また、母親自身が人間関係の問題を抱え、子どもが母親を困らせることで関わりを求めていた事例では、子どもが安定し機嫌良くすごせるようになり、ことばで要求が言えたことを、「あの子はああやって無理なことを私に言うんです」と捉えた母親もいた。

こうしたいろいろな母親の心境に触れるうちに、子どもが主体性を発揮し、母親への依存から自立していくとき、母親は自分のこころのありように向き合い、母親なりの気持ちの収め方を工夫するようになるのではないかと思うようになった。気持ちの収め方には、健康度や受け取り方の違いによって、おおまかに事例として挙げたような三つのタイプがあるようである。このような母親に対し、子どもの主体性を認め、成長として受け入れられるようになるために試行錯誤をした。

不定愁訴を訴えなくなり活動的に変化した子どもの母親は、子どもが落ち着いてきたころに突然、相談に来なくなった。後日電話をかけると、すっかり元気に遊んでいるのでもう大丈夫だと思って相談へは行かなかったと言う。母親が不安に陥ったのをきっかけに子どもの訴えが始まり、母親の不安が子どもに影響を与えたと気づいたこと、これからは自分が落ち着いていようと思うなど、新たな心構えと母子共に安定した生活をしていることがわかった。小児科での相談では、内科的な疾患で病院を受診するのと同様に、良くなると行かなくてよいと思っている人が多かった。そういう人には、後に風邪などで受診した際にその後の様子を尋ねると、良くなったので来なかったという人が割合多くみられた。

吃音が出なくなり、のびのびと自由に表現をして遊び始めた子どもを見て不安感を募らせた母親に対しては、言語面接で子どもの様子を気づきとして語ってもらい、以前の様子と比較し、客観的に変化を捉えられるように促した。また、子どもの変化をどのように感じるか、母親の気持ちにも焦点を当て、受容的に聴いた。すると子どもの変化にはよく気づいたが、不安の方が先に立ち、子どもの自由な表現を危なっかしいと捉え、肯定的に受け入れることが難しいようであった。また、客観的に見た変化に気づいたとき、「あの子が良くなったのに、どうして私は不安なんでしょう」と母親自身について振り返ったが、不安は変わらなかった。母親の予想を超えた自由な表現、遊びの展開にはらはらとし、不安を感じてしまうようであった。この親子は父親の転勤で急な引越しが決まったため、母親がもう一つ安定する前に終結となった。「新しい環境で吃音が再発するのではないか。私はいつも人に頼っているから、これからが不安」とこの母親は語り、引越し先で吃音が再発したときに備え、紹介状を申し込んだ。

次の、母親自身が人間関係の問題を抱えていた事例では、子どもが母親に積極的にスキンシップを求め始めたとき、拒否的な態度をとった。子どもが喜んで抱っこを求めて母親に近づいても、抱っこを拒否した。こうした親子のやりとりのすれ違いによって子どもが再び不安定に陥ることが予測されたため、母親が安定して子どもと向き合えるよう、子どもの動作体験を紹介する形で母親にも動作法を行なった。

母親のからだは、肩が硬く凝り、腰反りの姿勢で動作はちぐはぐで、肩を挙げたつもりで両腕をバンザイのように挙げた。動作には実感が乏しく、主動の動作に変化するところが難しかった。また、坐位の軸立てが初めてできたとき、どしっと腰を据える瞬間に立ち上がり、トイレへ行くと言い部屋を出て行った。戻ってからの姿勢は、あぐら坐ではなく正坐、大きく腰を反り、肩も腕も力を入れて閉じていた。〈正坐をするときは腰を反らせていると痛くなるから、こうして腰の力を抜いて座ると楽ですよ〉と腰の力を抜いてまっすぐな姿勢をとってみせると、母親は真似をして反らせていた腰をまっすぐにした。そのとき表情がすっと変わり、やっと落ち着いて座ることができた。次にあぐら坐を促すと、すんなりと座り直し改めて軸立てをする。今度はしっかりと軸を立て、〈ここ、この感じに馴染んでみましょう、ここですよ〉としばらく軸を立てた坐位でいるよう促した。すると「はい……」と姿勢を崩さずに、しばらく安定して座ることができた。この体験が転機となり、母親は子どもを否定的に捉えず、肯定的な捉え方をし始め、喜びを交えて話すようになった。そして、抱っこの要求にも笑顔で応じた。また、「実はあの子が赤ちゃんのとき、夫と喧嘩してはあの子を叩いていたんです。だからこんなふうになったんでしょうか」と悩みに正面から向き合い、素直な気持ちを語ることができるようになっていった。

この三つ目の事例をとおして、吃音が落ち着いた後でも不安でいた二つ目の事例の母親を振り返ると、母親に対して動作法を用いて援助をしていれば、より早く安定し、違った展開があったのではないかと思う。あくまでも推測だが、もし、動作法を取り入れた援助をしていたならば、母親は動作の体験のなかで不安感に向き合い、それまでになったことのない落ち着いた自分に対面し、自分自身を拠り所として、予想外の出来事にもある程度対応した生活ができるようになったのではないかと思われた。不安にとらわれず、子どもが不安定になっても、ある程度しっかりと受け止めることができるようになったかもしれない。この反省は、今後の日々の臨床に活かしていきたいと思う。

3．親も子も援助者も共に成長

子どもの主動性に対する母親の心境の変化に気づいてから、動作体験の過程で子どもが主体性を発揮し、自由に表現、発言、行動し始めることをあらかじめ伝えて心構えを作る方が子どもの変化を受け入れやすいのではないかと思い、先に伝えるようにした。〈もう少ししたら、今までに言わなかったことを言うようになったり、何でも自分でしたがるようになるかもしれません。それは、表現できるようになった、成長したということなので、扱いにくくなったと思わずに、成長したんだと思って下さいね〉と伝えておくと、その後、関わった事例では、子どもの変化によく気づき、肯定的な報告が多くなった。

これまでの自分を振り返れば、動作のやりとりをとおして一人ひとりのこころの動きを手ごたえとして感じ、うまく伝えられないと悩み、工夫し、共に体験してきたことで、私の方が子どもや親御さんによって育てられてきた。動作法を体験した子どもの診察での様子について院長に尋ねてみると、「初めは親の後ろにいた子が、だんだん親より前に出てくるようになる。自分でよくしゃべるようになる。これは、動作法をしたどの子にも言えるだろう」ということであった。診察においても、子どもたちはより積極的に自発性、主体性を発揮していた。動作にはその人の生き方が現われ、困難に陥っても動作によって我に返り、思いもよらないようないきいきとした自分を発見し、生きて存在していることを改めて実感できるという、ことばでは及ばない体験がある。子どもや親御さんの生き方に動作をとおして触れ、人と人、人と外界、親と子という繋がりと絆が育まれる体験に立ち合い、多くのことを学んだ。これからも、日々の臨床を大切にしながら、体験をとおして学んでいきたいと思う。

6　女性診療科・女性外来での臨床動作法

ミオ・ファティリティクリニック医局長　錦織恭子

●編者コメント

錦織《にしこり》さんは岡山大学医学部出身、産婦人科の専門医。現在、ミオ産婦人科医院に勤めながら、松江の駅前クリニックで院長を務めている。かつて、九州大学の心療内科で研修中に、鶴さんから臨床動作法の話を聞き、針塚進（九大・臨床心理学）教授にその手ほどきを受け、いまなお熱心な臨床動作法の研修者・研究者である。

臨床心理の専門家でさえも動作による心理療法はその受け容れが容易でないが、医師としては、なおいっそう戸惑いながらも、熟達するにつれて動作を用いるのは医学者にとって、むしろ心理職者よりもより馴染み易くなったようである。

本書における心理の方々の微細にわたる緊張や動きとそれに伴う綿々としたこころの動きと変化の記述からすれば、錦織さんの簡明・直裁・淡々としてドライな語り口は極めて印象的だが、将来、広く医療分野で理解され、活用されることを思えば、医師の方々にはこの方が受け容れられ易いであろう。また動作と併せて、薬剤をどのように利用するかについても、重要な示唆を頂いた。

動作を初めて用いた心理治療では、医師であろうとなかろうと、誰でもうまくいかないのが当然と置くべきものである。この本では、なるべく失敗例を沢山挙げて頂くつもりだったが、予想外に最初からうまくいく例が多かった。錦織さんには失敗例をありのまま掲げて頂いた。彼女の貴重な例示に感謝したい。

私たちが動作訓練や動作療法に取り組みながら、最初に気づいたのは肩周りと腰周りを弛めることの重要性だったから、動作法と言えば、まず肩と腰を扱うこと、それを自分で弛められることであった。錦織さんはそれに劣らず重要なのはタテに立てること、すなわち、身体軸を立てて、自由にバランスが取れることを強調された。そのつもりで他の方々の事例を見ても、タテに立つことの重要性は、どうやら人間の存在と生き方の基礎として、改めて見直さなければならないようである。

I　動作法との出会い

1．訳の分からないもの

はじめて「動作法」ということばを知ったのは、九州大学主催の勉強会での鶴光代先生（現・跡見学園女子大学教授）の講義でのことだった。実技が中心のその講義で、私がもった動作法への第一印象は、決して好意的なものではなく、「何故、これが心理療法なのか分からない」「動いたと言われても、何のことかよく分からない」「こんなことをする意味合いがまったく分からない」といったものであった。このとき私にとって、動作法は分析や演劇療法、箱庭療法などとはずいぶんと色合いが異なり、曖昧でしっくりこない、妙な違和感のある異質なものと感じられた。この異質さ「分からなさ」は「すばらしい」と称賛する類いのものでもない反面「嫌」なものでもなく、「無視する」ような類いのものでもない、何かひっかかる奇妙なものだった。

今考えれば、この「分からなさ」の原因は二つのことが考えられる。一つは、私の考え方、つまり、私は診療上「心身一如」と言いながら、実際には「こころ」と「からだ」は別物だという認識をもっていたため、「心身一元」を基本とした動作法が感覚的に掴みにくかったのではないかと思う。またもう一つは、視点である。日ごろ、測定値や画像をとおして「からだ」を見ていた私には、「生きて、意思をもって動いているからだ自体を観る」動作法の視点がかなり異質で、例えれば、平面の世界の住人が、いきなり三次元の世界へ放り込まれたようなものであったのだと思う。しかしながら、実際には自分にとって異質で「訳が分からない」と感じていたにもかかわらず、何故か私は、その場で鶴先生に「もう少し動作法のことを詳しく知りたい」とお願いしてしまい、九州大学教育学部発達臨床心理センターの針塚進先生を紹介していただくことになった。

2．なぜ動作法が気になったのか

それにしても何故、自分はこの「訳のわからない」と感じた動作法にここまで反応したのだろうか。振り返ってみると、当時の私は他科（産婦人科）の経験が長かったが心療内科での経験は浅く、常勤の臨床心理士がいない職場で心療内科の患者への対応に苦慮しており、何らかの心理療法を自分が習得したいと思っているという状況であった。そのようなときに出会った動作法は、自分にとって取っ付きの良い「からだから」のアプローチであり、診療へ取り入れやすそうな（道具がいらない）ものであり、「よく分からない」ものではあるがかなり魅力的なものとして感じられたのだと思う。また、さらに言えば、心療内科の外来で出会う、特に「失体感症」的な患者に対してもっていた「体感や感情を取り戻せれば治療につながる」という考えと、「からだ」からのアプローチである動作法が妙に自分のなかでつながったということも私自身が動作法に惹かれた要因の一つであると思う。とは言いながら、当時は理屈でなくほとんど「勘」でこれに飛びついたというのが本音である。いずれにしろ、この講義での動作法との出会いが以後のさまざまな出来事（泥沼？）の呼び水となった。

3．動作法体験――自分のからだが分からない

九州大学の発達臨床心理センターの初回のセッションでのことである。とにかく自分のからだがトレーナー（針塚先生）の言われているように動いているのかどうかまったく分からない。

踏ん張ってと言われるがぴんとこない。「ふんばっていると思う」とこころのなかで言い張る。

流れているというのがよく分からない。「なんのこっちゃ」とこころのなかで反芻する。

「そうそう、それ」と言われても。その前との違いが分からない。

「できてる」と言われては……「は？」。

「ひっかかるでしょう……」と言われては……「うーん？」。

「違う」と言われては……「？？」。

「それ、それ」と言われては「？？？」。

そして「軸？」、何それ？「肩の感じ？」何のこと？。何がどうなっているのかまったく分からない。仕事柄、解剖学的なものは分かるが、それが実感できない。今考えると、徹底的にからだへの集中力が低下し体感がない、つまり自分が失体感症の状態だったのである。生理学や整形外科の授業ではまったく習わなかったこの「動き」の感覚で私はすっかり混乱した。

この初回のセッションでは、ただ一つ、足首の関節を屈げる感覚、立位の課題のなかで、踏みしめる感覚が掴めると足首が屈がるということのみが実感された。家に帰って復習してみても他はまったく分からなかった。ただ、負けず嫌いの性格もあり、その後も分からないなりにセッションに通った。初回目より二回目、三回目では明らかに踏みしめや重心移動がスムーズになった（と針塚先生に言われた）ようだが、あいかわらず自分のなか

ではまったく分からないままであった。

そんなある日、針塚先生に「やすらぎ荘のキャンプは勉強になるよ」と言われ、「やすらぎ荘」がどういった所かも知らずに申し込みをし、そのまま参加してしまった。有名な「やすらぎ荘のキャンプ」についての詳細は省くが、そこで多くの貴重な体験をした。そのなかでも印象に残っているのは、交通事故の後遺症で歩行がまっすぐ出来ない人が一週間で見違えるような姿勢で歩けるようになった姿、そしてタテに坐れた途端、急に変化した脳性マヒの子どもの目の輝きだ。ただ、驚くような体験をした一方で、個人的にはトレーニーに何も出来ず、逆に叱咤され「私が動作法なんてしていいのだろうか」とへこみ、動作法を続けるべきか本気で悩んでもいた。そのため、「やすらぎ荘」後も針塚先生のセッションに継続して通ったが、動作法を臨床で使おうという当初の考えはかなり薄れ、とりあえず自分の体調が良くなるからという理由で通っていた。まだ動作訓練と臨床動作法の違いも分かっていないころの話である。

4. 初めての導入、そして失敗

こういった経緯もあり、初めて患者に動作法を用いたのは「やすらぎ荘」後、半年以上経ってのことであった。当時、医療関係での動作法の導入の報告はほとんどなく、自分は「動作法」についてはほんの初心者で、身近にスーパーバイザーがいないという状況だったので、無謀だとは思いつつ、正直「他に手段がない」からとの理由で導入をした。

患者は不登校の女子中学生で、真冬の土曜日の夕方、クリニック（心療内科・単科）の外来へ父親と二人でやってきた。彼女は何も話さなず俯《うつむ》いているだけで何かを聞いても「分からない」しか言わず、初診で彼女を診た担当医師から「女性医師のほうがいいだろう」という意見が出て、私が彼女の診察を受けもつことになった。問診票の記載のほとんどは父親の手によるもので、「眠れますか」「食事は？」という質問から始め、体調、状況を聞いてみたがすべて返事は「分からない」というものであった。矢継ぎ早に質問をしたわけでもないのだが、俯いている彼女を見て，私はまるで下手くそな尋問官になったような気分になり困惑してしまった。そのとき，何かのきっかけで頭痛の話が出た。手詰まりだった私は「ちょっとからだをほぐしてみようか。頭痛にいいから」と言い，半ば強制的にお任せ脱力をやった。もの凄く強引な導入で，そのまま約十分弱，なんともいい加減な動作法を絨毯の上で行ない，患者になんとなく力が抜けていく感じだけを体感してもらえたところで終了した。その直後，「夜になると落ち着かなくて不安になった」「父親が病気だから心配」などのことばがぽつりぽつりと出だしたので傾聴し，お守り代わりに頓服で安定剤を処方し診療を終了とした。結局，次の日から彼女は登校をはじめ，通院はこれ一回のみであった。

この事例は私になんとも奇妙な感覚を与えた。彼女の変化はもちろん，動作法以外の他のファクターが関与している可能性が十分にある。しかし，この患者との出会いをとおした経験は妙に印象的で，私のなかに「動作法を使ってみよう」という気持ちを蘇らせた。

これをきっかけに私は動作法を現場で使い始めたのだが，なかなか思うようにはいかなかった。以下に動作法を使い始めて間もないころに経験した失敗例を提示する。

〔失敗1〕

適応障害の患者。首や肩の痛みを訴えていたので，課題として仰臥位での腕挙げを選択。患者の腕がS字を描く奇妙な動きをしたが，患者自身の自覚はない。こちらの指摘に対して，出てきた感情は「怒り」。最終的に私は患者とうまく折り合いをつけることが出来ず，セッションを終了。

〔失敗2〕

立ちくらみ，倦怠感のある不安障害の患者にお任せ脱力をしたが，突然なんとも言えない不安感を訴え出した。最終的に薬物療法中心で対応した。

〔失敗3〕
慢性の不安の強い患者に背骨の動き（ペコポコ）を行なった。腰椎と胸椎の境目辺りがまったく動かず、しびれを切らし、こちらがやや強引に動かした瞬間、患者が飛び跳ねるように逃げた。患者は急に訳の分からない不安に襲われたと言った。その後、患者をもう一度説得し、今度は本人のペースでやり直したところ、表情が変化した。以後、経過は良好。

〔失敗事例の反省〕
失敗1は明らかに私のやり方が患者本人の動きを強力に否定したことに問題があったと思う。あまりの奇妙で頑な動きに、思わず無理にこちらに従わせようとしたことが患者の不安、反感を煽《あお》ったのであろう。失敗2は不安定な患者に、軸をつくることを考えずいきなり弛めたことが問題だったのだと思う。失敗3、これは本人の動作感を無視して、こちらが動かしたことが患者の不安を招いたのだと考える。

こういった失敗を繰り返すなかで、基本的・技術的な問題に加え、私は動作法を臨床の場にもち込むうえでのごく初歩的な問題点を整理する必要を感じ出した。それは、①適応：どのような状態（疾患）の患者にどのように動作法（課題）を行なうことが適切か。②導入：導入時の留意点、場所や状況による配慮で大事なのは何かということである。これらは学会でも常に話し合われる問題であるが、自分なりに以後、日常の診療のなかで出会った事例をとおして、試行錯誤しながらこれらの問題点を整理していった。Ⅱでは、その後から最近までの事例を提示していく。なお、事例を検討するに当たり、客観的に患者の状態を表現するため、動作訓練で用いられたボディ・ダイナミクスを一部改編し、用いることにした（図6－1）。今回の事例でもボディ・ダイナミクスでの表記を加えておく。

なお、以下の事例の記載に関しては患者のプライバシー保護のため、事例への理解を妨げない範囲で一部に改変を加えている。

II　事例提示

1　原因不明の振戦を訴えた女性（事例1）

初診の半年前、患者は「からだ中の震え」を主訴に総合病院内科、脳神経内科で受診、精査を受け、パーキンソン氏病などは否定され、本態性振戦*と診断されていた。その後、受診した他の病院にて振戦の原因は筋力の低下と老化、精神的なものと言われ、同院よりβブロッカー、安定剤などを処方されていたが、症状の改善なく当院（心療内科・単科クリニック）を受診した。

初診時、立位姿勢の維持困難、立位、坐位でのさまざまな作業で振戦が認められたが、知覚の異常や疼痛などの訴えはなく、自分の症状に強い不安を抱いてはいるものの、その他、妄想や抑鬱気分は認められなかった。血液生化学検査、種々のホルモン学的な検査も異常はなく、初診時診断は前医（脳神経内科）による診断どおり本態性振戦とした。

〔初診時姿勢〕

患者は、上半身の緊張が強く、臀部を後ろに突き出し、すり足で躯幹をほとんど動かさず歩行していた。また、顎、首が前に突き出しており、ボディ・ダイナミクス図（図6－1）で言う3が後方へ突出し、5を中心とした前湾が顕著であった。椅子坐位では、骨盤が後傾し、立位より強く肩先が前方に突出していた（図6－2）。

＊　速く、細かな震えがあり、成人期の初期（二十代から三十代）に多く発症するが、どの年齢層でも起こり得る。原因は不明。振戦以外の症状はないが、家事、仕事などで不自由を感じる。安静時振戦は通常認めず、頭部、声帯、腕、脚などにみられる。鑑別疾患にはパーキンソン氏病、甲状腺機能亢進症などが挙げられる。

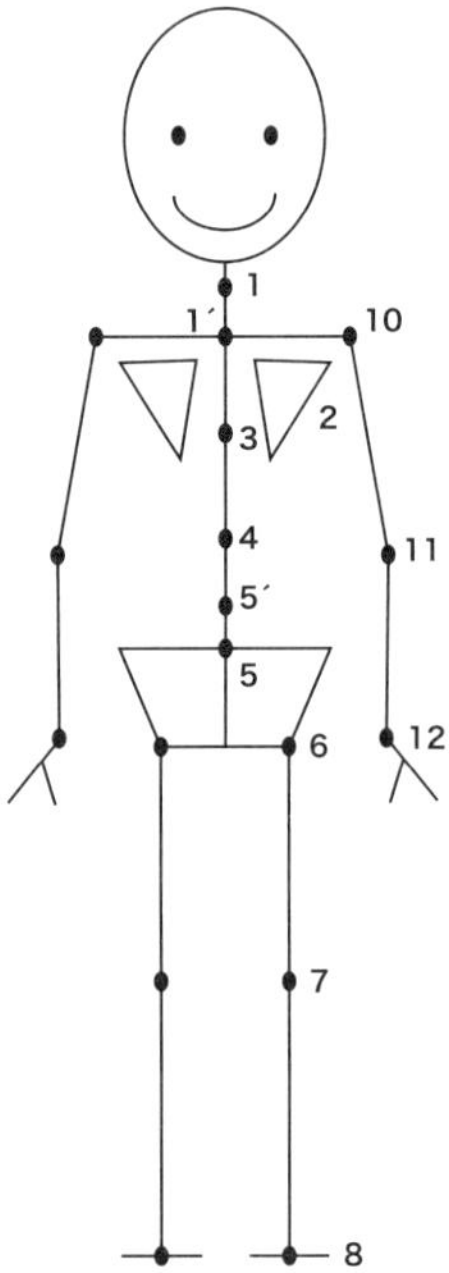

図6-1　ボディ・ダイナミクス（正面）

この特徴的な姿勢、明確な身体症状とそれに伴う不安感があるため、その場で臨床動作法の導入を決め「安定感の獲得」を目標に軸をつくるタテ系の課題を選択した。二十分程度の時間で、坐位での肩の挙げ降ろし、膝立ちでの左右の重心移動、立位で踏ん張る感じを体験してもらった後、「なんか違う？」とのこちらの問い掛けに、患者は「立っている」と答え笑顔を見せた。その日はクロナゼパム（一日に〇・五ミリグラム）を処方し、次回の予定を決め診療を終了した。

以後は一回十分から十五分程度の時間で初回と同じ課題を行ない、処方（クロナゼパム）も初診時のまま継続。通院間隔は、初診から三カ月までは週一回の通院、以後は隔週の通院とした。初診から二週間後には椅子を使わず家事をすることが可能になり、三週間後には職場で立位での機械操作などが可能になった。このころより、患者はセッション中に自分の周囲の状況を語りだした。四週間後には

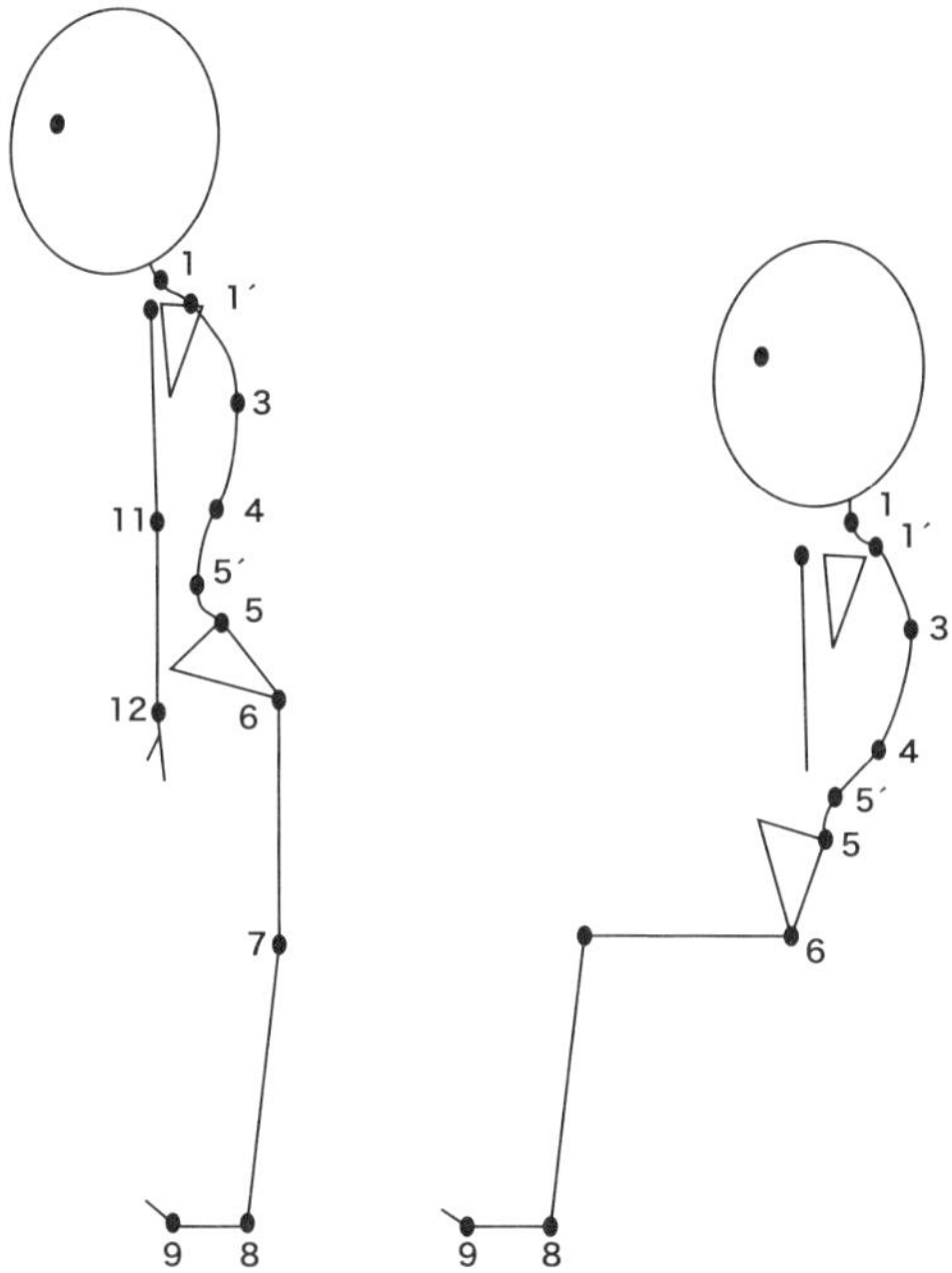

図6-2　事例1のボディ・ダイナミクス

十五分程度会合などで立位が保持できるようになった。このころよりさまざまな身体的な気づきを患者が自主的に述べ出した。初診から三カ月ほど経ったころ、症状はあるが家事は問題なく、業務はそれなりにできるようになったと患者は感想を述べた。

半年後には緊張時に自分で踏みしめる感じを確かめることで緊張をとけるようになりヨーガやウォーキングを始め、症状は日常生活に支障のない程度になっていた。ここで治療は終了としようと提案したが、患者本人の希望でさらに半年、四週間に一回通院することにした。

初診から一年後には、職場で「仕事を抱えこまず人に依頼する」「必要な場合は休憩を取る」といった、それまで患者が難しいと考えていた行為が可能になった。この段階で患者本人が「身体症状」の改善ではなく「自分の物事へ取り組む姿勢」が変わったことを基準に治療の終結を決めた。その後は、数カ月に一度、体調の相談に来院し適宜対応をしている。

〈事例1考察〉

事例1は、私が本格的に動作法に取り組むきっかけになったものである。そして大変苦手で敬遠していたタテ系の課題、軸づくりの重要性を再考した事例でもあった。また、「安定して立てない」「自分のからだの動きがまったくコントロールできない」という身体的な状態と心理的な「不安感・緊張感」の密接なつながりをこの例で改めて実感した。最終的には「自分のあり方」にまで患者の洞察は深まったが、正直なところ、この事例の「からだから入って、広がっていったこの洞察」は予想外で、これはこちらの技術と言うより、明らかに患者自身のセンスによるものであると感じる。言い換えると、この事例は動作法と患者の要求がぴったりと合い、それが予想以上の結果につながったものだと考えられる。

この事例以後、私は産婦人科クリニックでも勤務するようになり、そこで分娩取り扱いや通常の婦人科診療に加え、女性外来（一般婦人科・心療内科）という予約枠をもち女性の不定愁訴、過敏性腸症候群、片頭痛、軽症の鬱などの診療を行なうようになった。以下、その「女性外来」で経験した事例を提示していく。

2．広場恐怖をともなったパニック障害の事例（事例2）

患者は、近医（精神科クリニック）にてパニック障害の診断で初診の三カ月前より治療を受けていたが、薬物（SSRI＝選択的セロトニン再取組阻害薬）の副作用が強く服薬を拒否、治療が中断し、当院へ来院した。初診時、患者は寡黙で表情は沈欝、全体的に落ち着かない様子であった。服装は地味で化粧はしていなかった。外待合では緊張して待てず、中待合で他の患者の視線を避けるように坐っていた。主訴は動悸、呼吸困難とそれに伴う強い不安、慢性の頭痛、就労困難、広場恐怖であり、循環器科での検査で異常がないことを確認した後、広場恐怖を伴ったパニック障害、抑うつ状態、慢性緊張性頭痛の診断にて治療を開始した。

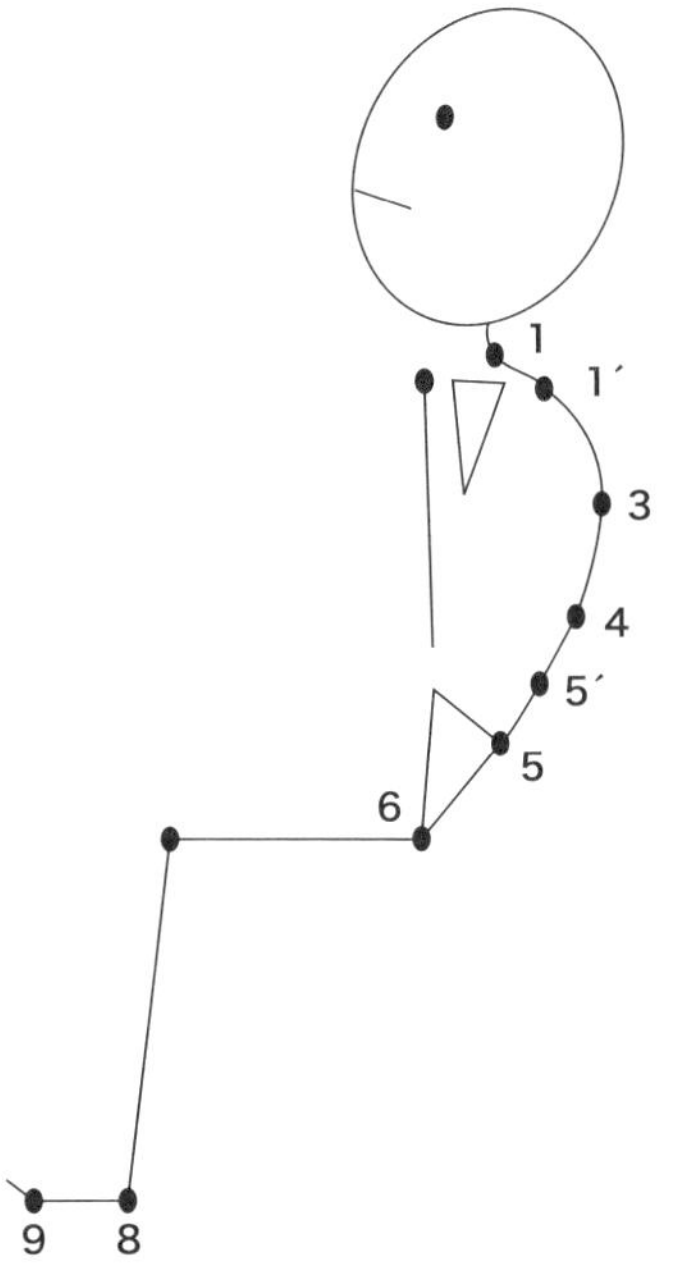

図6-3　事例２のボディ・ダイナミクス

〔初診時姿勢〕

患者の椅子坐位は、ボディ・ダイナミクス図（図６－１）中の１が強く湾曲し下顎が前方に強く突出、３の後弯が強く、４より上方の躯幹は一体となって可動性の悪さを感じさせた。１´はきわめて可動性が悪く、肩先が前上方に突出し、背中は丸くなっており中華鍋を背負っているように見えた（図６－３）。

初診時、本人は発作に加え、非発作時の漠然としたからだのつらさと不安感について訴えた。そこで現在の状態、症状を整理した後、パニック障害についての説明を行ない、日常生活での注意点などを話した後、本疾患にはSSRIを中心とした投薬治療が有効であると説明し、投薬による治療を勧めたが患者の了承は得られず、アルプラゾラム（屯服）のみ処方した。

〔経過〕

初診より一週間は屯服を使用することで強い発作は防げていたが、不安感、抑うつ的な気分が持続していた。本格的な薬物療法は拒否されたため、屯服の有効な使用法を見つけるべく発作に先立つ身体症状（猫背が強くなる、首に力が入るなど）を観察するように提案し、からだへの注目度を高めるように誘導した。

それから一カ月後、患者は「自分の身体的なきつさ」、特に「肩凝り、頭痛、猫背」についての話を始めた。もともと患者の姿勢が気になっていたこともあり、話の流れに沿って「頭痛や猫背をなおそう」と提案し、動作法を導入した。このときは小さなマットを用い、あぐら坐位の課題を行なった。あぐら坐位でもボディ・ダイナミクス図（図6－1）の3が後湾しており、姿勢を正そうとすると骨盤はほとんど動かず、5が強く前湾した。上半身の緊張を取る目的で、6の屈曲・伸展（骨盤の動き、図6－4a）、背骨のペコポコ（図6－4b）、軸づくり、肩の挙げ降ろし、肩開きを行なった。6の屈曲で、患者はまず不思議そうに「あれ」と言い、ペコポコで背骨の不在感・不自由感を実感したらしく「動かない」とつぶやいた。3がわずかに動き出したとき「いい感じ？」との問いかけに「いい感じ」と返事をしてきた。終了後明らかに表情が変わっていたので「なんか違うでしょう？」と問いかけたところ、患者は「うーん、楽かも」と一言だけ言った。「背骨あるでしょ」と聞くと、「ある」と答えた。自宅でもこれらの動きをできる範囲でやってみるように勧め、その日は終了とした。

〈初診から五週間後（動作法導入より一週間後）〉

患者は化粧をし、華やかな色合いの服装を着、呼ばれるまで外待合で落ち着いた様子で待っていた。状況を確認すると前回の診察からは発作もなく、職場での緊張はまだあるが仕事は出来ているとのことであった。前回と同様の課題を行なったが、以前に比べ2、3、6が動くようになっており、本人は不自由感も含め、自分のからだの感覚が掴めるようになっていた。初診から二カ月が経つ（動作法導入の一カ月後）とさらに動作感が感じられるようになり、発作もなく、患者は一カ月近く服薬を必要としなくなっていた。同時に、それまでなかった「肩凝りの自覚」が明確に出現し、調子が悪くなるとからだが動かなくなるという実感をもつようになった。そして「今までに無理があった。今でも周囲の状況についても自分が考えすぎだとは思っているが、自分の性格から

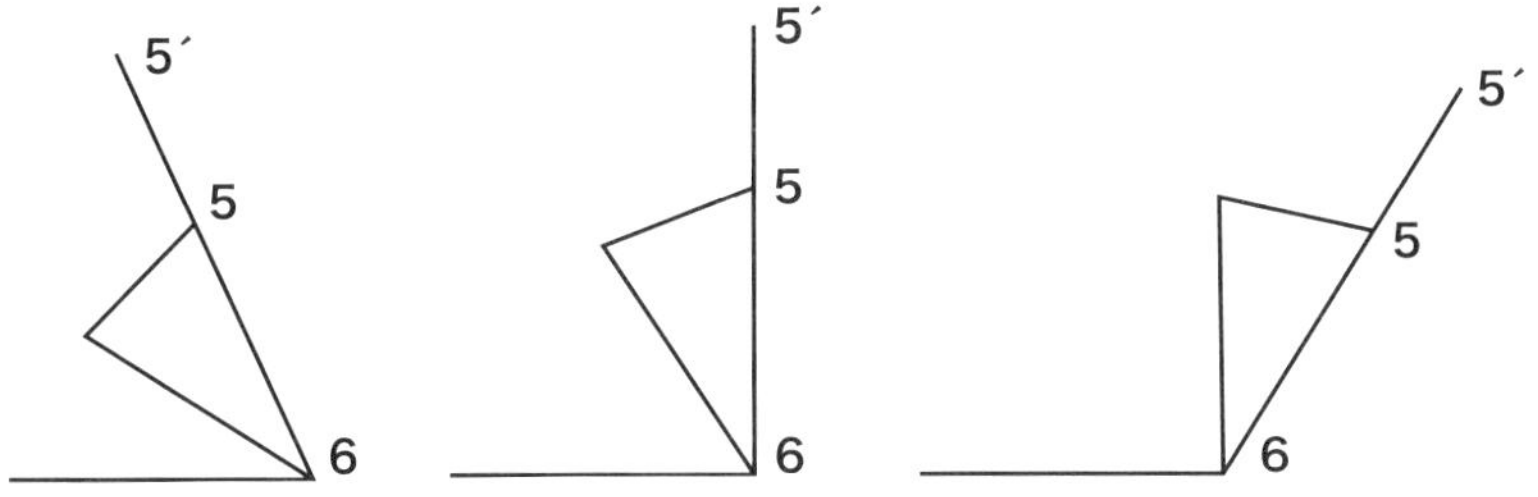

図 6-4a　骨盤のうごき

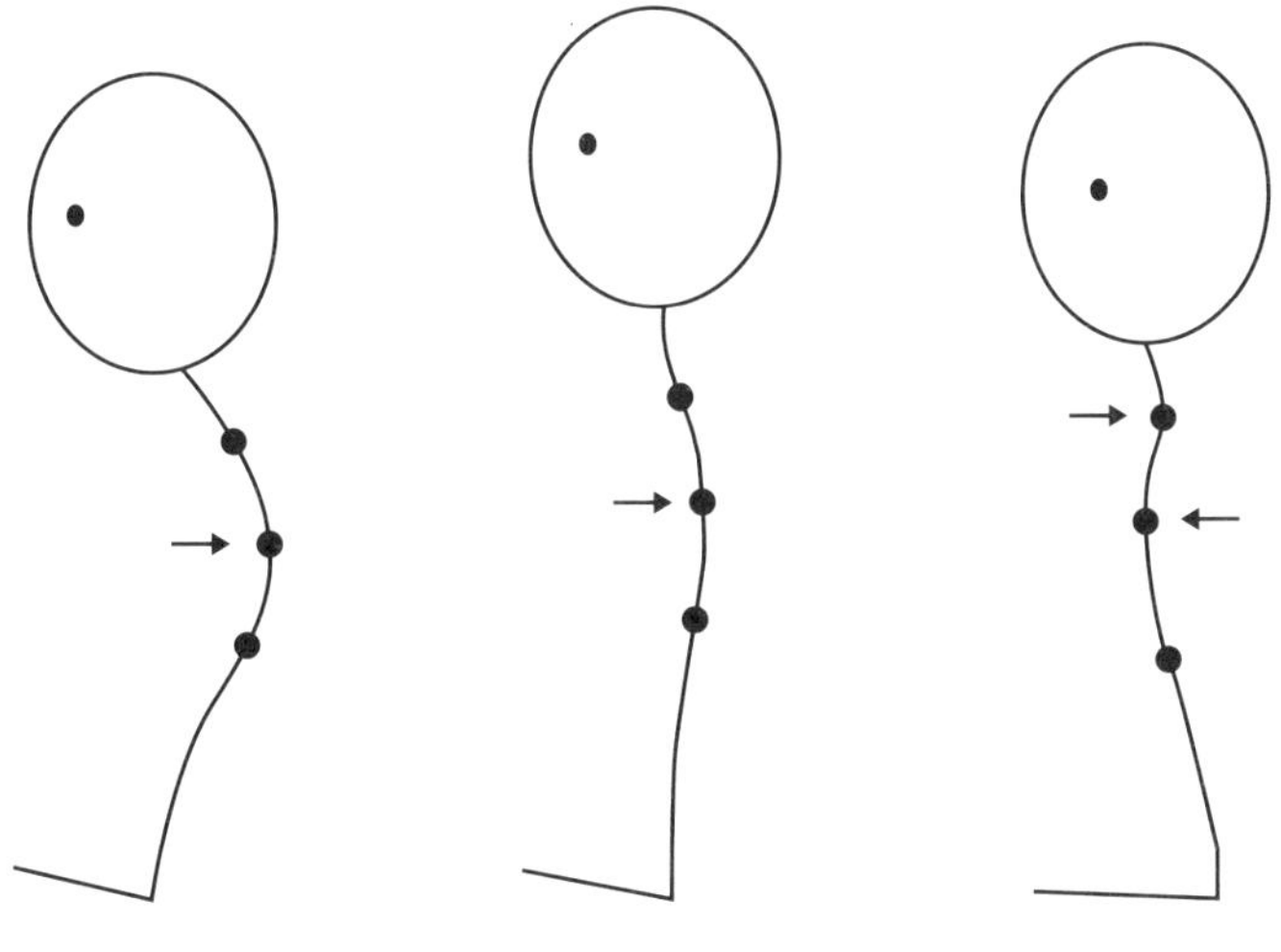

図 6-4b　背骨のペコポコ

するとすぐには解決はできない」と言い、できる範囲での環境の改善を行ない出した。ここで治療を終結としようとしたが、本人の希望でそれから半年間（初診から八カ月後まで）は月に一回、動作法を行なう目的で通院し、その後に終診とした。

この事例では、からだを固めることでさまざまなストレスに耐えていた患者が、動作法によって「からだが固まるくらい苦しい自分」を自覚し「異なる耐え方」の存在を感じ、それが症状の改善へとつながっていったのではないかと思う。これ以後、他のパニック障害事例でも動作法を導入した。そこで私が経験した事例はボディ・ダイナミクス図（図6－1）で言うと、大きく二種類に分けられた。一つは脊椎の形状としては3～4のラインが直で4が強く後方に突出し、もう一つは3が最も後ろに突出し3から4のライン自体が弧を描いていた。ただ、いずれも3の動きが悪いという点は共通していた（図6－5）。この姿勢が原因で症状が出現するのか、症状に伴う緊張がこの姿勢を形成するのかは不明だが、いずれにしろ、ほとんどの事例において症状の増悪時はこういった姿勢が増強されていたことは興味深かった。

次に、女性外来特有の不定愁訴をもつ患者の事例をいくつか提示する。

3．眩暈と倦怠感を主訴とした女性（事例3）

主訴は眩暈《めまい》。患者は初診の一年前に過呼吸発作がみられ、それ以後、意味もなく不安や恐怖感を感じるようになった。これらの症状のために二カ月前に近医受診したが、諸検査で異常は確認されず、このときにパニック障害の疑いがあるとの診断をうけ、抗不安薬を処方され服用した。しかし服用直後、悪心・嘔吐が出現し、不安感から同薬剤の服用はそれ以後していない。初診の一月前より倦怠感に加え頭痛、動悸が出現。咽頭痛があり市販の風邪薬を服用したところ嘔気、倦怠感が増悪し、動揺性の眩暈、食欲低下をきたし、その状態が持続したため友人に「ホルモンの異常などの婦人科の病気ではないか」と婦人科受診を勧められ当院での受診となった。

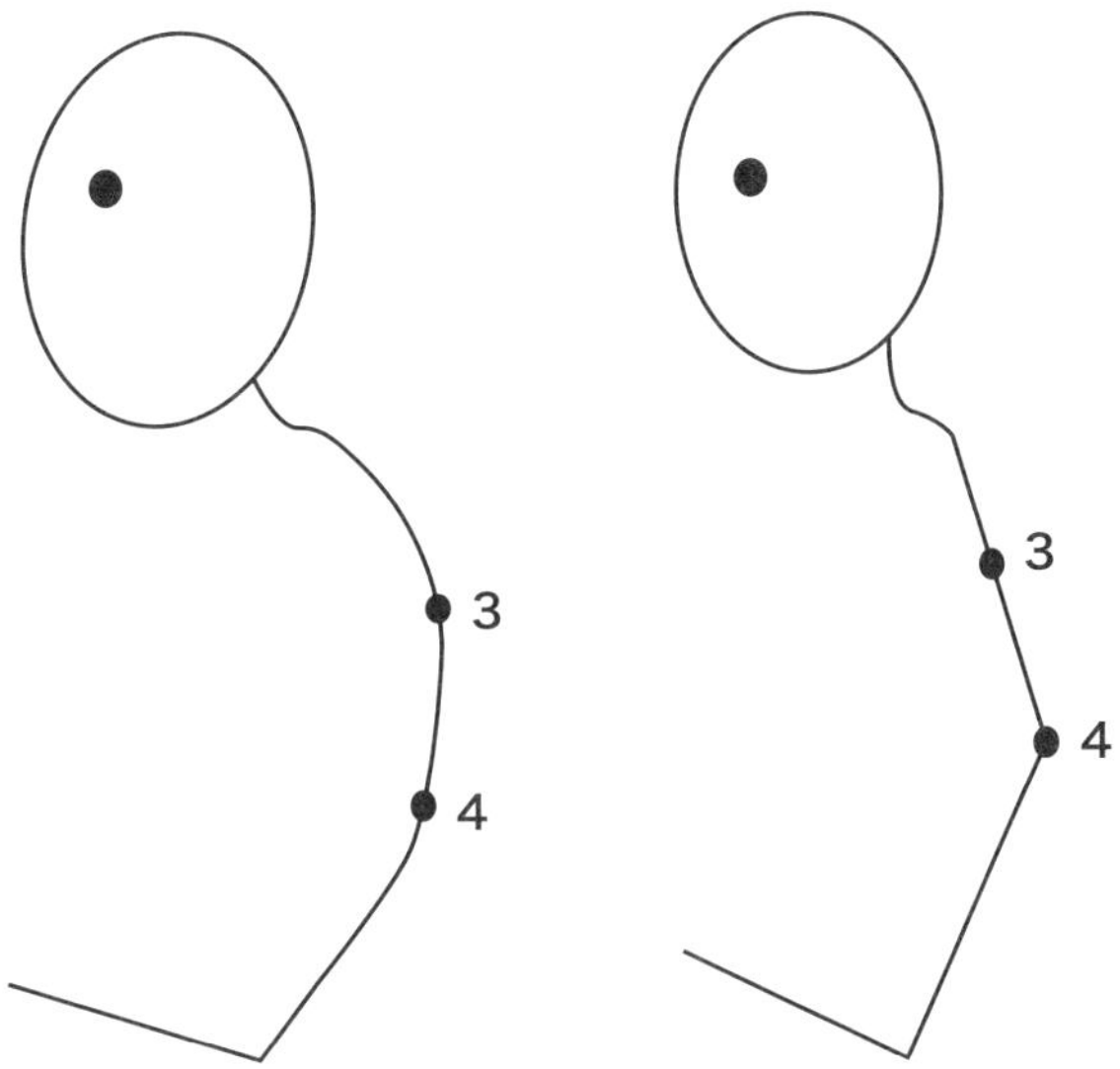

図6-5　二つのパニック障害のパターン

〔初診時〕

服装はきっちりとしており、立ち居振る舞いも几帳面な印象。口調は穏やかで話のまとまりも良く、感情表現も豊か。やや不安そうな表情ではあるが落ち着きはあった。非回転性眩暈、中途覚醒、食欲低下、体重減少、睡眠障害、動悸、過呼吸症状はあるが、それに伴った死の恐怖、発狂への不安、異常感覚などはない。その他、緊張性の頭痛、慢性の疲労感と抑うつ気分、漠然とした不安感などがあった。

〔初診時姿勢〕

椅子坐位で顎を突き出すような姿勢で左重心（図6－6）、1は強く前湾し、3から4はストレート、4で屈曲。当時経験したパニック発作の患者に類似していたが5近辺のタテの溝、その両脇の脊柱起立筋の緊張が特徴的だった。理学所見や血液生化学検査での異常はなし。東邦大学仮面うつスコアにて十六点と仮面うつ病が疑われる結果となり、

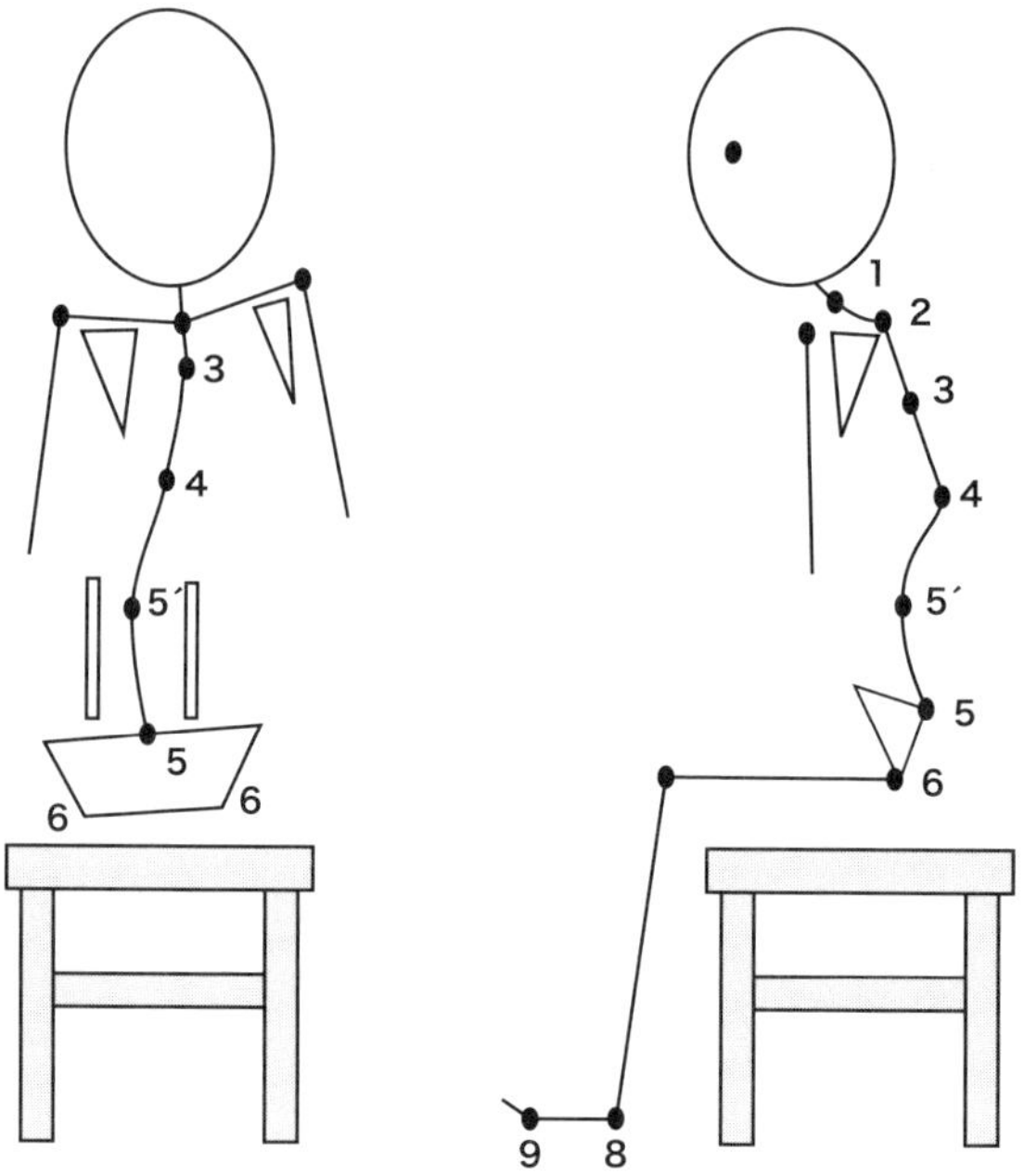

図6-6　事例３のボディ・ダイナミクス

初診時診断は非回転性眩暈、緊張性頭痛、過呼吸発作、抑うつ状態（仮面うつ病疑い）とし、治療を開始した。投薬を最小限に抑えたいという患者の希望により、この事例では始めから動作法の導入を考えた。導入に際しては本人が自覚していない肩の慢性緊張に注目し、椅子坐位で肩の挙げ降ろしを選んだ。初め患者はすべての動作を素早く、こちらのことばを先取りし行なおうとする傾向が顕著であったので、「せっかちなところはありますか」と話しかけてみた。すると「実はそうです」と患者は笑いながら答え、じっくりした動きに切り替える努力を開始した。その後、患者が降りて行く肩の動きを感じ表情がぐっと変わったので、あぐら坐位での動作法も追加して行なった。まず、しっかり座る体験をしてもらった後、肩の挙げ降ろしを行なった。この時点で患者は落ち着いた表情になり、「何だか居心地が良い」と言い、そのまま坐って動こうとしなくなったので、あぐら坐の状態で話を続けることにした。その後、病状の説明を改めて行ない、スルピリド（五十ミリグラム）を一日一錠と、屯服としてアルプラゾラム（〇・四ミリグラム）四分の一錠を処方し、診療を終了とした。

〔経過〕

初診後一週間ごろに動悸などの身体症状に伴い強い不安感が生じたが、以前のように過呼吸発作はなく、抗不安薬を四分の一錠だけ服用し改善、状況にうまく対応できていた。初診から十日後の診察で、患者は前日寝込んだことを「体調が急に良くなって無理をした。良くなったかと思ったのにがっかりした」と暗い表情で述べた。しかし、これは課題を行なっているうちに急いでいる自分に気がついたらしく、彼女のなかで解決したようだった。以後、薬物療法は継続、動作法も本人の希望から継続し、あぐら坐位での軸作りを中心に行なうという方針で診療を行なった。その後、「脈が飛ぶ嫌な感じがあるが、不安はない」「頭痛は睡眠不足と生理周期の関係だと思う」と語り、軽い身体症状はあるものの不安感は軽減され、生活の質は向上していた。

その後は週一回、十五分程度のセッションを行ない、初診から四週間後には日常生活で支障を来すことはなくなったため、投薬を減量しセッションも二週間に一回と間隔を開けた。そして初診より八週間で動作法は終了。以後は症状に合わせて薬剤などを使用し経過をみている。

事例3の患者の後、類似した症状を呈した三十代女性（事例4）、二十代女性（事例5）を経験した。事例4、5とも軸作りを椅子坐位で行なったところ、事例4は「生まれて初めてちゃんと座った」と答え、急激に表情が変化し症状が改善した。以後、週一回のセッションを二カ月行なった。事例5も数回のセッションで症状は改善していったが、治療開始四週間目より就職し通院時間の確保が困難となったため内服中心の治療とし、症状が悪化したときにのみ動作法を用いた。

〔事例3、4、5の考察〕

これらの事例は、眩暈、全身倦怠感、動悸、不安感などの症状だけでなく、実は発症時期が第二子出産後一年程度である点や、姿勢の特徴も類似していた。これらの経験で、動作法は産後数年を経た体調不良に関して有効であると感じているが、現在、さらにこれらの事例で見受けられた共通の姿勢が、授乳やその他の育児の際の姿勢と関与しているという可能性を考えており、そうであれば動作法は産後の心身の不調への予防法としても有効ではないかとも思っている。

4．複数の身体愁訴を有する軽症うつの女性（事例6）

〔現病歴〕

初診の一週間前より患者は体調不良、睡眠が浅いなどの症状を自覚していた。また、半年前より左右の肩関節周囲炎（五十肩）にて整形外科にて受診し通院を開始していた。整形外科への通院を開始して二カ月後、不眠が増悪し、眩暈、火照り、動悸などの症状が出現し内科、神経内科を受診するが、諸検査にて異常は認められなかった。その後、全身倦怠感増強、意欲の低下、抑鬱気分がみられ、日常生活に支障を来していた。月経も不順となったため更年期ではないかと考え、当院へ来院することになった。

〔主訴〕

非回転性眩暈、頭痛、動悸、意欲の低下、抑鬱気分、全身倦怠感。

〔初診時印象〕

やや固い表情。立ち居振る舞い、口調は丁寧で話のまとまりも良い。

〔初診時の姿勢〕

椅子坐位では初めからボディ・ダイナミクス図（図6－1）の5が強く前弯し、その脊柱にあたるところにかなり深くタテに溝が走り、その両脇の脊柱起立筋の太く強い緊張が見られた。3を頂点として胸郭は後彎し、肩が挙がって、首をすくめたような印象の丸い背中をしていた。重心は明らかに左に乗っており、そのためからだ

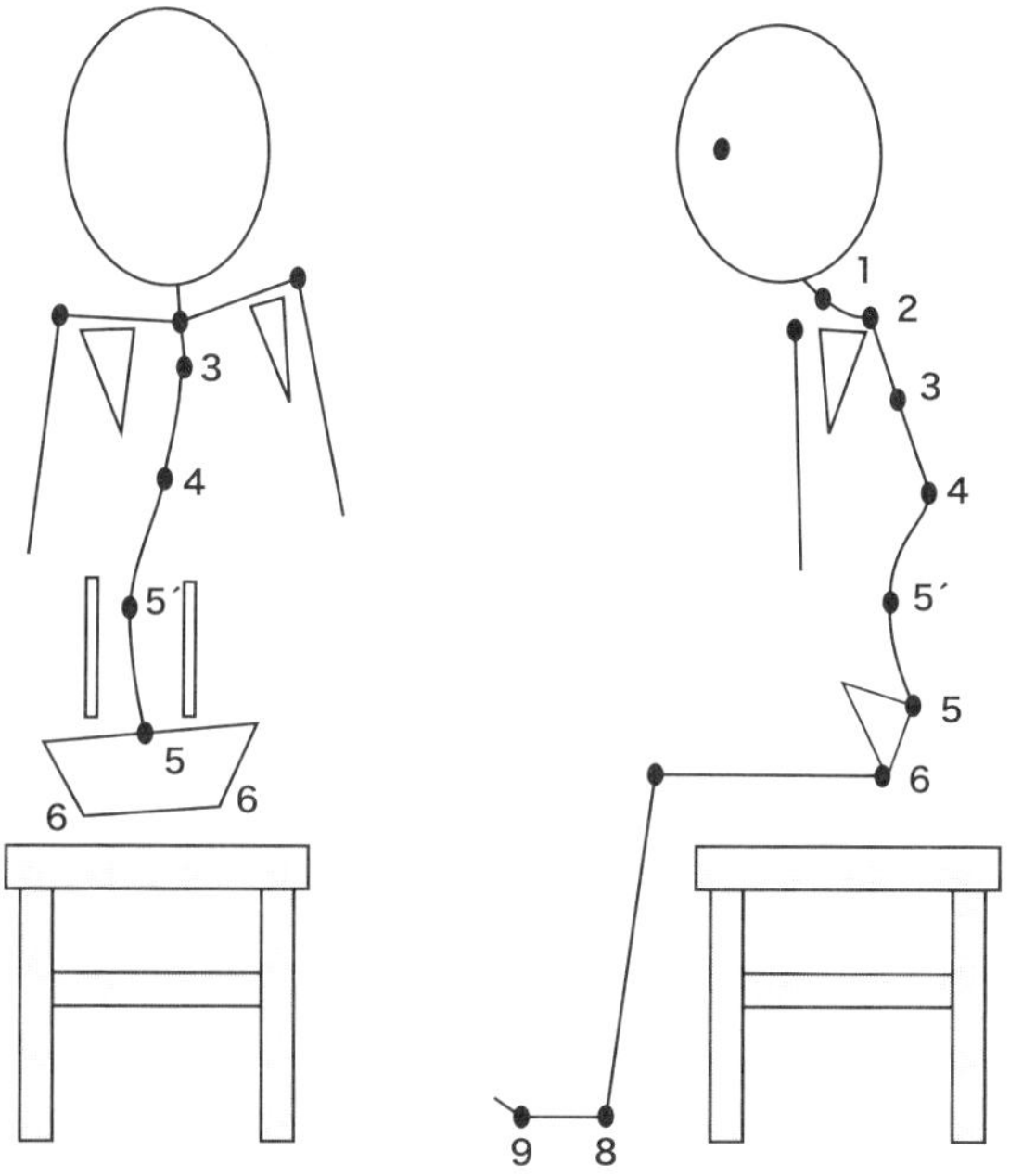

図6-7　事例６のボディ・ダイナミクス

が傾いていた（図６－７）。

理学所見、および血液生化学一般検査所見、甲状腺ホルモン値、甲状腺刺激ホルモン値ともに異常なし。卵胞刺激ホルモン値は七十四ユニット・パー・ミリリットル、卵胞ホルモン値は二十五マイクログラム・パー・ミリリットル以下で卵巣機能の低下が認められた。東邦大学仮面うつスコアは十四点。患者は抑うつ状態であり、ホルモン学的に卵巣機能の低下は認められるものの、臨床症状によると更年期症候群*とは言い難く、初診時診断は非回転性眩暈、緊張性頭痛、抑うつ状態として治療を開始した。その時点で右肩と腕が動かず、服を一人で着ることができない状態が約半年続いているという話が出たため、「肩の方も少し見せてください」と言って椅子坐位での腕挙げを行なった。その段階で右腕が六割程度動くようになったので、そのまま「肩」の状態から患者のもつ慢性の緊張についての話をし、スルピリドとエチゾラムを処方してその日は終了とした。

〔経過〕

来院時より二カ月は抗うつ剤を少量用いながら、動作法（腕挙げ）を併用した。十五分のセッションを週一回行なった。肩の動きは右は六割、左は八割方回復し、このころ、さまざまな問題、特に親子関係について話が及ぶ。三カ月目より診療の都合上、二週間に一回へと来院の間隔をあけた。このころ、こちらが患者の話の聞き役に徹していると、次の診療時までに患者自身が何らかの変更を行なっているというパターンが続いた。半年が経過すると患者は長期的な視野にたって問題を解決するためのシステムを整えはじめた。患者が、それに伴って派生すると思っていた周囲の「批判」はほとんどなく、結果、患者には時間的、物理的な余裕が出てきた。このころには抑鬱気分はほとんどなく、腕挙げもスムーズにでき、他の症状はかなり軽減したため動作法のセッションは終了し、二週間に一回の診療を継続しながら内服を徐々に減量し、来院より九カ月で内服を中止し治療終結とした。

〔事例6の考察〕

患者は「更年期」を疑い来院され、検査結果はE２（卵胞ホルモン）の低下などはあるものの、臨床症状は典型的な「更年期症候群」とは異なったため、眩暈などの身体症状を中心とした軽症鬱と診断した。初回診察の段階で、患者の訴えの中心が肩凝り、頭痛、眩暈など身体症状であり、私的な話を避けている様子であったこと、

＊　症状の中心は卵巣機能の低下に伴う自律神経症状で、特にホット・フラッシュとよばれる急激な火照りが最も特徴的である。これに加え、関節痛、不眠、倦怠感、眩暈など症状は多岐にわたり、骨粗鬆症や高脂血症などの疾患も関与してくる。婦人科では卵巣機能の低下を補うためのＨＲＴ（Hormon replacement therapy）、や漢方薬を治療の中心に据えている。同時に抑うつ気分を訴える場合も多く、その場合はＨＲＴよりむしろ気分障害（depression）としての治療が重要となる。

良性発作性眩暈などに対して動作法が有効だと個人的に感じていたこともあり，私は初診時の段階で動作法，特に「軸つくり」を導入すると良いと考えた。だが，患者の硬い雰囲気から動作法の導入が難しいかもしれないとも感じていた。しかし，患者より五十肩の話が出たので方針を変え「腕挙げ」を課題として選択したところ，スムーズに導入でき，以後の話題の中心は患者が最も苦痛としていた五十肩となり，これを中心に据えた診療となった。その結果，本人が触れたくない部分に関しては踏み込まない診療ができ，そして腕挙げが上手くできるようになるにつれ，さまざまな症状が軽減していった。この事例では実際の動作法の効果だけでなく，その特性，つまり心理的に「非侵襲的」であるという部分が上手く機能したと考えられる。外来を行なっていると，患者の内面を無神経に掘り起こすことなく信頼関係を築ける手法があるということは，患者と治療者の双方にとって素晴らしいことだと本事例をとおして改めて感じた。

Ⅲ　まとめ

最後に，診療のなかに動作法を組み込み始めた当初にもっていた二つの疑問への，事例をとおして得た感想と，動作法の意義について医師の立場でまとめてみた。

1．課題の選択と導入

①　適応について

動作法自体が大変適応範囲が広いため，少なくとも私が扱う疾患，または対応する患者に関してはほとんどの場合に適応可能だと感じた。「課題の選択」については，あまり厳密な疾患と課題の対応は考えなくて良いと考える。当初，動作法にも医療行為のように「ある疾患」に「この術式」を，「この疾患・症状」には「この薬」

をという比較的はっきりした関連があると思い込んでいたが、事例を重ねるにつれ医療のような「疾患・症状」から決める「適応」という発想を動作法やその課題の選択にもち込むのは適切ではないと感じるようになった。それは、動作法自体の適応の可否や課題選択を細々と斟酌するより、逆に「今そこにいる患者」に、動作法をどうやって役立てるかというやや強引な発想からアプローチする方が、面白い結果が生まれるという体験をしたからである。これは、そもそも動作法の個々の場面でいろいろな形で機能するという特質から考えると、当然のことかもしれない。ただし、私は、どんな患者にも状況にも動作法を適応でき、その際、課題の選択も含め制限がないと言っているのではない。私のなかにも動作法適応の、またはその課題選択の条件はある。それは動作法を用いる場合、その導入の流れや課題の選択を患者が「不自然ではない」と感じ得るということである。

2 導入について

1の「適応について」と内容がかぶるが、導入に際して、そこに極力不自然さがないことが大事だと考える。たとえば、事例6の軽度鬱の女性の場合、主訴からはややずれているものの患者が「気にしていた」五十肩に注目し、肩周りを診察するという流れで「椅子坐位」のまま「腕挙げ」の課題を行なった。私の外来では、来院する患者はからだの愁訴をもっている人が大半であり、私(医師)の場合、そのからだを「診る」ことはごく自然な行為なので、学会でよく問題にされるからだへの接触は問題にはならない。むしろ、医師独特の強引さで患者の主訴を無視し強引に動作法にもっていくと「失敗」につながっていくと考える。実際、動作法について知識のない患者が対象であるため、導入の際には極力、外来の診療の流れや患者の気持ちや動きに逆らわない自然な形で行なうよう心がけている。たとえば診療の流れで患者が診察ベッドに仰臥位になったときには「仰臥位」での「腕挙げ」なども行なうが、主には診察時の状態である「椅子坐位」での課題を用いることが多い。また、導入時のもう一つの留意点として、時間内で可能かということが挙げられる。私の場合、外来のなかで、あくまでも短時間のセッションしか行なえないという縛りがあるため，時間をかけて動作法を行なった方がよいと思われる患者では，動作法が有効そうな事例であっても，あえて動作法を用いない。「短時間しか行なえない」条件下では，下手をすると中途半端で意味不明な動作法の導入になる。導入では，と言うか導入の可否では，これを避けることがとても大事ではないかと考えている。

2．医師にとっての動作法

最後に「医師が動作法を行なうということ」についての利点，問題点について述べる。

利点としては，

(1) その医師の診療の幅，患者を診る視点が広がる。
(2) 医学的な診察や検査では説明できない症状や容態を動作法の視点で解釈でき，同時にその解決の指針を見出す助けとすることができる。
(3) 言語でのやり取りより明らかに医師と患者間の信頼関係が成り立ちやすく，心理面に関わる問題に対して，医師は患者の私的な部分を必要以上に掘り起こすことなく対応できるため安心感のある距離感が保てる。
(4) 自分の動きをとおして，自分自身の患者へのスタンスを確認でき，自分自身の診療に対する姿勢を再検討できる。

などが挙げられる。

一方，問題点としては，

(1) 医師（私）の場合、外来の合間でやるには時間が限定される。そのためじっくりと時間をかけて動作法を行なえず、短時間で行なえる事例に対象が限られる。

(2) 処方も行なう場合、医師一人で患者を多方面から治療していくことになり、負担が増える。

ということが挙げられる。通常、臨床心理士の方が問題とする「からだへの接触」は医師にとっては遥かに小さな問題となる。特に女性医師が女性を診る場合、看護師同席の診療のなかでの動作法の実施であれば、ほとんど問題はない。一方で、臨床心理士が時間をかけてじっくりとするような対応は外来診療中の医師には困難である。そのため、クリニックで動作法を用いる場合は、外来での短時間の動作法で対応できる事例には医師も動作法を用い、じっくりと対応すべきだと判断した事例は、動作法に精通した他の専門職に依頼することが望ましいと考える。では、医師には動作法の知識がなくとも、他の専門職がその知識をもっていればいいとの考え方もあるが、前にも述べたように、動作法は対処療法的にも使用でき、かつ医師患者関係の確立にも有効である。医師も技術としてもっていれば診療にプラスに働くことは間違いないのである。

今回、女性外来における動作法を用いての診療について、そのきっかけ、経過、そして現在の状況を述べた。このように、医師としての視点を維持しながら、まったく違う視点の動作法を用いることは診療上、大変有益である。しかし、実際に自分が動作法を使っている理由は、実はもっと簡単なものなのだと正直思う。それは「目の前でがらっと変わる患者の表情」「思いも寄らない臨床経過」を治療者側が目撃でき、体感できる動作法を用いた診療がとても魅力的でエキサイティングだからにほかならない。今後、動作法という魅力的なものが、医療現場で浸透していくことを希望する。

7 高齢障害者のための臨床動作法

長崎国際大学　石倉健二

●編者コメント

石倉さんは名古屋大学医療技術短期大学理学療法学科を卒業して理学療法士の資格をもちながら、改めて九州大学に入学、学部一年生からやり直し、さらに大学院では大神英裕教授の指導を受け、学部生時代から理学療法士として働きながら、動作訓練を中心にした心理リハビリテイションを学び、博士課程を終えた後、長崎国際大学助教授でありながら、自分の理論と経験を活かすために、奥さんと二人で小規模通所介護事業所と居宅介護支援事業所を開設している。基本に理学療法を置きながら、臨床動作法を採り入れて、主として脳卒中後遺症者の問題を取り上げてもらった。これまでの病院における心理療法の対象者と高齢障害者との中間に、障害のない高齢者があるが、健康な高齢者は、基本的には一般クライエントの動作療法と相同だから、今回はこれまであまり触れられなかった高齢障害者を対象にしたのである。

脳卒中後遺症で肢体不自由な人では、先ずリハビリテイションが主軸に置かれる。脳性マヒの子の場合と違って、発作までは自由に動けていた人なのに、発作で動かし方が分からなくなったのが特徴。動かすための装置はそのままからだのなかに内蔵されているのだから、それを動かしコントロールできるような主体活動への特別の援助が必要だからである。加えて、重度の脳性マヒの子と違って、不安感や不能感、恐怖感・諦め感などが顕著だから、それへ適切に対応しなければならない。その辺の細かな援助・対応の仕方は、綾乃さんの例で代表させてくれた。

クライエントの複雑・微妙かつ頑なな高齢障害者の援助について、動作療法の視点はやや稀薄ながら、理学療法の資格をもつ石倉さんが、生理的存在としてのからだを論拠にする理学療法と、自体を動かす主体の活動を中心に据える動作訓練を比較しながら、両方の立場を重視・統合する必要性を説いた、貴重なリハビリテイション論になった。

I　四年目の綾乃さん

療養型病床群、いわゆる老人病院にパートの理学療法士として勤めて四年目に、綾乃さん（仮名、六十七歳）に出会った。綾乃さんは六十三歳のときに右大脳半球内の出血を起こし左半身マヒの障害を有していた。介助者がそばについていれば、四脚杖と短下肢装具を使ってどうにか病院内を歩くことはできたのだが、立ったり座ったりするときには少し介助が必要であった。また、ベッド上での起き上がりや着替えも一人ではできず、介助者の手助けが必要であった。それに綾乃さんは左半身マヒだけでなく、左視空間を十分に知覚することができないようで、顔は軽く右側を向いていることが多く、車椅子を自分で操作したり歩くときには曲がり角で左側の壁にぶつかってしまうこともあった。また、マヒのある左側のからだも十分に知覚できていない様子で、自分の左腕をじっと見続けることができず、からだを起こすときなどに自分の左腕を見失ってしまうようなこともあった。

このように綾乃さんは、思うようにからだを動かせなかったり、周りや自分の状態をうまく知覚できないのだが、話すことに障害はなかった。そしてナースコールをよく使って「起こしてほしい」とか「着替えさせてほしい」とか、どちらかと言うとむしろ要求の多い人でもあった。こうした要求の内容そのものはごく当たり前のものなのだが、綾乃さんの場合は要求が多いというだけでなく、たとえば起き上がりを介助しようとすると「いやあ～、起きれん」、立ち上がりを介助しようとすると「できん、怖か～」と声を上げ、排泄が間に合わずオムツを汚すと「はよ死にたい……」といったように、「いや」「できない」「怖い」「死にたい」といったようなことを口にされることが多かった。そのようなことをすぐに口にすることに職員もちょっとうんざりしていた。そして職員がうんざりした様子で対応すると、綾乃さんもますます訴えが多くなり、職員もいよいようんざりしてくる、といった状態であった。

このように職員がちょっと対応に苦慮するようなケースを、私が担当することがこれまで勤務してきた病院ではよくあった。そしてそうしたケースが決して苦手でもなかったし、むしろちょっと好きでさえあった。そのおかげでいろいろな意味でちょっと難しい人たちへの対応をたくさん経験することができ、私の臨床経験を豊かなものにすることができたことに感謝している。

II　理学療法士でありながら動作法を学ぶ

1．第二青い鳥学園での実習

もともと重度障害児たちのリハビリテイションや療育に関わりたいと思っていた私は、理学療法士になることを目指し名古屋大学医療技術短期大学部理学療法学科（現・名古屋大学医学部保健学科）で学んでいた。初めて動作法に出会ったのは、最終学年の臨床実習で第二青い鳥学園という肢体不自由児施設で実習したときであった。

当時、吉川吉美先生（現・いわき明星大学）が心理判定員として勤務していた施設で、そこで動作法を少しだけ見させてもらった。理学療法士免許を取得した後に、障害児や発達のことを勉強したいと思っていた私は、そのときに「これはいいかもしれない」という印象をもったことを覚えている。

2. 高齢障害者との出会い

せっかく動作法を学ぶのであれば、成瀬悟策先生のいる大学で学ぼうと思って九州大学に入学したのが平成元年であった。すでに成瀬先生は退官された後であったが、直弟子の先生方や先輩方が大勢いたので、入学後、早い時期から多くの関係者と交流をさせてもらうことができた。私は理学療法士免許も持っており二つ目の大学に通うということもあり、ただ普通に大学生をしているのも気が引けたので、入学後まもなく福岡市内の病院で非常勤理学療法士として週に三日程度の勤務を始めた。

免許を取得したばかりの新米理学療法士が、特別これといった研修を受けるわけでもなく機能訓練を担当するようになった。もちろんこのときはまだ動作法を勉強する前であったため、理学療法士の教科書にあるようなこと、実習で学んだことを思い出しながら、とにかくからだを扱うことに慣れていく時期であった。最初に勤務したのは二百床ほどの病院で、近くの大学病院から脳卒中後の運動機能訓練を目的に転院してくる患者さんが多く、訓練をすればかなりの方が回復をして、自宅退院される方も多くあった。私は「訓練をすると改善するんだ」という実感をその病院で得て、高齢者のリハビリテイションもなかなか面白い領域だと感じるようになっていった。しかしその一方で、重度の後遺症によっていわゆる寝たきりの状態になる方や、はかばかしい変化が見られない方も少なくなかった。私が動作法をやっていて良かった、と実感するのはこうした方たちへアプローチするときである。

ちょっと乱暴な言い方になるが、脳卒中の回復期にある方たちの運動機能訓練は、必ずしも動作法でなくても構わないと思っている。理学療法のなかにも幾つかの訓練方法があるが、いずれの方法で行なうにしても、きちんとからだの動きをみて、きちんとアプローチすればかなりの場合に改善がみられると感じている。理論や方法論の科学的正確さも重要だが、ある方法論にしたがって具体的に細かくみてアプローチするという、きめの細かさと丁寧さが臨床的には重要だという印象をもっている。また、脳卒中の片マヒの評価法の代表的なものとしてブルームストロームステージというものがあるが、これは上肢や下肢の筋肉がどの程度マヒから回復したかを測定するもので、言わばマヒを量的に測定しようとするものである。そして運動機能訓練というのは、このようにマヒからの量的な回復をねらったアプローチであるとも言える。つまり、病気になる前と比べてどの程度元に戻ったか、あるいは、病気で動かなくなっていたからだがどの程度動くようになったかということが最も重要なことになる。これはこれで重要なことであるが、量的な問題だけでは不十分な側面も存在すると考えている。

3．理学療法と動作法

動作法はこうした運動機能の回復のためのアプローチ法としてもその効果は十分なものがあるが、決して量的な回復のみを目指しているわけではなく、主体性という側面を扱っている心理療法としての大きな特徴がある。ここで言う主体性を脳卒中後遺症者で考えてみたいと思う。

脳卒中の後遺症によって運動機能に障害を負った場合、自由自在にからだを動かすことが難しくなるわけだが、動きがまったくコントロールできないわけではない。たとえば、歩こうとするとマヒしている側の上下肢に余計な力が入ってしまい非常に歩きにくい思いをする人がいる。これは歩けないわけでもないし、余計な力をまったくコントロールできないわけでもない。しかし、確かに歩きにくさはあるのでさしずめ八〇パーセントくらいは思うようにできるが、二〇パーセントくらいは思うようにできない部分が残っているという感じである。

また一方で、重度障害による寝たきり状態で、一人では起き上がることができず、全身に強い緊張が入っているような方もある。しかしそれでも、手づかみではあるが自分で好きなものを食べることができたり、筋緊張を自分で多少コントロールして痛みを緩和することができたりする。さしずめこちらは、一〇パーセントくらいは思うようにできることがあるけれども、九〇パーセントくらいは思うようにできない部分がある、そんな状態と言える（ちなみに植物状態の人でない限り、この「思うようにできる部分」が〇《ゼロ》パーセントであるという人はいないという実感をもっている）。ほとんどの機能回復訓練は、この思うようにできる部分をどう拡大していくか、ということに主眼が置かれる。しかし動作法は、この量的な部分の拡大だけでなく、「思うようにできる」一〇パーセントなり八〇パーセントなりの部分を、どれくらいフルに活用できるようにするか、ということにも大きな力を発揮すると考えている。ここに本人の主体性をみることができる。

　この「思うようにできる部分」の量は生理学的に規定されてしまっている部分が大きい印象を受けるが、少なくともこの「思うようにできる部分」の中身には本人の意図が十分に反映される可能性が備わっている。だが、実際にはこの部分をうまく使いこなせない人たちがたくさんいる。たとえるならば、私はパソコンを日常的に使うが、パソコンの機能をすべて活用できているわけではない。使うのはワープロ、表や図表の作成、インターネットにメールくらいのもので、パソコンの持っている性能や可能性からすればごく一部分に過ぎない。しかしこれらの利用している部分についてはかなり積極的に活用しているし、それなりに多くの機能を利用している。人間の能力をパソコンの機能に例えるのはあまり適切とは思わないが、分かりやすい例としてはこのようなものである。つまり、一部分の機能かもしれないが、それがフルに活用できればかなりのことができるし、あまり大きな不自由を感じることなく生活（仕事で言えばパソコンを使っての仕事）を行なうことができると考えている。

　脳卒中後遺症者の場合、自分はダメになった、何もできなくなったと感じる方が少なくない。いわゆる「障害受容」に関連する部分だとは思うのだが、できるかできないか、零か一か、〇《まる》か×《ばつ》かという発想になってしまう方が結構多いように感じている。グレーの部分を認めて、六〇パーセントくらいだったらできそうだ、そんな発想をもてるようになるのは障害を負ってからしばらく後になる。そしてもともとの部分に比べて八〇パーセント（あるいは一〇パーセント）くらいかもしれないけど、その部分をうまく使いこなせるようになることは、新しいからだの使い方を身につけることでもある。そしてあきらめかけていた自分のからだの可能性に気づき、自分のからだに向き合おうとすることが、自分のからだへの主体性の発揮そのものと考えている。動作法はこのような自分のからだへの向き合い方を変えることができる、という特徴がある（石倉、一九九八、二〇〇一）。このことは他の心理療法や、まして神経生理学的な機能回復訓練ではほとんど考慮されていない点である。

4．動作法による成果

自分のからだへの向き合い方が変わり、自分のからだへの主体性を発揮できるようになると、不思議と心身両面についての状態が変わってくるケースを多く経験した。いくつかの視点があるが、最も分かりやすいものは動作の改善である。脳卒中の後遺症で右片マヒだった鉄男さん（仮名、六十一歳）は、大型の四脚杖を使って介助されながら歩いていたが、マヒ側下肢での踏みしめがしっかりとできるようになるにつれて歩行が自立していった（石倉・大神、一九九四）。また動作の改善以外の例として、自発的な会話に乏しく、表情も冴えず自室に閉じこもりがちであった礼子さん（仮名、七十九歳）は、からだの動きの感じを感じとれるようになるのとときを同じくして他の患者さんと積極的におしゃべりをしたり、軽作業にも参加し始め、デイルームのなかで積極的な役割を担うようになっていった（石倉、一九九八）。他にも、脳梗塞で左片マヒであった麻美さん（仮名、七十六歳）は転倒による右大腿骨頸部骨折の手術後であり、歩くことに対する自己評価の低さがあった。しかし、麻美さんも、踏みしめがしっかりとできるようになるにつれて自己評価が向上し、退院後のことなど先の見通しのことを語れるようになっていった（石倉、一九九六）。

このように動作法はからだの動きの変化だけでなく、こころの働きにまでも変化を導くことができ、またそこを目指してアプローチしようとすることに大きな特徴がある。特に、脳卒中などの後遺症によって運動障害を負った人に対して心理的支援を行なう場合、からだの問題が大きな背景としてあることは間違いない。つまり、自分は何もできなくなったというような無力感、先々自分はどうなるのかというような不安感、こうしたものはからだが思うように動かなくなったという、からだの問題やからだについての認知のあり方が密接に関連している。そのときに、動作法はセラピストとクライエントが一緒にからだを動かすため、クライエントのからだの動きにくさやきつさについて、言語で表現しなくても直接的、瞬間的に理解することができる。このからだについての共感的理解は、特に障害のある高齢者に動作法を実施する際の導入部分として重要となってくる。そしてセラピストがこの目に見えない部分のクライエントのきつさや大変さを理解できるだけでなく、クライエントの方にもセラピストがきちんと理解していることがまた同時に伝わるようである。こうしたことが、クライエントとセラピストの信頼感をぐっと深いものにするという印象をもっている。

そして動作法は、他のどんなからだ的アプローチよりも丁寧にからだを扱うので、クライエントに与える安心感は大きなものがある。特に障害のある高齢者の場合、からだを扱われる場面というのは、運動機能訓練、着替えや入浴、移動の介助など多くの場面にわたる。時間がないと言って、乱暴に一方的に扱う療法士や介助者は論外としても、クライエント本人の動きを待ち、誘導し、本人のからだの感じに寄り添いながらからだを一緒に動かしていくような関わり方をする方法論は、介助法を含めて考えても動作法の他にはない。障害のある高齢者は、思うようにいかなくなった自分のからだをそんなふうに丁寧に扱ってもらえれば、それだけでとても安心するし喜んでくれる。特に障害が重度の方ほど、そんなに丁寧にからだを扱ってもらえる機会が少なくなっているので、そうした丁寧な扱い方そのものがクライエントに与える効果は大きなものがある。

また療法士や介助者などによる一方的なからだの扱い方は、なによりも本人を受身にさせてしまい、「する人」「される人」という関係を固定化させてしまう危険性をもつ。そのもっとも典型的な例は、痛いところを電気で温める、お風呂に入れないからリフトで入れてあげる、というものである。痛みに対する温熱療法は物理療法として最も一般的に行なわれているし、リフトを使った入浴介助も一般的によく行なわれている。しかもそのどちらも途中で動くと危ないので、じっとしておく必要がある。そういう意味では、むしろ本人が主体性を発揮してゴソゴソと動いてはいけないものでもある。これは極端な場合だが、障害のある高齢者が受けるケアには、こうした「する人」「される人」という関係に基づく行為がいたる所に存在する。そのなかで動作法は、本人のからだの動きのなかに主体性を見出し、本人が自分で動けるように動きを援助するので、こうした関係から抜け出すことができると考えている。

5. 理学療法士なのか臨床心理士なのか……

私は障害のある高齢者に対する動作法を主に病院で行なってきた。しかし、多くの臨床心理士は病院内で患者さんのからだを扱うことに多くの困難を抱えている。老人病院で勤務していた先輩なども、老人病院での動作法はスタッフに隠れるように行なっていたらしい。私は病院では理学療法士として勤務していたので、理学療法士が動作法を行なっていた、ということになる。動作法は心理療法ではあるが、動作改善を目指すものでもあるので、理学療法士が行なっても何も問題は発生しない。ただ、常に気になっていたことは治療契約の問題である。

私は患者さんに「リハビリの先生」と認知されていて、「心理の先生」とは認知されていなかった。心理的援助においては治療契約をきちんと結ぶことが強調されるが、私の動作法ではそれが十分には確保されてはいなかった。別に心理職以外の職員が心身活動の活性化を目標に心理療法を行なってはいけない、という規定があるわけではないのだが、伝統的な心理的援助の考え方からすると不十分であると言わざるを得ない。しかしながら、そもそも療養型病床群などの高齢者を多く扱う病院では心理職などいないことが一般的である。また、抑うつ感や孤独感、無力感や絶望感、希死念慮などを抱く高齢者は少なくないものの、そうした方たちが自らの心理的問題を自覚し、本人から心理療法やカウンセリングを望むということもありえない。こうした状況から考えると、障害のある高齢者に施設のなかで心理療法やカウンセリングを行なう場合に、個別に心理的な面についての治療契約を結ぶというのは無理がある。こうしたこともあって、現在の私は入院治療、あるいは福祉サービスの利用に関する包括的な契約のなかにこうした心理的援助も含まれるものと理解している。そのため、心理的援助についての特別な契約を別途に求めることはせずに臨床活動を行なっている。これが果たして妥当な考え方かどうかは定かでないが、少なくとも後で述べる高齢者福祉領域での「アクティビティ」については、これと同様に考えられている。

III　ケースの具体例

1．綾乃さんのケース

最初に紹介した綾乃さんに対して行なった動作法の内容をここで報告し、障害のある高齢者に対しての動作法の実際を検討する（以下、文中の〈　〉はセラピストの発言を示し、「　」は綾乃さんの発言を示す）。

綾乃さんの立位姿勢は独特で、マヒのある左脚を斜め前に出して突っ張っているため、全身が右斜め後ろに傾いていて、倒れないように右手に持った杖を一所懸命に握っているといった状態であった（図7－1）。からだをまっすぐに起こせばいいようなものなのだが、綾乃さんはマヒのある左側に倒れそうな恐怖感を強く感じているため、なお一層強く左脚を突っ張ってしまい、ますます右斜め後ろに傾いていくという悪循環を起こしていた。このときに、〈反対です、綾乃さん。右に倒れていってますよ〉とことばをかけても、やはり「左に倒れるうー」と怖がっていた。なぜそのように実際のからだの状態と反対に感じてしまうのか、その理由はよく理解できなかったのだが、自分のからだと外界との関係がうまく知覚できていないことと、自分のからだを適切に扱

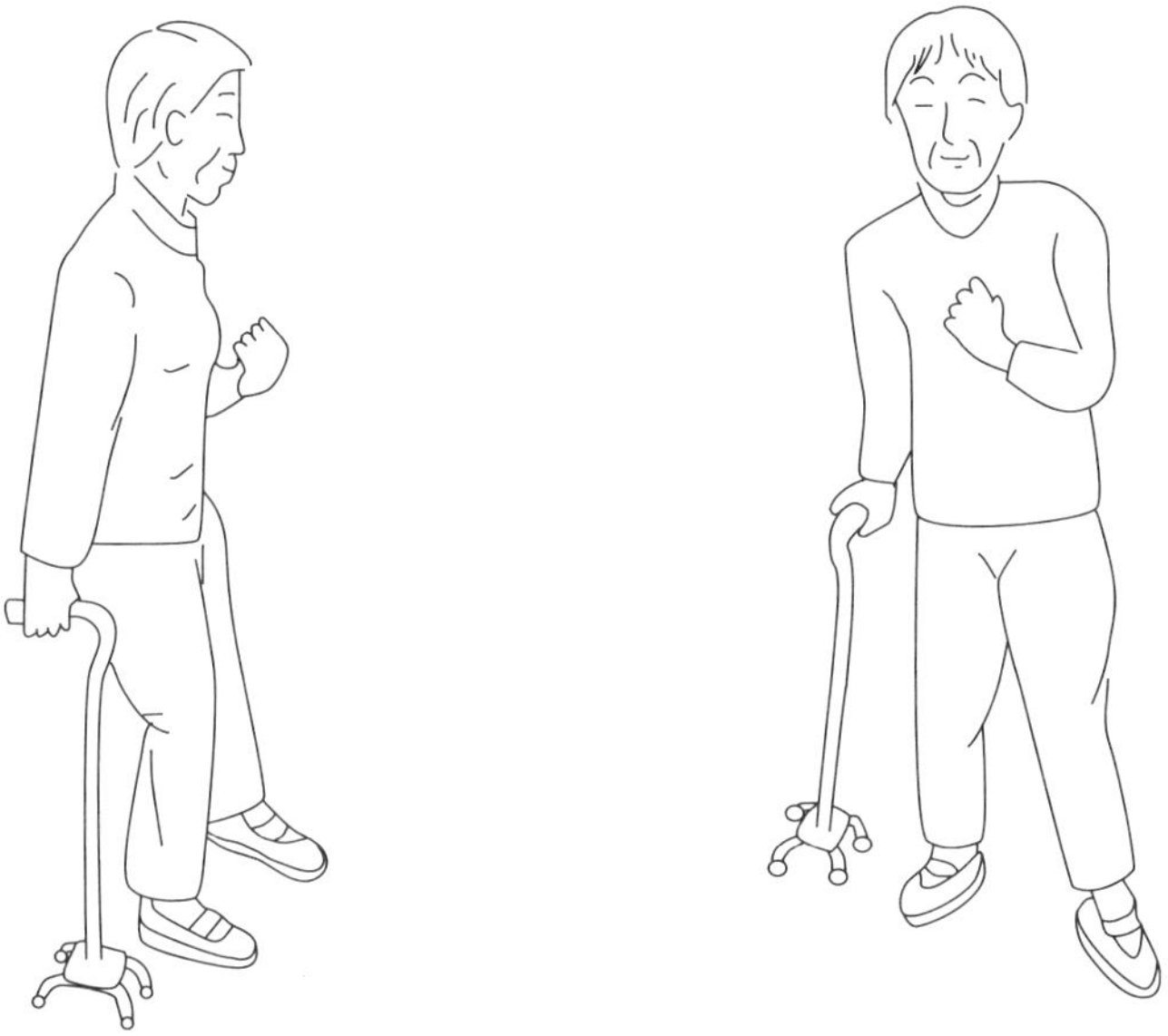

図 7-1

えなくなっているという状態であると理解した。

そこでまず、立位姿勢で踏みしめて立つことで、立てるという実感と安心感を得てもらい、この過剰な恐怖感と緊張を自分でコントロールできるようになることを目的に立位での踏みしめ動作課題を中心に行なった。その際、からだをまっすぐに起こして立っている感じや、からだを動かして足にかかる体重の様子が変わる感じなど、そのときのからだ全体の感じについて言語的に伝え返すことも心がけて行なった。そして動作課題は二十分程度とし、その後五分から十分程度は最近のからだの調子や生活の状況、動作課題を実施しての感じやお互いの感想について話し合うようにし、これを一週間に一回程度実施した。これを約一年間、計五十五回行なった。

2．動作法の基本的手続き

まず右の方に傾いている上半身をまっすぐ

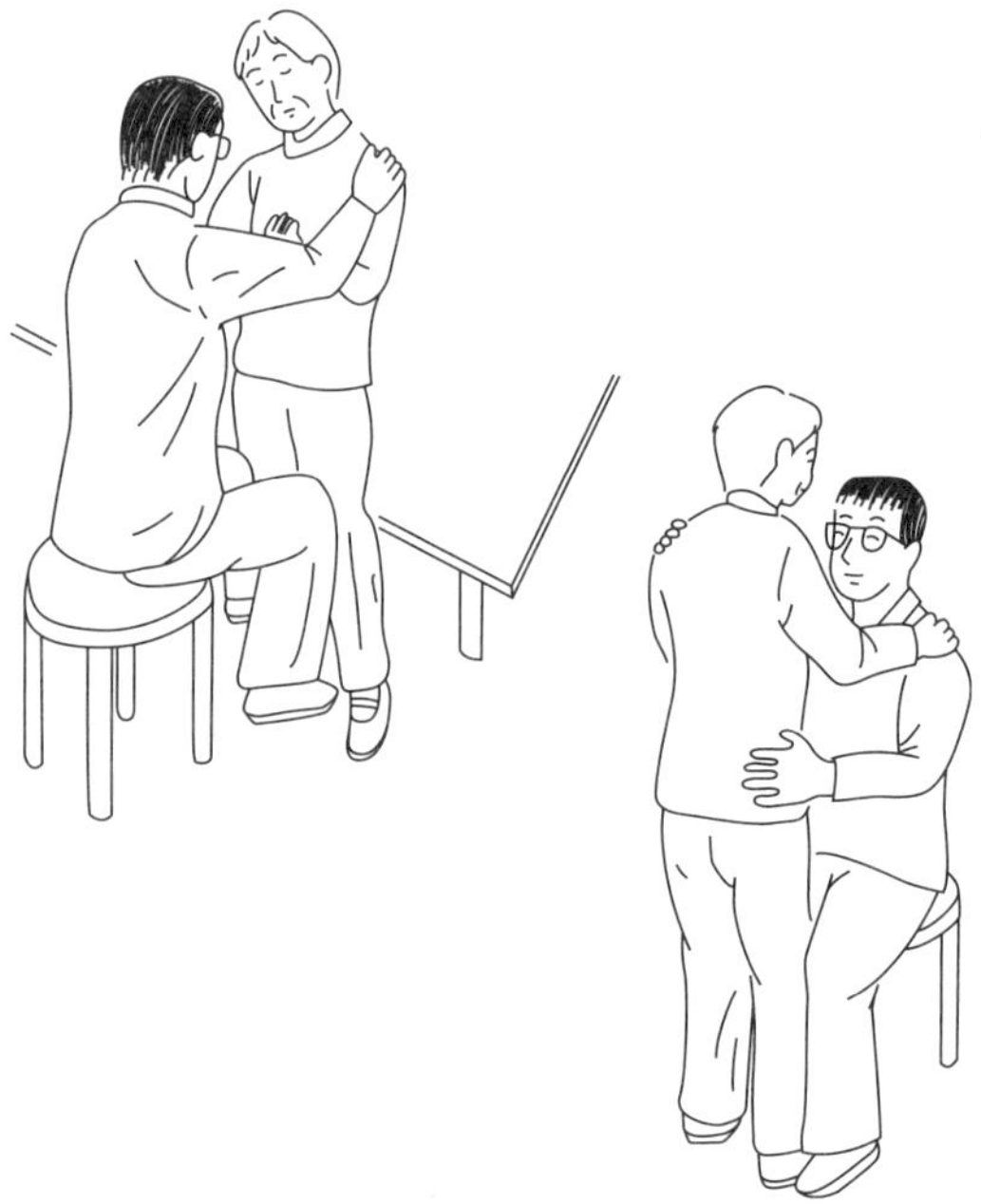

図 7-2

に起こし、両足にきちんと体重がかかるように促すのだが、綾乃さんはとにかく「左へ倒れる」恐怖感を強く訴えて、まっすぐには立てなかった。そこで、動作法を始めるときの基本姿勢として、綾乃さんには訓練台に腰掛けてから立ち上がってもらうようにした。そして綾乃さんの前に小さな椅子を置き、私はそこに腰掛けるようにした。立つときには、綾乃さんには杖を放してもらって私の左肩につかまってもらうようにした（図７－２）。

障害のある高齢者に立位動作課題を行なうときは、まず転倒をしないようにしなければならない。高齢者の場合、転倒は骨折に直結しやすく、下肢や体幹部の骨折は寝たきりにつながる危険性が高い。さらに、転倒しないまでもふらつくだけでも立つことが怖くなるケースがあるため、安定した立位姿勢を保つことには細心の注意が必要となる。そのため、高齢者に立位課題を実施する場合、私は図７－２のようなやり方で取り組むことを基本としている。このようにすれば、前と左右方向に不安定になっても支えることができるし、後ろ方向に不安定になったときにはゆっくりと腰掛けさせることができるので、安全に実施することができる。

綾乃さんの場合はさらに、マヒのある左膝がカクッと膝折れしないように私の右脚で支えながら、綾乃さんの右腰を私の左手で支えている。また「左」に倒れる恐怖感が強いので、綾乃さんの左肩にも支えるように手を添えて、〈大丈夫ですよ、ちゃんと支えていますよ〉と、はっきりとその手を見せながら声をかけ、安心感を与えるような態度に徹した。このとき無理やり上半身を起こしてしまうとかえって恐怖感を強めてしまい、ますます左脚を突っ張ることになるので、あくまで綾乃さん自身が上半身を起こせるように援助を行なった。また、〈何言ってるの！　頑張りなさい!!〉〈倒れそうなのは左側じゃなくて右側よ！　しっかりしなさい!!〉などと叱咤激励してみても恐怖感はとれないし、「私は立つこともできない」と落ち込ませることにもなるので、ことばかけのやり方も気を使う必要があった（実際にそう言って落ち込ませてしまった職員は数多くいた）。

3．動作法の実際

①　立位動作課題

立位の踏みしめ課題を実施し始めて最初の三カ月ほどは、左へ倒れる恐怖感が非常に強く、じっと立っておくことができずすぐに座り込もうとすることが多く、動作課題に取組むこと自体が難しい状態であった。このころは綾乃さんの左膝や腰、左肩周辺をしっかりと補助することで十分な安心感を与えて、言語的にも〈大丈夫〉〈これなら絶対に倒れませんよ〉などの安心感を与えるような態度に徹した。

立位姿勢になると綾乃さんは「倒れそう」「怖い」と言うばかりで、自分のからだの状態に意識を向けることができない状態であった。このとき、ことばでいくら働きかけても通じる感じは少なく、からだの実感から入るほうが手ごたえを感じることができた。そこで、課題実施中はわずかでも左脚に体重をかけることができれば、

〈そう！　今の感じ〉〈うまいですよ〉とやや大げさなくらいの表現で伝えることで、自分のからだの状態に意識を向けることができるようになることを心がけた。しかし、そんなときでも、「私にはできません」と答えることが多く、実際にできたことを告げてもその実感が伝わらず、「私は何にもできません」と無力感に満ちたことを語ることが多くあった。

②　腕挙げ動作課題

この間、恐怖感がなかなかおさまらないことや、夫が亡くなるなどの危機的状況もあり、動作法に限らず落ち着いて物事に取り組むこと全般が困難となっていた。そのため、次の三カ月ほどは仰向けになっての腕挙げ課題を中心に実施することにした。これはマヒ側の左腕をまっすぐに伸ばしたままでセラピストの補助にあわせて胴体の横から頭の横まで挙げていく、というものである。私は綾乃さんの左横に座って右手を綾乃さんの左肩にあてて、左手は左前腕部を保持して、〈せーの〉と合図をしながらゆっくりと左腕を挙げていく。このときに、左腕が動く感じや左腕に力が入る感じを、綾乃さん自身が感じ取れるようになることが主な目的であった。このときにも、綾乃さんは自分の左腕を見つめることができず、すぐに右横を向いておしゃべりを始めてしまうことがよくあった。そして左腕を見てもらうように促しても、まるでそこにある腕に気がつかないような感じで、すーっと横を向いてしまうことが度々あった。そのため、まずは左腕に注意が向き、目を向けることができるようになることも狙いの一つとした。

腕挙げ課題を始めて一カ月を過ぎたころから、完全ではないのだが、ある程度は左腕への注目が続くようになり、それと同時にわずかながら左腕を挙げるときに、挙げようとする力が入るようになっていった。このときには力が入る実感がまだわからないようであったが、なるべく綾乃さんの自発的な動きが出やすいように動きの補助の仕方を細かく調整していった。そして二カ月目の終わりごろには腕を持続して見続けることができるようになり、「降ろすときの方が力が入る」と綾乃さん自ら話しはじめ、動きの実感がつかめてくるようになった。このころから、おしゃべりをするときに右横を向いてしまうことがほとんどなくなるようにもなる。

さらにこのころには、それまで全介助でオムツを使っていたが、ポータブルトイレを使おうとするようになったり、テレビの置いてあるロビーまで歩いて出てくるようになるなど、日常生活のなかで自立的な行動が多くみられるようになった。そして看護師からも〈特に手がかかるということはない〉と、落ち着いた状態になってきたとの報告があった。

③ 再び立位動作課題

夫の死などの危機的状況が落ち着き、また全身状態も安定してきたことから、再び立位動作課題を中心に実施することにした。

立位になるとやはり綾乃さんは右斜め後ろに傾いていくのだが、まずはその右に傾こうとする力とちょうど同じくらいの力で上半身を支えるようにした。そしてその姿勢に綾乃さんのからだがなじむようになるまでしばらく待つように心がけた。このときに、綾乃さん自身がからだを起こそうとわずかに動くことがあるので、それを手伝うようにタイミングを合わせて少しだけ上半身を起こすようにした。それを繰り返して、綾乃さん自身が少しずつ左足に体重をかけて踏みしめることができるようにしていった。するとからだの方も次第に落ち着いてきて過剰な緊張が入ることも少なくなり、「もう怖くありません」と言えるようになっていった。

左足に体重をかけることができるようになれば、必然的に立位は安定してくるものである。綾乃さんにはその安定して立てる実感をつかんでもらえると恐怖感は減少し、また恐怖感が減少すると安定して立てるようにもなっていった（図７－３）。そしてついに、両足に同じように体重をかけて立った状態でも、「怖くないです。どうもない」と言えるようになった。こうして綾乃さんは立つことに対しての恐怖感が減少すると同時に立位姿勢

図 7–3

も安定するようになった。さらに歩くときにも「足が軽く出ます」と実感をもちながら実際に楽に歩けるようにもなっていった。

4 綾乃さんに起きた変化

綾乃さんは上半身を起こして左足で踏みしめることができるようになり、立位姿勢が安定し歩行も楽にできるようになった。これが外部から見て最もわかりやすい変化である。しかし、それに先駆けて変化したものとして、目には見えないものであるが、からだに注意を向け、その感じを感じ取ることができるようになったということがある。このように、自分の「からだの感じ」にどの程度向き合えるようになるかという「自体志向性」の獲得が、心身の活性化に重要であることを以前に指摘したことがある（石倉、二〇〇一）。綾乃さんの場合は、特に問題となったのがこの「自体志向性」と考えている。綾乃さんは当初、自分の左腕に注意を向け続けたり、からだの感じに意識を向けることができなかった。それは単に半側視空間失認や身体失認といったことではなく、自分のからだの感覚を知覚の対象として選択しようとする主体的活動が十分に働かない状態であったためと考えている。それが動作法を実施していくなかで、知覚や操作の対象として自分のからだを選択できるようになり（すなわち「自体志向性」が芽生え）、自分のからだの状態を感じ取りながら操作できるようになっていった。これが、恐怖感の減少や自立的な行動が増えていくことの背景にあったものと考えている。

Ⅳ　高齢者福祉のなかでの動作法

1．社会福祉と高齢者臨床

これまでの私の高齢者臨床は、病院でのリハビリテイションを主な領域としていた。ところが二〇〇〇年に現在の職場である長崎国際大学の社会福祉学科に就職して、初めて「社会福祉」を意識するようになった。それまで社会福祉は自分の臨床や研究に関連する周辺領域であるとは思っていたが、それに直接関わるようになるとは思っていなかった。「社会福祉学科」への就職の話があったときも、障害児者や高齢者の心理や医療をある程度分かっている者として、何かしらの働きができるだろうという期待も自分のなかにあったので、これも巡りあわせと考え、初めての領域ではあったが社会福祉に関わることにした。

就職した翌年の二〇〇一年から介護保険制度が始まることが決まっていたし、高齢者臨床をやっていた者として決して無関心ではなかったので、まずは介護保険制度から勉強をすることにした。新規開学の公私協力型の大学ということもあり、地元自治体のシンクタンクであるという意味合いも持っていたので、開学初年度から介護保険に関する市の調査研究のメンバーに加えてもらったこともきっかけとなった。市の担当職員も一緒になっての研究会で、介護保険制度の仕組みや運用の実態を学ぶことができた。そのおかげで、「高齢者福祉」を視野に入れて臨床や研究を行なうことができるようになった。その後、手始めにまずやったことは「介護支援専門員」の資格を取ることであった。まさか大学の教員になってから改めて資格試験を受験することになるとは思ってもいなかったが、無事に一回で合格することができた。「介護支援専門員」（通称「ケアマネ」）は、介護が必要な高齢者のニーズや心身状態をアセスメントしたうえで、必要なケアプランを立案し、立案したサービスが実際にうまく受けられるように本人や家族、事業所間の連絡調整を行なうとともに、サービスの実行状況についてのモニタリングを行なうという役割がある。また介護保険請求業務の要となる書類作成の責任を負っているので、高齢者福祉には欠かせない役割である。この資格をとったおかげで、介護保険制度を視野に入れて高齢者についての臨床と研究を行なうことができるようになった。

2．高齢者福祉と動作法

高齢者福祉は、その形態から入所サービスと在宅サービスに大きく分かれる。入所サービスは、特別養護老人ホーム、老人保健施設、療養型病床群の三つがある。在宅サービスは、訪問介護、通所介護、グループホーム、短期入所など多岐にわたる。入所サービスは基本的に要介護度の高い人、簡単に言えば障害が中度あるいは重度であり、必要な介護量が多いために在宅生活が困難な方が主に利用するようになっている。入浴、食事、排泄が三大介護と呼ばれるが、こうした身のまわりのさまざまなことの介護を受けながら施設のなかで生活をしていくのが一般的である。在宅サービスは要介護度の比較的低い人たちの利用が多いのだが、認知症や身体障害が重度でありながらも、こうした在宅サービスをうまく利用して自宅で住み続ける方たちも多くある。在宅サービスの内容としては、入浴などの身体介護、調理や買い物などの家事援助、通所施設に通っての入浴や食事の提供、機能訓練などがある。

こうした高齢者福祉のなかで、動作法が果たす役割は大きく二つあると考えている。一つは身体介護、特に寝返りや立ち上がりなどの起居動作や移動の介助に生かす視点である。下手な介護者は、要介護者本人が自分で動こうとする動きとは無関係に、一方的にからだを動かしてしまう。本人が自分で動ける可能性があって、そこに本人の主体性が発揮されるというような発想がなく、ただ人形を動かすように動かしてしまう。私が介護の研修を行なうときなどには、どのように本人が主体性を発揮できるように促すか、本人の主体的な動きとはどのようなものであるか、ということの見極めをしてもらうようにしている。そして、結局その方が本人の能力低下を防ぎ、また安全に介助できるということも介護の世界では明らかになっている。

二つ目には、機能訓練としての側面である。心理療法である動作法について「機能訓練」という呼び方は馴染まないかもしれないが、現在の高齢者福祉の枠組みのなかには心理療法という領域は存在しない。「機能訓練」あるいは「機能訓練としてのセラピューティックアクティビティ」といったものしかなく、音楽療法や回想法もそうした枠組みのなかで実施されている。ただし動作法の場合は、からだの動きまで変えることができるという特性をもっているので、他のアクティビティに比べて運動機能訓練という意味が強いことは大きな利点と言える。そしてあくまでアクティビティなので、理学療法士でなくても実施が可能であり、医療機関ではない事業所においても実施が可能であるというメリットもある。唯一デメリットがあるとすれば、やはり動作法はマンツーマンでこそその効果を最も発揮するものと私は考えているので、実施の際には個別に対応しなければならないため人手と時間が必要になることである。音楽療法にしろ、回想法にしろ、集団で実施可能なアクティビティが現場では取り入れられやすい傾向があるので、動作法というよりは集団での体操を取り入れる所が多くなるという実態もあるようである。

しかし、動作法のようにこころとからだを両方扱うことのできる方法論は他にはないので、高齢者福祉のなかでもっと取り入れられるべきものと考えている。そのためには、各地でのさまざまな機会に研修会を実施して、高齢者福祉を実践している人たちに知ってもらうことが必要だと思っている。

3. 事業所の開設と心理リハビリテイション

私は研究と教育と臨床は一体であると考えているので、大学に教員として就職したとはいえ、障害のある高齢者に動作法を実施できるフィールドをもっておきたいという希望がある。現在いる佐世保に移ってから数年は、病院や高齢者施設にその場を求めようとしたのだが、なかなかうまくはいかなかった。そのうちに介護支援専門員の資格も取れたし、幸いなことに妻も同じ資格をとって近隣の事業所で職を得ていた。妻もその現場にちょっと不満を感じていたし、私も自分のフィールドをもちたいという思いがあったので、この際、自分たちで高齢者福祉の小規模事業所を立ち上げようということになった。

介護保険制度の導入以後、大きな社会福祉法人でなくても、NPOや有限会社などの小さな法人で事業所を設立することができる状況となっていた。また、私の身近に小規模事業所を立ち上げた人たちが何人かいたし、全国的にも小規模事業所の立ち上げが盛んに行なわれていたことにも触発された。そこで、二〇〇四年十月に小規模通所介護事業所（いわゆる「デイサービス」）と居宅介護支援事業所（ケアマネの事務所のことで通称「居宅」）の二つを同時に立ち上げることとなった。

デイサービスでは動作法だけでなく、集団療法、生活指導（高齢者の場合「生活ケア」と呼ぶほうが馴染みがあると考えているので、以下は「生活ケア」と呼ぶ）など心理リハビリテイションプログラムの実践を目指している。私たちが学生のころから慣れ親しんでいる療育キャンプでは、これらの活動が宿泊施設のなかで集中的に行なわれる。しかし、心理リハビリテイションの考え方や方法論は、障害のある高齢者が住み慣れた地域のなかで住み続けるための支援方法にも活用できるという実感をもっている。事業所を開設して二年目の現在、介護保険制度を使って、入浴や食事といった生活ケアを実施するのが精一杯で、まだまだ集団療法や動作法の十分な実践には至っていない。療育キャンプであれば陰の部分であった生活ケアが、障害のある高齢者の支援においては前面に出てきている状況である。将来的には集団療法や動作法がきちんと実施できるようにしていきたいと考えているが、今はそのために必要な事業所運営の枠組み作りをしている最中である。

まだまだ動き始めたばかりのデイサービスだが、地域のなかでこうした取り組みを行なっていると、よく利用される方たちに大きく二つのタイプのあることが分かってきた。一つのタイプは中軽度の認知症があり、昼間に一人で過ごすことに本人や家族が不安を感じている方たちである。もう一つのタイプは、比較的元気で身の回りのこともでき、ほぼ自立していておしゃべりも大好きだが、大勢の人のなかにいるのがちょっと苦手な方たちである。いずれの場合にしても、一日の利用者が四十人も五十人もあるような大きな事業所では対応がちょっと難しい方たちである（以前に病院で勤務をしていたときに私がよく担当をしていた「ちょっと対応に苦慮するケース」が思い出される）。そしてこうした方たちに限ったことではないのだが、高齢者の場合は特別な運動障害をもっていなくても、身体的不調や慢性の痛みなどの身体的問題を抱えている人たちは多い。そのため、マンツーマンでじっくりと関わることのできる動作法は、その個別性、身体的な共感性、丁寧なからだの扱い、といった点だけでも非常に有効である。もちろん、心身の安定化や活性化という点で効果を発揮することは言うまでもない。しかしながら、効果を発揮することが明らかな方法をいまだに実施していないのは自分としても悔しいことなので、地元で高齢者への動作法をきちんと行なえる人を育てていく努力をしなければいけないと強く感じている。

4. 要介護高齢者のための動作法と心理リハビリテイションの今後

1 生活の再建に向けて

発症後数年を経過したような障害のある高齢者（社会福祉領域では「要介護高齢者」と呼ばれる）では、治療や訓練によって得られる、目に見える量的な変化が少ないので、従来の医療や機能訓練ではちょっと力不足であると感じている。いわゆる「治療モデル」、すなわち病院や施設などにおいて病気や症状に対して何らかの治療的アプローチを行ない、病気の治癒や症状の軽減を目指す、こうした考え方や方法論は治癒や改善の見込みが量的に多い病気や症状に対しては非常に効果的と考えている。しかし、重度障害の方や目に見えて分かる量的な変化が少ない方に対しては、こうした治療モデルだけでのアプローチというのは限界があるとも感じている。

「訓練人生」と呼ばれたりもするが、障害があるからどんな状態であってもとにかく機能訓練をやり続けることを生きがいにしているような高齢者がいる（特に男性に多い）。またこうした人たちに何年間も同じ機能訓練を続ける療法士もいる。医療保険の制度上だんだん難しくなってきたが、そのために長期間にわたって入院を続けるというケースもあった。機能訓練を生きがいにすることを一概にいけないこととも思わないが、もっと重要なのはその障害をもってどのように生活をしていくか、ちょっと大げさに言えば、これまでとは違う新たな生活のあり方をどう作り上げていくか、ということではないかと考えている。これは「生活の再建」と呼ばれる。

こうした場合に動作法は二つの意味を発揮する。一つは目で見て分かりやすい部分以外に対してのアプローチである。つまり、自己評価の向上であるとか、抑うつ感の軽減などの感情・情緒・自己認知に関連するような部分の改善で、心理的支援としては分かりやすい部分とも言える。もう一つは自分のからだに対する主体性の部分で、一〇パーセントなり八〇パーセントなり自分の思うように動かせる部分をきちんと使いこなす、という側面である。これは身体介護やアクティビティのなかで発揮される部分になる。もちろんこれらは別々のものではなく限りなく近い存在で、密接な相互作用のあるものである。これは単なる訓練のための訓練とは異なり、新たな生活のあり方を作り上げていく「生活の再建」の基礎的な部分として必要なところである。

２ 生活の支援に向けて

社会福祉に関わるようになった影響が大きいのだが、私自身の支援の視点が「治療モデル」から「生活モデル」へと切り替わってきた。医療にしても教育にしても、患者さんや子どもに一所懸命働きかけをしても、それだけで患者さんや子どもが変化し続けるわけでもなく、生活することと重ね合わせて関わり続けていかなければ、結局は一時的なもので終ってしまう。そのために、「生活」を視野に入れて支援を行なっていく必要性を強く感じている。そうしたこともあり、私が立ち上げたのは、動作法などの心理療法やカウンセリングを行なう「相談室」ではなく、在宅生活を支援するためのデイサービスであり、居宅介護支援事業所である。ただしそれもただ単に生活を支えるためだけの介護でもなく、こころとからだの支援も含めて総合的に行なっていく必要を感じている（そのために法人名は「トータル・リハ」とした）。その際に、動作法を核とする心理リハビリテイションは非常に有効な枠組みを提供してくれるものと考えている。

心理リハビリテイションは、動作法だけでなく集団療法や生活指導、研修やスーパービジョン、家族の会、ボランティアの会、最近ではトレーニーの会（一種の当事者グループ）も加わって、障害児者のこころとからだのリハビリテイションに必要な枠組みを心理学の立場から提唱し実践しているユニークな活動体である。この集合体である心理リハビリテイションの会は全国からアジアへと国際的な広がりもみせている。今後の私は、この心理リハビリテイションに地域生活の視点を加えた支援方法を、佐世保の小さな街角で実践しながら研究していきたいと考えているところである。

引用・参考文献

石倉健二・大神英裕（一九九四）：ある脳卒中後遺症者への動作法の適用と動作改善過程。九州大学教育学部紀要（教育心理学部門）、四〇（二）、一一七―一二四頁。

石倉健二（一九九六）：脳障害による肢体不自由者におけるからだへの意識の向け方の変化について。発達臨床心理研究、二、三－一二頁。

石倉健二（一九九八）：脳梗塞後遺症のある高齢者に対する動作法の適用事例。発達臨床心理研究、四、一－七頁。

石倉健二（二〇〇二）：対人関係を拒絶する肢体不自由者の動作面接過程についての一考察――自体志向性の視点から。心理臨床学研究、一九（五）、四八九－五〇〇頁。

8　ＰＴＳＤ・心的外傷と臨床動作法

活水女子大学健康生活学部子ども学科　土居隆子

●編者コメント

土居さんは九州大学の学部・大学院修士まで私・成瀬の学生だった。その後、長崎大学の医学部・小児科で臨床心理士を務め、結婚後は自分のクリニックを開き、一時期中断していた動作訓練へ戻ってきた。ちょうど私たちが動作訓練から動作療法へと拡大・展開してゆく時期に当たったので、動作訓練の進歩と、動作療法の展開の両方の受け容れ、理解、実践を身をもって具体的に体験することとなった。

活水女子大学健康生活学部子ども学科に教授として勤務し始めたころ、幸か不幸か、長崎に中学生による幼児殺害事件、同級生殺害事件、連続した中・高生自殺などが次々に発生。長崎県臨床心理士会長として関連する子どもたちから、その親や担当教師たちの心的外傷への対応に中心的役割を演じ、現在もなお継続中である。

臨床動作法のなかの動作訓練と動作療法の二大分野のそれぞれについて、真摯に彼女が苦労し、疑問をもち、気づき、理解し、自分にもそれができるようになって、納得してゆく、自らの進歩のプロセスこそは、臨床動作法の発展と変遷を理解するうえで非常に貴重な参考になるものと思われる。

心理療法という視点からみれば、日常生活上の不適応に対するものも、ＰＴＳＤでも基本的には変わらないと言ってよいが、しかし後者の場合、ことに緊急を要するものだし、心的外傷も日常生活をとおして長期に形成されるものとは違い、外傷の原因が明白で短期に形成されたものだから、普段のものとはまるで違った対応・処理が必要である。従来の心理療法ではことばを主たる方法とするが、土居さんが繰り返し述べているように、そうしたことばによる対応はまったく役立たないこともあれば、有用どころかむしろ有害な場合も少なくない。動作法そのものがわが国独自に発展したものだから、動作による対応がいかに有効・適切であるかの彼女の報告は、将来、国際的に貴重な文献となるに違いない。

I　動作との出会い

1. 人のからだと心理学

動作法との出会いは、在学中、専門課程に進んだときに「やすらぎ荘に来ない？　食事も付いているよ」と誘われたのがきっかけである。「やすらぎ荘って？」と思いながらも、食事付きなのが魅力的で早速参加した。迎えのバスに乗り、「やすらぎ荘」へと向かったが、どんどん山のなかに入って行く車中で、何処にあるのだろうと心細くなったのを覚えている。

そこで出会ったのは今まで抱いていた心理学とは繋がりようもないからだの世界だった。心理学を学びたくて来た大学で、何で脳性マヒの訓練をしなくてはならないのか。どこが心理学なのだろうと不思議だった。初めてのトレーニーはよく泣く小さな女の子で、どう扱ってよいか分からず、指導者に指示されるまま訓練らしきことをした。大学の授業は心理学一般もあったが、成瀬悟策先生の講義で心理学として脳性マヒの本質をみる「脳性マヒ者の動かない腕が催眠で動く事実から、マヒはからだの不自由でなく、心理過程の不自由によるもの」「ヒトの動作は心理現象そのものである」と「意図→努力→身体運動」の図式がすっと抵抗なく入り、「からだの動きは非常に心理的なものである」と深く考えず思うようになった。

私の学生生活は、キャンプにあけくれる生活だった。日帰り訓練や一泊二日の訓練、休暇期間中のキャンプ（一週間）と続けるなかで、次第に「動作」とは何かを考え始め、人のからだと動きの面白さに惹かれていった。脳性マヒの動かない手足が訓練で動き、歩けなかった人が歩けるようになる事実を目のあたりにして、「人のからだが動く」ことが非常に興味深く感じるようになった。「ヒトの動作の始まり」を知りたくなり、卒論は「新生児の動作発達」をテーマに、新生児の自由な身体運動をさまざまな角度から分析した。その結果、従来、新生児は四肢屈曲姿勢であるとされていたが、きわめて早い時期からさまざまな動きをしていることが分かった。

修士論文は前川喜平先生（前・慈恵医科大学小児科教授）の新生児第一週の筋電図の論文を基に、からだの動きの生理的指標として筋電図を加え、さらにからだとこころの関係を調べた。テーマは筋活動活性化について「新生児第一週の動作発達」とした。腕の進展の具合（伸びやすさ）と筋活動の相関関係について筋電図を用いて研究した。その結果、出産直後の肘関節は伸びにくく筋電図上にも変化は現われないが、週後半になると肘関節が伸びやすく動きも柔らかくなると筋電図上にも変化が出、動きが滑らかになると筋活動が出てくることが分かり、動作は「心理的な物」と考えるようになっていった。

そのころはまだ動作訓練とは呼ばれず「心理リハビリテイション」と言われていた。動かないからだを動かせるようになるには、まず力を抜かせることで、どちらかというと力仕事の印象が強く、脳性マヒ児（トレーニー）と訓練をする人（トレーナー）の心理的関係よりは力関係で弛んでいく（トレーナー主導）というイメージだった。

脳性マヒの訓練で私が体得した知識と技術は、からだの動き、「腕が動く・肩が動く・足首が動く」などをみることができることと、からだの動きの単位、「仰臥位（寝る）、坐位（座る）、膝立（膝で立つ）、立位（立つ）、歩行」を知ったこと、からだの関節の動きとその役割が理解できたことだった。また、動かないからだを一所懸命動かそうとする脳性マヒの人たちの心理も訓練を通じて学んだ。

しかし、硬い肩や股関節が、坐位や仰臥位での訓練では弛み動くようになるが、立つと硬くなる。それが「どうしてなのか」と大きな疑問として残り、理解できないまま大学を離れた。

2. 動作から離れて動作に戻る

一九七九年に大学を離れ、医学の世界（大学病院小児科）でこころやからだの発達に問題を抱えた子どもや親の心理臨床を行ない、多様な子どもたちと出会った。心理とは関係がないように見える代謝異常・神経疾患で治療を受ける子ども、腎臓疾患や心臓疾患、小児ガンなど、簡単に治ることがない疾患の人たちに対して心理学は何ができるのかと悩み考えた。

喘息で苦しむ子どもとの面接、てんかんで発達が遅れ学校不適応の子ども、心理的な要因でからだの不調を訴えて受診する子どもたちとの格闘が続いた。「治すこと」が前提の医学の世界で、結果が出せないことは苦しいことである。特に小児科は治療のテンポが速く、「どうにかする」ことは大切なことであった。次々と受診される人を前に、今自分がもっている心理の知識と技術の不足を痛感した。しかし、何故か心理の技術として「動作を使う」意識はなかった。動作は障害のためにあると思っていた。昭和が終わるころ、山登りで膝を痛めたのをきっかけに、自分のからだと動作療法に目がいくようになり、ときどき送られてくる心理リハビリテイションの雑誌『フェニックス』や関連の学会での動作法の研修や発表に目がいくようになった。

そのなかで使われる「タテ系」という文字に、これは何だろうかと思っていたが分からないままに過ごしていた。久しぶりに会った大学時代の同級生の長野恵子さん（西九州大学教授）と「タテ」の話をしたとき、「やすらぎ荘に行ってみたら」と言われ、大学卒業後二十年ぶりに春のやすらぎ荘キャンプに一人の研修生として参加した。担当したのは典型的な脳性マヒの二十歳過ぎの女性で、なんとか座れるが、頸も不安定で、歩行するには誰かの援助が必要だった。やすらぎ荘の訓練風景も在学中と様変わりし、硬いところを弛めてから立つ訓練をする経過から、まずは立ち、立つために必要な動きを探し、動かせるように硬いところを弛め、本人が動かせるように訓練する順番になっていた。トレーニーは非常に硬かったが、座る・膝立ち・立つと「タテ」の立位中心に訓練を進めていくと、肩弛めをしなくても自然に肩が弛み、不安定な頸も背中の肩胛骨の下あたりに力が入るようになると安定し、立位も股関節弛めの課題をしなくても立てるようになった。

軸ができると肩が弛む、躯幹部が自由に動くようになると、グラグラした頸が安定する。部分が弛むことも大切だが躯幹部のコントロールが全身に影響すること、からだが自然に動かせるようになることを体験した。肩が動かず緊張が弛まないのは、筋肉が固まっていたのではなく、本人が立つために肩に力を入れるから硬くなっていたのだと分かり、立つこと、立てるようになることの不思議と、「タテ系」とは何かが何となく理解できた。卒業時にもっていた疑問が解消した気分であった。

また、研修では不思議なことばを知ることになった。それは「タテ系」を学ぶ研修や訓練時間に展開される「そこ」ということばだった。それは何処のことか訳が分からず、スーパーバイザーの手加減をみながら探したが、何処か分からず混乱した。研修でも「そこ」は繰り返されたが判らず、途中から、多分からだが心理的に「タテ」になった所を「そこ」と言うのではと思うようになり、心理的にからだを立てた感じが出てくるポイントを「そこ」と理解し訓練をした。今は「そこ」の場所でからだが立つと、全体が非常に安定した感じでどっしりと納まるようになるのが判る。本人は「楽です」と答えることが多い。

3．心理リハビリテイション（動作訓練）から臨床動作法へ

もともと行なっていた技法であるし、なんと言っても技法が分かりやすく、していることが明確で結果も判《わか》り

やすいので早速心理援助の手段として使い始めた。心理的な悩みをもつ相談者が語ることばの内容だけでなく、からだのあり方から悩みを眺め始めると、ことばの面接とは異なり相談者の困っている感じや、うまくできない点に面接者が気づける点が沢山あった。動作は人の心理を理解するのに非常に便利な道具だと感じた。こころを語るのは難しいが、からだの話は語りやすい。面談で、こころの悩みをもっている人の多くが同時に肩凝り、胃の痛み、腰痛、頭痛、生理痛、皮膚のかゆみ、四肢マヒなどさまざまなからだの悩みをもっていた。また症状として不眠、食欲不振、食欲過剰、だるさ、集中力低下などがあった。心理面接では聞くことがないからだの話であるが、聞くとこころとからだの繋がりを強く感じた。

さらにからだのあり方として体型や姿勢を見るようになると、椅子の座り方、立っている姿、歩き方、坐っている姿勢にもその人の気持ちが出ていることが分かった。からだの話になるとそれまで寡黙だった相談者が色々と話し始めるのにも驚く。からだの話をきちんと聞くことは大事かもしれないと感じ始めた。心理とは来談者のこころに寄り添い話を聞くことと思い込んでいたので、初めのころは、話を聞かなくてよいのか、からだの話をしてもよいものかと戸惑いがあったが、それはこころの問題をからだ・動作を手段にして扱うのが「動作面接」と理解できていなかったためである。

からだに表われているのは単純なからだの不都合としての病気だけでなく、生活上の困り事として来談者が感じていることと理解するのには時間が必要だった。動作療法で動作をどのように使うのか判らず、始めはとにかくからだを他動的に動かしていた。今になって思うと「動かす」「弛ませる」ことへのこだわりがあり、本人のからだを援助者が動かすのではなく、本人が動かせるようになる援助が必要だと理解できていなかった。動作療法を始めたころ、事例経過を見た講師から、課題を見て「まるで訓練だね」とコメントされた。しかし指摘の意味が分からない私は、「動作法とはどのようにしたらよいのか」を悩み続けた。

脳性マヒ訓練の経験が役に立ち、来談者を観察すると、からだのどこが硬いかということと、からだの動きの不都合をみることはできた。立つための動作ができるようになる課題の進め方も，肩が動くようになる動作課題の内容も分かるが，「動作法とは」という基本が判らず，とりあえず硬くなっている肩を弛め，躯幹のひねりを行ない心理的な悩みを現わしているからだに対峙していた。

そのころの私の思考課程は「心理的要因でからだが硬い↓弛ませる課題が必要↓弛ませる訓練をする↓弛むようになる↓心理的な問題が解消する」というものであった。

4．私のなかの変化――心理療法としての動作法

研修会で，からだの見方・動かし方・動作の課題についての技術の習得体験を進めてゆくなか，ある研修会で腰弛め（坐位で腰を後ろに動かす）を練習していたとき，ペアーの腰を前後に動かしたことがあった。そのときは確かにその人の腰は「動いた」が，本人がこれまで動かせなかった腰が急に動くようになったのかどうかが分からないうちに動いたようだった。

後日，本人からその後しばらく階段が登れず困ったと聞かされた。また，別の研修会で，躯幹部でどうしても動かせない場所があると話した参加者が，背そらせを用いた課題動作のなかで動かせるようになった。しかし，その後しばらく立てなくなり困ったが，立てなくなった原因は弛ませられただけで終了し，弛み変化したからだの軸が無くなってどうにもならなくなったためだと思う，という話も聞いた。

この経験を通じ，弛むだけでは援助にならないのではと感じるようになり，「自分のからだを自分が動かす」ことができるようになる体験の重要さに気づくことができた。動作とボディ・イメージも考え始めた。自分のからだを動かすイメージや動かしている動かし方にも各自が使い慣れた戦略・癖があり，その癖こそこころの表われでないかと考えた。

からだもどこが硬いのかは判るが，どのように援助するとからだが動くのか知りたくて，自分でからだの動き

をビデオに撮って試した。そこで、障害がある脳性マヒの子どもたちと同じか、もしくはそれ以上に自分自身のからだが動かないことに気がついた。私のからだの問題点は坐位では右で座れない、膝立ちで前後移動ができないことだった。

また、研修会の体験を通じ、それまでできなかったからだの動きができるようになったときに感じる安心感、生きているうえで感じるさまざまな気持ちの感じ方の変化と人間関係のあり方への変化、何よりも辛いときの自分の気持ちのもち方に変化が起きたのを感じた。

5. こころとからだの繋がり「心身一元化現象」を実感する

① 「からだの隅々までこころを行きわたらせる」とは

研修会や心理面接の経験から、動作をとおしてこころに触れることができるようになった。大きな手がかりは研修会での成瀬先生のことばだった。講義以外の実技研修中に気になることばを聞き取り、その意味を感じ取ってゆくうちに、「動作法とは私のからだのなかに私が姿を現わすようになること」だと分かった。まず始めは「からだの隅々までこころを行きわたらせる」で、今でも大切にしていることばである。

「自分のからだを自分の意志で自由に扱えるようになる」ということではと解釈しているのだが、自分のからだなのに思うように動かないのは、こころがどうにもならないことと同じだと感じている。からだを動かそうと努力をすることは、本人の努力であり、意思・こころそのものの変化を導き出す。不安でどうしようもない気持ちを、本人が安心できる感じまで変化させることを動作面接の課程では大切にしている。

不登校も心身症もパニックも、からだのあり方を変えることができ、「こうしていると、こうなっていると大丈夫」が実感できると不安な状態が改善する。要するに良くなるのである。心理援助とは「本人が日常の行動を本人が望む形で送られるようになる」ことであろう。動作面接でする援助とは、動作を手段にして相談者のこころを変化させることであると考えるようになった。

②「その気分のままでいましょう」とは

動作面接はからだだけを扱っているのではない。今、この瞬間にクライエントが感じているものがあるとセラピストが感じたときのことばが「その気分のまま」である。肩と肩甲骨の分離課題のとき、成瀬先生から「どこを見ていたか判るか？　表情を見ていたのだよ」と言われたときにはっとした。動作を見るとはその人の努力・気分を見ていたのだと気づかされ、からだの動きと表情にその人の心理が出ることを教えられた。そのころから、からだの動きと表情を見ながら、動作を通じてその人のこころの動きや癖を見られるようになったと思う。

③「動きを援助するときに注意することがある」と気づく

動作と言ってもいろいろな動きがあることが判ってきた。滑らかな動き、ギクシャクとした動き、ピクピクとした動きなど、動きにもいろいろある。どれもがからだを動かしているときのこころの有様そのものだと感じるようになった。このことを実感したのは、筆者自身が肩を痛め動かなくなるという体験があったからである。臨床心理士として、地元で続いた事件事故の緊急支援で多忙ななか、ふと自分のからだの右側半分の感じが無くなっているのを感じた。やがて朝起きようとすると強いめまいでからだを起こせなくなった。起きてしまうと、どうということはない状態がしばらく続いた。

メニエルではと思いながら暮らしていたが、あるとき左腕を挙げようとした途端強い痛みを感じ、その後は動かすと痛いので次第に左腕を使わない生活を送るようになった。痛みで、左肩を自分の意識から欠落させていったのだと思う。気がつくと、左腕が挙がらなくなり、腕を動かすにはどのようにすればよいのか、自分のからだなのにどう動かしたらよいのかが判らない状態になった。

その後、自分なりに動作を使って動きを取り戻そうとしたが痛みがあるのでどうにもできず、整形外科を受診し理学療法を受けた。このときは動かない腕を強制的に動かされたので痛みが強く、次第に痛くなるという恐怖で全身が固まっていった。このままではどうにもならないと考え通院を中断した。そのとき体験した痛みのきつさ辛さを忘れるのに半年以上かかった。その後、動作を使いながら、肩を動かせるようになってゆく過程で、痛くない範囲で動かす、動かすと次第に動きが大きくなる、痛いと感じたときにからだに入った力を弛めると痛みが治まることを覚えた。動かすから動かせるようになるという変化と、自分でそっと動かす大切さを知り、痛み・怖さとの戦いは大変きついものであることを実感した。援助者は「力を抜きましょう」と簡単に言うが、抜くことは怖さ不安との戦いである。肩が動かない状態で何度か研修会に参加し、五十肩のモデルとして活躍したが、なかなか動かせるようにならなかったし、成瀬先生から「頑固だね」と言われた。

動かせない肩と向き合ううちに、自分ではどうにもならない感じ、からだの感じをつかむ難しさと「痛み」の心理、そして、改めて「怖がりで用心深い性格の私」と出会い、こころはからだに出ることを実感した。動かせるようになったきっかけは「動作感を取り戻したこと、こう動かせばよいという実感を体験したとき」である。安心して動かせる感じを感じることができ、私がからだを動かしている実感を得たのが、私の肩が私のからだに戻ったときだった。

4 動作で援助するときの視点が増える

その他、「力が入れられれば抜ける」「動くと弛んでいる」も動作を使うときの視点として大切にしていることばである。心理リハビリテイションでも動かないトレーニーの肩を弛めるとき、本人にからだに力を入れてもらってから弛めていた。力を入れるのも動かすのも本人の努力であり、自分で固めている状態からの変化であり、動作面接で大切なことは、本人が動かしてみよう、そして動かす気持ちになること、今のできない・していない状態から変わることが基本である。動かしたことは動くことができるようになったということ、すなわちこころのあり方、努力の仕方が変化したことであると考えるようになった。

　また、研修会での講師との話で「動作法は催眠と非常に関係がある」と聞かされた。確かに動作援助過程では動きを誘導するようなことばかけ「そうそう」「そのまま」「しゅっしゅっしゅっ」などがある。このことばがこころに働きかけ、からだの動きを導き出す。特に「しゅっしゅっ」は動かしにくいときに聞くとスムースに動かせそうに感じることば、「声かけ」である。ことばが大切な役割を果たしているのが分かってきた。また、触らない動作法の登場で、いかに本人の意識に働きかけ変化させてゆくのかが動作法の本質であると理解した。

II　事件事故後の緊急支援に関わるようになって

　筆者に与えられたテーマは「ＰＴＳＤ・心的外傷とのかかわり」である。私は所在地で、これまで大きな出来事もなく、平安な時間を過ごしていた。しかし、二〇〇〇年末に起きた小学生誘拐殺害事件後は、慌しいことが続いた（中学生による幼児殺害事件、同級生殺害事件、連続した中高生自殺）。世の中は北海道奥尻島地震津波災害後、被害にあわれた方々の心理ケアの認知が進み、阪神大震災でさらに「こころのケア」が当然のごとく行なわれる雰囲気になった。

　同じころ、学校ではスクールカウンセラー制度が導入され臨床心理士が学校現場に参画するようになった。そのなかで万が一学校で自殺などが起きたらスクールカウンセラーとしてどのように対処するかと考えていた。臨床心理士として地元で起きた事件事故に関わり、衝撃を受けた人たちの支援を行ない、被害者・関係者の置かれた状況に接していく内、動作を用いた援助を行ない、さらに動作の効果を実感していった。

　事件に出会った人たちの反応・様子はさまざまである。そのなかで気づいた点がいくつかある。面談で今の自分の気持ちを語ることは難しいがからだの不調は語ることができ、また心因反応として不眠や食欲不振、頭痛などの訴えが多く、からだが楽になると気持ちも楽になる人が多かった。トラウマワークでは暴露療法が用いられることが多いようであるが、動作を用いた援助では直面している困難な気持ちを語る必要はなく、からだが動かせるようになると気持ちも楽になってゆく。このことから、治療・援助のなかでトラウマそのものを直接扱わなくても対処が可能であり有効な手段であると思うようになった。

1．緊急支援・トラウマ・PTSDに関わる心理療法・心理援助としての動作法を考える

これまでに経験した事例を元に「心的外傷・PTSDに関わる心理治療援助としての動作面接」の効果を述べたい（プライバシー保護のため事例の内容は修正・加工している）。

事例1は、パニックになっている人への心理治療で、ことばより強力な手立てとしての動作の有効さを実感し、その後の緊急支援などでの被害者の動作特性を考える視点を得た貴重な体験である。

1 事例1：救急外来での関わり　過喚起症候群（一回二十～三十分）

外来で診ていた女性が通院途中で過喚起を起こし、緊急搬送された救急外来のベッド上で過喚起状態のなかで面接した。意識も朦朧として過喚起状態が続く人との対応は、気持ちを受容するための声かけ・話しかけだけでよいのかと思い、パニックになっている人への積極的な援助を臨床心理士として行ないたいと考え、ことばが要らない動作面接を行なった。

横になってできる動作課題は簡単な動きに限られるので、肘の屈げ伸ばしを行なった。最初は力も入らず、腕全体がダラーとしていたが「伸ばしますよ。屈げますよ」と声をかけながら援助して、ゆっくり腕の屈げ伸ばしをするうちに腕に少し力が入るようなって来た。次に「肘を屈げて、屈げられる？　屈げて」と声をかけ、動か

す感じが分かるように肘を中心に腕を固定し，屈げるときは屈げにくいように動きを軽く抑制し，伸ばすときも伸ばしにくいように動きを軽く抑制した。軽く抑制することで腕の屈げ伸ばしで腕に力を入れる感じが分かりやすくなる。

からだに力を入れることで本人のこころに変化が生まれる。パニックで固まっている当人自身のこころが動き出した証拠である。少しでも動かそうとする力が入ると「そうそう，その感じ」と声をかける。「もっと強く屈げて。伸ばして」とさらに話し，本人がからだを動かそうとする努力を呼び起こす。

こうしてからだに関心が向くと過喚起が収まった。からだを動かすことでパニックから脱することができるのか，意識がからだに向かうことで何かの変化が起きるのか，この辺については今後の研究課題であろう。さらに，「しっかり力を入れる・ひじの動きが感じられる・判る」ように「もっとしっかり腕を伸ばしてみましょう」，「肘の感じは判りますか」と声をかけながら本人に動かしてもらった。

最初は反応が少なかったが次第にはっきりとした動きになり，意識も明確になり，過喚起も収まりベッドのうえに起き上がれた。その後，過喚起が起きるまでの経過を聞き，本人の気持ちが語られた。

この経験から，症状を起こしているなかでの対応方法は以下のとおりであると考えた。

(1)　からだの一部に力を入れるように指示。（課題）

(2)　気持ちがからだに向くように，からだの動きの感じ・からだに注意を向ける。具体的には，「動いている感じ」特に関節の動きが一方向になるように肘を固定し関節が動く感じに注意を向けさせる。（努力）

(3)　からだがしっかり動かせるようになる。本人にからだを動かしている実感がある。（実感体験）

(4)　症状が軽快する。

その後、過喚起の初期症状が指先の痺《しび》れであることに着目し、動きに流されず力を入れる感じだけがより明確にできるという意味でも有効な課題として、指先に力を入れる課題を用いている（課題の経過は同じである）。

スクールカウンセリングでも、中学校には過喚起症状を起こす生徒は少なからずいる。最初は過喚起を起こし、保健室に運ばれて来たり、教室で倒れクラスが騒然となっているなかで動作課題を用いた対応をしたが、その後は予防として本人に「指先にしっかり力を入れる」課題を教え、「起こしそうになったり、不安になりそうになったときに使う」ように伝え効果が上がっている。

事例2は、動作を主たる手段で対応した事例である。背後に「不適切な親子関係」があり、親の受診が無く、直接関わることはできなかった。夢中遊行も本人には意識がない。面接をする部屋には机と椅子しかない。問題に直接触れず、本人が話せなくても効果が期待できる動作面接を導入した。主症状の夢中遊行症状は五カ月七回で解消した。この事例ではからだを弛める難しさと、思うような弛みの効果が出なくても症状が変化すること、そのなかで「からだの軸を作る」課題の有効性が分かった。

このからだの軸は「タテ系」で述べたからだを大地に対して立てるからだの働きであるが、この軸がしっかりできることで安定した基盤づくり（心理学で言われる自己存在の基盤・自尊感情・基本的信頼感に相当すると考えている）ができ、なんとも不自由で動けなかったこころが安定した感じを保ち、困難な状況に自ら立ち向かえるようになったと考えられる。何より驚いたのは、親との関わりに自ら折り合いをつけたことである。

2　事例2：開業小児科面談室における「夢中遊行症」の児童の事例から（半年間十回面接）

この児童は不適切な養育状況が続き、幼いころより祖父母に育てられていた。その後、親が本人を引き取りたいと言い始めた小学一年の終わりごろから入眠後、たんすを開ける、カーペットをめくる、窓をあける、飛び起きて階下に降りてくるなど、激しく動き回る行動が出現した。本人は夜中の行動はまったく覚えておらず、対応に困った祖母が本人を連れて外来を受診し，面談となった。話を一通り聞いた後，「ゆっくり休めるようにリラックス体操をしよう」と提案すると本人も同意し，初回から導入した。

動作面接を用いた理由は，面接室は机と椅子だけで，遊具も何もなく，本人には自覚もなく困った感じもないため，児童がゆっくり休めるようにこころとからだの緊張を取る必要もあると考え，導入した。一見，何の問題もなさそうだったが，躯幹のひねり課題をしてみるとまったく動かせない。こちらが動かしてみると首に強く力が入ってからだが海老のように反りかえり，からだは硬くなかなか弛まなかった。からだに弛んだ感じがないが本人は「気持ち良い」と話し，眠そうにしていた。症状は回を重ねるごとに改善した。症状が治まるのと平行して，日常生活が活発になった。

本人は「気持ち良い」と話すが，私はなかなか弛まないからだにどのようにしたら弛む感じを本人が体験できるかと苦心した。また，動作面接のなかで，毎回起きる眠気（?）をどのように扱ってよいのか悩んだ。一見，寝ているような感じで熟睡しているようにも見えるが，雰囲気ややり取りを通じて意識はどこかにある感じがした。そこで，課題中でいったん眠る状態にして動作を止め，その後，課題としてからだのいろいろな場所に順番に力を入れ，次第にからだ全体を動かしてゆく起床課題動作を取り入れた。その後は「眠い」と話はするが，程度が軽くなった。

からだが動くようになった後，動かしながらからだのいろいろな所に入っている緊張を本人が見つけて弛める「自己処理」課題では，積極的に自体に働きかけ動作課題に取り組み，さらに面接中に自ら動作を加え自由に動くようになった。面接途中から，本人のこれまでの体験とこれから必要な体験を，「親と祖父母の間で身を硬くして暮らさなければならない状況で，どのように動いてよいのか分からないこころの有様がある」と推測した。

本人に必要な援助は「これから生き抜くこころの基盤を作ること」と仮説を立て，自ら安定して自由に動けるようにからだの軸を作る課題が必要と考え，坐位と立位を導入し軸ができた。その後，本人の希望で親を祖母宅に呼び、それまで大好きな祖母と一緒に休んでいたのを止め「親とも寝ない、おばあちゃんとも寝ない。一人で寝る」と宣言し、祖母・親・本人のほど良い関係を作った。この話を聞いたときは、本人のこころの調整力に驚いた。

次の事例は、緊急支援で初めて動作による援助をして有効性を実感し、それ以後、動作面接を積極的に活用するようになったきっかけの事例である。

③ 事例3：同級生が事件で亡くなった児童Aへの校長室における対応（初回十分、二回目二十分）

小学一年生のAは一緒に下校した同級生が行方不明になり、その後同級生は死亡が確認された。発見後、警察の事情聴取や自宅に報道関係者が押しかけるといったことがありAは不眠状態になった。発見の翌日、校長の要請により校長室で面談した。Aは入ってきたときから緊張した表情をしていたが、問いかけには素直に答えた。

同級生が行方不明になってから今日までの様子を聞く間、案内された会議用の椅子にきちんと正座し身動きもせず表情も変えず、冷めた目線で淡々と経過を話すAに「怖かった？」と聞くと、「緊張した」と答えた。「その緊張をとろうか」と話すとAが頷いたので、面談で座っていた椅子に腰掛けた状態のままで不眠が改善するようにと、からだ全体の弛めを意識して腰の反らし課題を行なった。

ふわふわした感じで動きも心もとなかった。「前のほうに動かせる？」と聞きながら前に動かせるようにそっとからだを押し、逆に腰を屈げるときは「後ろに動かしてみようか」と腰に当てた手をそっと後ろに引くように援助しながら動かした。次第にからだが動くようになった。緊張しているからだが弛むようにややきつく腰を反らせた後、からだを屈状態にすると緊張が弛んだ。次第に力が入るようになり、からだも弛み動くようになったので、感想を聞くため本人の前に移動して対面すると、それまでの冷めた表情が一変し、笑顔になっていた。このときのほっとした顔が今でも印象に残っている。まさに動作の不思議さを感じる一瞬だった。

話を聞いた後でもAは冷めた表情だったので、ことばによる援助でこの変化は起きていないと言える。その後、不眠も軽快に向かった。小四の兄も同様に不眠傾向があり、数日後、親の希望もありAと面談後、Aと同様に躯幹の弛め課題を試みたが弛みにくかった。親にこれまでの状況を尋ねると夜尿があるとのことだった。半年後、学校訪問をした折、校長より二人の兄弟が元気に学校生活を送っており、終業式で全校生徒の前で作文を読んだと聞かされ嬉しかった。

この事例では、一年生が事件に関して語るのはとても難しいと考えられるが、Aが「緊張した」と答えたのは意外だった。このことばが、緊急支援に動作を導入するきっかけとなった。校長室に来たときの冷めた目線の独特の表情が十分程度の動作で笑顔に変わったのに驚き、動作の効果を感じた。

Aとの動作面接は、セラピストが弛めることだけを意識して、坐位で動かしやすい腰の弛めを課題に選び、屈と反らせを繰り返した。動きにくい腰が援助で動くようになった。緊張の感じは、いわゆる頑固な慢性緊張のようにじわじわと弛む感じでなく、そこにある緊張感が弛むとそれまであった緊張がさっと消え、からだが普通にいつものように動く感じだった。逆に小四の兄は、躯幹の弛め課題での動かない感じが鉛のようで、弛むときもじわじわ弛んでゆく感じで慢性緊張が腰にある感じだった。この動きの違いこそが、経過観察が必要かどうかを判断する基準として有効であると感じた。その後の緊急支援でも、変化しにくい場合は「事件のほかに困りごとが何かありますか」と聞くと「ある」という答えが返ってくる場合が多い。

事例４は動作面接導入に工夫が必要と感じた事例である。

4　事例４：校内で転落死亡事故が起きた後の保健室での支援（一回十分）

事故の二日後に行なわれた「こころとからだの健康調査」で要面接となり、保健室で面談を待つ数人の女子生徒（同級生）のなかに事件に強い憤りを感じ、教師に激しく不満をぶつけ抗議をしていた生徒がいた。養護教諭がいらだっている生徒の気持ちをなんとかしなくてはと困った末、本人に「からだを楽にしてもらおうか」と声をかけたが拒否された。からだ全体に怒りに満ちた緊迫感と突っ張った感じがあったので、「猫背あるね、治せるよ」と話しかけると即座に「治して」と希望した。そこで椅子坐位で背反らせ課題を行ない、ゆっくり背中全体を弛めた後、立位姿勢で「背中の曲がりを伸ばすように注意しながら意識して背骨を伸ばし、ゆっくりと背中を自分で起こして」と声をかけ上体を起こしてもらった。本人が集中してからだを起こそうとしている様子が援助の手をとおして感じられ、「そうそう、そのままで」と声をかけた。一回ででき、立った状態でからだがまっすぐ伸びからだの軸ができた。本人は「気持ちが良い、猫背が直った」と大喜びし、こわばっていた表情が緩んだ。できた後は、それまでの突っ張った感じが消え、養護教諭と嬉しそうに話していた。その後、他の教師とも話すようになった。半年後、学校を訪問したとき、「あのときに誰にしてもらったか覚えていないが、声だけは覚えていた。この先生に間違いない、もう一度背中を治して欲しい」と養護教諭に自ら申し出て待っていた。再度、立位姿勢をすると「すっきりした。ありがとう」と笑顔で去っていった。

この事例で動作をどのように使うかの工夫が必要だと感じた。「効果があるから受け入れてもらえる」とは限らない。援助はあくまで必要としている人が受け入れたときに効果がある。やりたくないと思っている場合は同じことをしても気持ちが動いてこない。援助を受ける当人が受け入れやすい形で導入する工夫も必要である。

事例5は、ことばだけでは援助が足りないことを治療者が感じたときに動作が役に立った事例である。また動作で関わったとき、援助者が強い共感を感じる体験をした。「からだは物語る」ということであろう。

5　事例5：転落事故後の子どもへの対応をがんばっている母親との保健室での面接（一回三十分）

窓から転落し、幸いにも一命を取り止め助かったが、心身共に非常に不安定な子どもの看病で疲れきっている親の面接を学校から依頼された。面談のなかで複雑な思いを語られたが、終了後、とてもきつそうな雰囲気だったので、「少しからだを楽にしましょうか」と椅子坐位で肩の挙げ降ろし課題を行なった。動作面接のために親の肩に手を置くと、なんとも弱弱しい感じが私の手に伝わってきた。それまでの面談でどうしたらよいか不安でたまらない感じは分かっていたが、触れた感じで、ただ話を聞くだけではこの場は済まされないと思われた。親の困りきった状態に対してなんとかがんばれる感じを掴んでもらう必要を感じ、肩の挙げ降ろし課題を丁寧に行なった。「肩を挙げてみましょう」と声をかけ動かしてもらった。動かそうという気持ちはあるが動かせなかったので、本人が動かすようにがんばってもらう援助よりも、まず援助しながら肩を動かせるように挙げ降ろしを数回繰り返した。こわばっていた肩の周りが、動かしたことによりわずかに弛み、少しではあるが本人がなんとなく動かしている感じが出てきた。面接は一回きりでありその後の親のきつさとがんばり続けねばならない状況を考え、課題をどのようにするか悩んだ。今のからだは突然の出来事で感覚がマヒしているのではと判断し、母親のからだにしっかりとした感じを取り戻す必要があると仮定した。からだに力を入れる課題に変更し、上に挙げにくいように肩を上から軽く押さえ「がんばってできるだけ肩を上に挙げてみましょう」と伝えた。

ことばとしては何も話されないが、肩に何とか力を入れて挙げようとがんばる感じが出てきた。「肩に力が入れられるようになった後、「ゆっくりと、今入った力を抜いてみましょう」と伝え、ゆっくりと弛めてもらった。肩に入った力がすっかり弛んだら、ほっとした雰囲気になり、「すっきりしました。楽になりました」と表情も少しではあるがほっとした感じになった。

動作はこころの有様が援助の手をとおして伝わるので、相手の気持ちが分かりやすく共感できる。また援助するためには人間関係は特に必要条件ではないと感じた。もちろん、動作を通じて相手のこころに触れるためには、来談者のからだを見る視点とからだに触れる技術と経験、変化を援助する技術が必要であろう。

この事例でも、ことばだけでは人のこころは援助するのに不十分だと感じた。多くの事例で、話を聞くだけでは物足りなさを感じることが多く、動作面接で対応することが増えている。

2．事件事故後の臨床現場の特徴を考える

緊急支援は、いつどこで起きるか判らない臨床の現場である。私の県（福岡県）では、福岡県臨床心理士会が提案するマニュアルを基本に活動をした。関係者に「心と体の健康調査票」でアンケートを行ない、要観察者・要支援者を発見し支援をする。同時に事件で混乱した学校の機能が回復するように支援をする。

しかし、事件直後、即座に対応できる臨床心理士は少なく（多くても五人程度）、中学校の全生徒（五百人程度）にこころのアンケートをした後にケアが必要な生徒（おおよそ全体の十〜十五パーセント）に短期間に個人面談をするのは思いのほか大変である。

支援では子どもや教師・保護者に見られる種々の反応を「急性ストレス反応」と捉え対処する。「急性ストレス反応」や「トラウマ反応」と思われる状況にできるだけ早く対処し、ＰＴＳＤに移行しないよう援助・支援する。福岡県は支援の早期対応の目標期限を七十二時間と設定し、長崎・山口では三日間を基準に活動している。緊急支援は、心理臨床の土台とされる人間関係がないなかで不特定多数の人に行なう心理援助で、日常の臨床とは異なる。支援では、ショックによりパニックに陥っている人や不安を抱えているがどうすることもできずおろおろしている人、逆に興奮している人、事態が理解できず固まっている人などさまざまな状態の人に対応する。三日間に限られる支援であり、なおかつ継続的な関わりができない状況のなか、短時間でこころのケアと予後の判定を求められるため、対応は困難をきわめる。また、緊急支援では面談場所の確保が難しく、保健室や図書室など、大勢の人がいるなかの片隅で行われる場合が多い。このように慌しい現場のなかでの心理援助では工夫が必要である。緊迫した状況下の支援では、受け手にさらなる負担をかけないようにするための配慮も欠かせない。

緊急支援で、動作を利用するメリットを以下に挙げる。

(1)　ことばが要らない（事件について話す必要が無い）。
(2)　動作なので適応年齢が広い。
(3)　相談者との人間関係を必要としない。初対面でも可能である。
(4)　何処でもできる（面接室が必要でない）。
(5)　短時間で効果がある。
(6)　心理状態が直接判定できる。

具体的には，子どもの動作面接で比較的短時間の援助で動きが出る子どもと，なかなか動く感じが出ない，緊張を弛ませることができない子どもとがいる。弛みにくい子どもは以前から問題を抱えている場合が多く，その後の対応に配慮が必要と分かる利点もある。支援に入った臨床心理士にとって，その後の判断に要する個人情報が少ないなか短期間で結果を求められる緊急支援の現場で，動作課題から得られる情報は有益である。

Ⅲ　トラウマワーク・PTSDに対応する心理療法としての動作法

1．危機場面での動作の特徴と短期介入技法上の留意点

事件事故後で出会った人の動作特徴は以下のとおりである。

(1)　「動かしてみましょう」と指示すると，「どう動かす？　分からない」と困惑する。
(2)　「がんばってみましょう」と指示すると，「どうがんばればいい？」と普段できていることが判らない，今，どのように頑張ればよいか戸惑う。

(3)「力を入れてみましょう」と指示しても、からだに力が入らない。今まで普通にできていたことが急にできなくなった感じ。

動作面接で、緊張が非常に高い現場で行うとき、ストレス反応でからだを硬くしている人に動作課題でいきなりからだを弛めてもらうことは非常に難しい。しかし、からだの一部に力を入れる、さらに、からだに力を入れている感じ（緊張感・自体感）が分かり、からだを動かしている感じ（動作感、特に動き感と動かし感）が実感できると、それまでの分からないという感覚のマヒが無くなり、からだの感じが分かるようになり、安心して緊張を弛められるようになる。

そうすると、気持ちも少し楽になるのか表情がほっとしたものに変わる。その後、雰囲気が落ち着き、今感じていることが語られやすくなる傾向があった。からだに力が入る・入れられるようになると、弛める感じが分かり易くなる。緊急支援などトラウマに対応するときは弛めるだけでは効果が出ない。不安な状態でいる人が、何もない状態でストンと力を抜くことは非常な恐ろしいことと感じるのではないか。

これは私が体験した肩の痛みで、怖いと思うと力を抜くことができなかったのと同じである。はじめは、からだに力が入るように援助し、その後は力を入れながら同時にそれを弛めるという二重課題で援助を行う。また、緊急支援で出会う人たちは、これからも困難な場面に対峙しなければならず、がんばり続ける基盤を自らのなかに必要とするため、課題として軸作りが欠かせない。緊急支援で用いる動作課題は、動作の目的を「弛めること・楽になること」に置くより、「からだにぐっと力を入れられる・からだを動かしている感じが分かる・からだを自由に動かせるようになる（自体感・動作感の回復）」ことと、「自体軸を感じる」ことが重要である。

目指す動作体験は、危機場面での大きなストレスによって以前にあった日常的感覚が瞬時に失われた状態にある人たちの、従来の「自分の感覚」を取り戻すため、動作をするなかで「自体感」と「動作感」を手段にして、からだの感じを取り戻し、今あるストレスフルな状況に対峙できるようになることである。

厳しい状況に対応するためにも、「からだの軸」はこの状況のなかで過ごしてゆくためのこころとからだの基盤になると考えるので、からだの軸つくり（しっかり立っている感じ・ここに坐っている感じ）は欠かせない。軸つくりには、腰が動き立てられるようになる必要がある。このとき、用いた課題はペコポコの応用で、躯幹の上部では大まかに動き、中間部はやや真っ直ぐに伸ばし、下部の腰（骨盤）がしっかり大地に立っている感じになるように援助する。

Ⅳ　これからの緊急支援・トラウマ領域での心理治療としての動作療法を考える

臨床行為とは何か。この問いが動作療法をしたいと考えた理由の一つであった。今のままでよいのか、受容し共感するだけでよいのか、もっと積極的に相談者の困っているこころに手助けできる方法はないのかと考えるようになった。相談者のなかには、良くなること・変化を望まない人もいるように感じるが、不自由な感じを何とかしたいと思って来ているのである。

悩み苦しんでいる人の役に立つには何が必要か、それを考えることがこれから心理臨床が世の中に認められるためには必要だと思う。話を聞いてもらうことで安定し満足する人もいるが、緊急支援はその特殊性のため、「即効性・実効性」を必要とする。災害に関しても「こころのケア」が世の中で認知されるようになってきたが、「こころのケア」で臨床心理士は誰に対して何をどのようにするのかを、具体的に提示する必要がある。

「過覚醒」「再体験（想起）」「回避」はトラウマの三大症状とされ危機場面でよく見られる。事件事故後に実施する「心の健康調査」（福岡県臨床心理士会）では、「からだの不調としてだるさ・頭痛・肩凝り」「睡眠の不調」など、からだに関わる事項にチェックがついている場合が多い。トラウマ症状とされる「過覚醒」は、心身が緊張状態にあり続けるために起きると考えると、動作をすることで本人がからだの緊張の仕方を変えることができるようになり、動作ができるようになるということは「過覚醒を調整できるようになること」と言い換えることができる。さまざまな反応を「急性ストレス反応」「惨事ストレス反応」と捉え、危機状況から一時脱却する手立てとして、また回復してゆく一つの手立てとして「動作法」による緊張状態のコントロール感の獲得は有効である。また、動作面接はことばを必要としないので「再体験」を呼び起こさない。急性ストレス反応として出てくるからだの反応に対して動作を用い、丁寧に関わると気持ちが楽になる。

気持ちが楽になることは心理援助として大切な要素であると考える。「ホッとする・ホッとできる」体験は本人のこころの回復に役に立つ。少し安定した状態になれると辛かった事実を受け入れやすくなる。受け入れる自信がつくと「回避」も減少しよう。しっかりした感じとしてのからだの軸はこころの安定を支え、予後の回復に役立つ。

V　トラウマで困難を抱えた人たちの動作を考える

緊急支援で出会った人たちの動作特徴をまとめると以下のとおりである。

(1)　急性ストレスに見舞われた人は、からだを動かしている感じ（自体感）と、からだが動いている感じ（動作感）が希薄になりやすい（緊張状態）傾向がある。

(2)　動作課題を用いて動作感覚・身体感覚を取り戻すと緊張した気分が変わり、笑顔などのほっとした表情が出て、心身ともに楽になる。

(3)　緊急支援では、最初に行なう課題として、楽になる（弛める・リラックス）より、からだに力を入れられるようになる援助が有効で、力が入るようになるとからだにある緊張を弛められる（コントロールできる）ようになる。

(4) 動作感・身体感覚を取り戻す援助が有効で、課題としては腰を反らせる・屈げる課題・椅子坐位での軸つくり・指先に力を入れる課題などを用いる。

これらの特徴を基に、緊急支援でごく初期の援助手段（介入技法）として動作を手段として行なう心理療法としての動作療法の有効性をまとめると以下のようになる。

(1) 事件・事故の話をする必要がないので本人の負担が少なく低年齢でも有効。
(2) 場所を選ばない。
(3) 短時間の一セッションでも有効。
(4) 緊張の弛み方で個人情報が得られ、その後のケアの参考になる。

またトラウマ（心的外傷）体験には、単一の事件事故による場合（事例3・4・5）と、災害（地震・水害）や虐待・いじめなど、繰り返される経過が長期にわたる場合（事例1・2）がある。前者の特徴として、「からだを動かす感じが無くなっている」「過度の緊張状態のため、弛めることができにくい」があった。動作課題でからだの感じを取り戻し（自体感）、少しリラックスでき（自己弛緩）、さらにからだを動かしている感じ（動作感）を体験し、自他への安心感と安全感を獲得して症状が安定した。また後者の動作特徴は、事例2で示されるように、からだ全体が一かたまりでなんとも不自由な感じがあった。

課題動作では他の所には力を入れず各部分を自由に動かすことができる（からだの隅々までこころを及ばせる）

課題と、自分のからだをしっかり立てる（軸ができる）課題が有効であった。

虐待の事例ではないかとも受け取れる事例2では、動作法実施後、急速に症状が改善した。症状改善後、親との関係を適切な距離でもち、まわりの人と主体的に関わるようになった。

事件事故による単一性のトラウマと、虐待やいじめなど複雑で繰り返された結果生ずる動作の違いは、回復に要する時間の長さと緊張の質の違いがあるが、動作特徴も必要な課題も似ていた。

今後、心的外傷・トラウマ・ＰＴＳＤが心理臨床のなかでの大きなテーマになる。これまでの体験や事例を基に私見を述べたが、からだは接すれば接するほど「こころ」そのものであると感じる。また、こころに近づき直接援助できる手段としても非常に魅力的で、今後もからだを通じて人のこころの援助を続けていきたい。

9　心理職者への臨床動作法
——脳性マヒのトレーニーと心理職のクライエントから体験様式の推測と援助を学ぶ

跡見学園女子大学　鶴　光代

●編者コメント

鶴さんは福岡教育大学学生時代から、九州大学赴任間もなくの私の研究会に加わり、卒業後は九州大学大学院で、ちょうど始めたばかりの脳性マヒの子の動作訓練の最初期からトレーナーとして参加し、草創期の心理リハビリテイション立ち上げに際し共に苦労した仲間のうちの重要な一人である。

動作訓練の理論と技法による訓練効果が確かになるころから、自閉症児などの障害児や、普通成人の肩凝り・腰痛など健康上の援助ができるようになり、さらには本番の動作療法へと、その対象も考え方も、さらにはその方法・仕方も急速・広汎に展開して今日に到っている。私どもは、幸いにして心理療法における動作の有用性を認め合って意気軒昂な多数の研究者仲間に支えられてここまで辿り着いたが、それをさらに有用なものに仕上げるためにも、この素晴らしい仲間たちの力に依る他はない。誕生以来四十年を越えるこの方法の研究に終始寄り添ってきた鶴さんのリーダーシップがなければ、とてもここまでには到らなかったに違いない。

いかにからだの動き・動かす様子、緊張の部位・部分から、その現われ方、その変容・変化の仕方をどのように見、理解するか、それへどのように対応し、いかに援助するかなどを、一例を挙げながら、じっくりと具体的に示してもらった。しかも心理療法と言う以上、いかに細かく見切っても動作はあくまでも動作レベルのことに過ぎない。心理療法である以上、その動作のプロセスにおけるクライエントの体験様式がそれによっていかに変化するかを中核の問題として取り上げなければ、意味がないという立場を鮮明にしてくれた。

　鶴さんとAさんの間にやりとりされる動作とその援助の状況は、まさに手に取るように述べられている。そこから、どのようにAさんの体験様式が分かるのか、また、何故そのように働きかけをするのか等々、鶴さんの名人芸をモデルにして腕前を磨いて頂きたい。

I　はじめに

動作訓練法から始まって今日の臨床動作法に発展した、勢いのある実践と研究の流れに身を置いて四十数年になる。臨床動作法は、一九六〇年代に成瀬悟策の率いる研究グループが、脳性マヒの人の動作改善を心理学的視点から研究するなかで体系化されてきた。研究が始まった当時、脳性マヒの人の運動機能の障害は、医学的には運動中枢神経の障害によるものとされていた。そうしたなかで、脳性マヒの人がからだを動かそうとするときの動かし難さは、動作の誤学習・未学習によるとする心理学的仮説は画期的なものであった。

　脳性マヒの子どもを前にして、動作訓練法のトレーナーである私の役割は、子どもが間違って身につけた動作をより正しい動作にするための再学習を援助し、まだ身につけていない動作を新たに学習していくのを手伝うことにあったと言える。しかし、私が動作訓練を始めてからの十年近くを振り返ると、子ども自らの動作学習ということをどのくらい理解し、かつ援助していたかについては、多分に心もとないところがある。しかし、トレーニーや保護者から多くの示唆をもらうことで、主体的でかつ実感を伴う動作活動の重要性を知り、それを自分の心理臨床の中心におくことができた。本文では、その間の紆余曲折の一部について触れ、そこで学んだことについて述べたい。

II　動作訓練における主体的動作活動と心理療法

1．トレーニーの主体的動作に目を向けることの難しさ

動作訓練を始めて八年目に担当したトレーニーAさん（十一歳、女子）の事例は、動作訓練としての手応えがあり印象深いものであった（鶴、一九七七）。Aさんには、首、肩、腕（特に左腕）、背、腰、脚、足首に強い慢性的な筋緊張があった（図9－1参照）。立位は、一人で立ち上がることはできないが、人から立位姿勢をとらせてもらうと、図9－1のような左脚による一本脚立ちのバランスの悪い姿勢で一分ほど立てる状態にあった。歩行は、母親に寄りかかるようにして数メートルをゆっくり歩くことはできた。そうしたAさんに、週一回、計十回の動作訓練を行なったところ、図9－2のように、両脚で、かなり楽に安定した姿勢で立つことができるようになった。そして、独歩で約二十メートルを歩けるようになり、日常生活の移動は一人歩きで可能となった。

当時としては成功した事例であると考えていたが、その報告を読み直してみると動作訓練の援助の本質をよく分かってはいなかったと今は言える。たとえば、トレーナーとしての意識は、Aさんがどう動作を体験しているか、どう学習していっているかにではなく、Aさんの硬い慢性的筋緊張（以下、慢性緊張）をいかに他動的に弛めるかに向いていたことである。Aさんの硬く固まったような腰を弛めていくときには、トレーナーはまさにその硬い筋肉を物理的に弛めていこうと格闘しており、Aさんの主体的活動には目を向けていなかったのである。

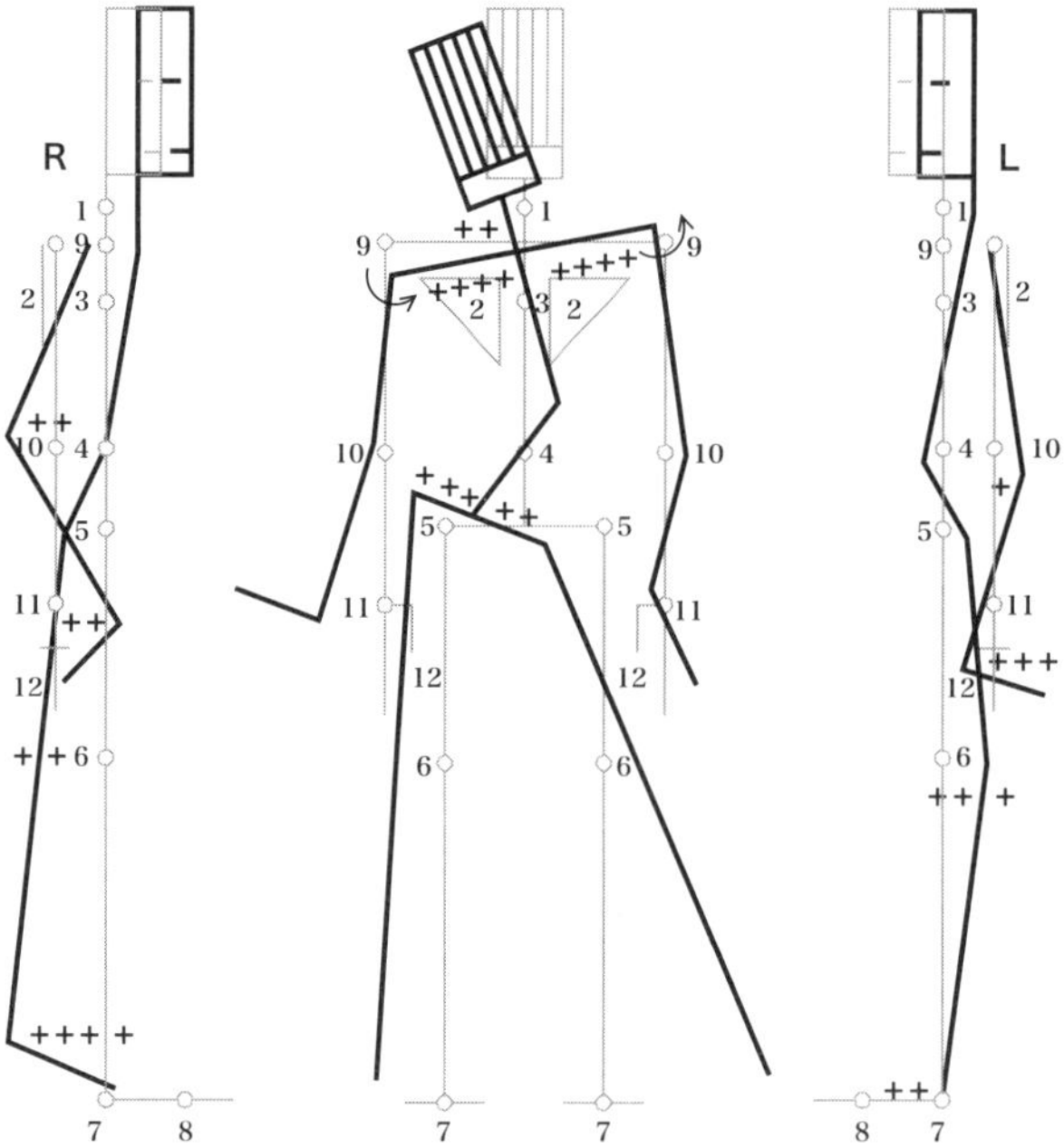

図 9-1　ボディ・ダイナミクス（訓練前）

また、立位訓練においてもトレーナーが立位姿勢をつくり、それまで上体を直接には支えたことがない右脚の上に上体を移すという動きを、トレーナーが他動的につくり出すという訓練をしている。

ただ、十回の訓練をとおして、クライエントの主体的体験にまったく目が向いていなかったかというと、そうではなかったことはいくつかの記載からうかがえる。たとえば、Aさんにとって難しい動作中に、Aさんが生じさせている随伴緊張を、Aさんが自分で処理しやすいように援助したり、Aさんの弛緩感体験を推測し、支持や共感を行なったりはしている。また、立位訓練では、Aさんが動作の「感覚をつかむ」ことや動作の「こつを体得」することに注目しており、動作学習の視点がみられる。

しかし、全体にAさんがどういう体験や学習をしていたかについての記述は少ない。当時担当した別の事例の記録を見ても、心理的

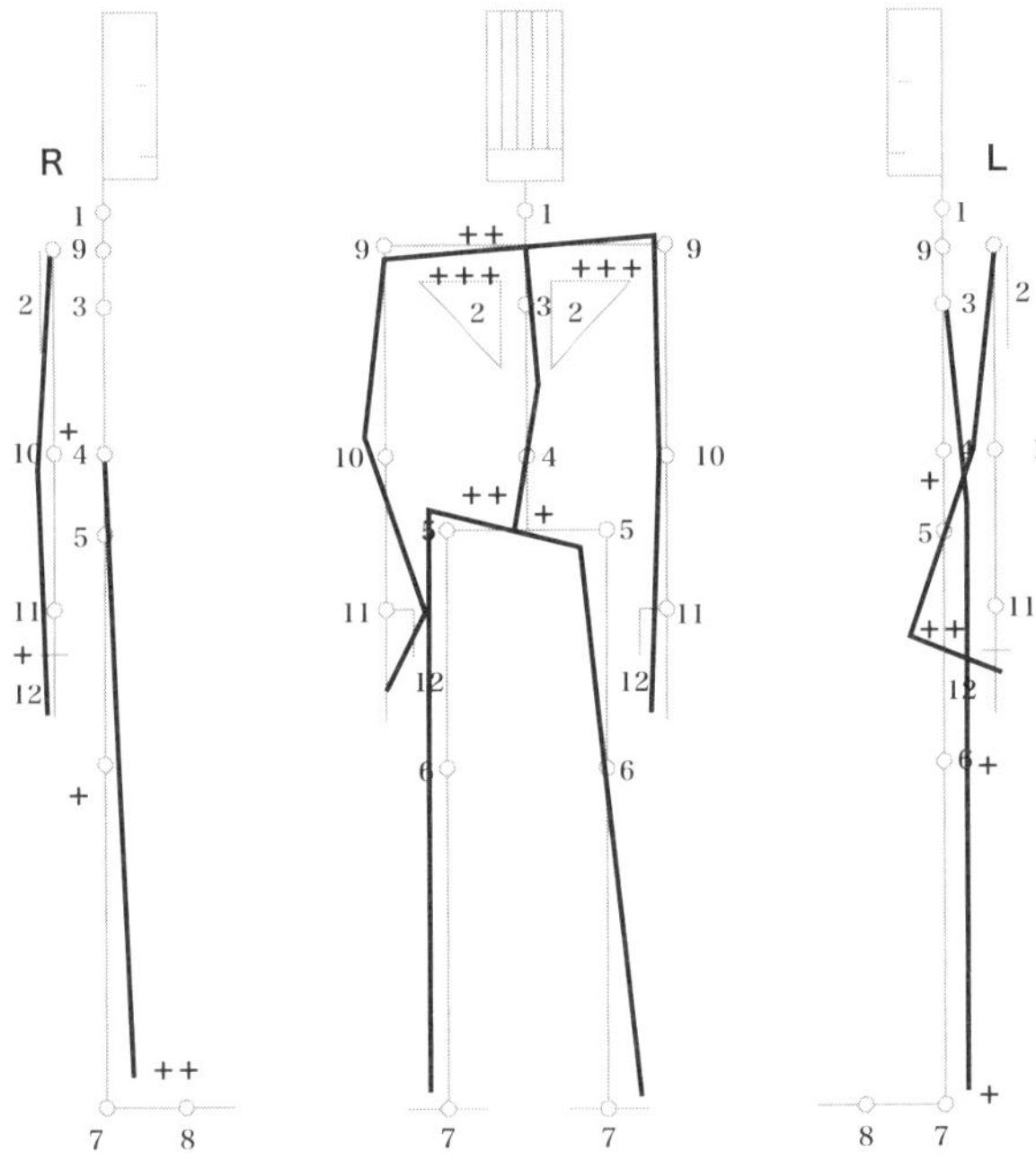

図 9-2　ボディ・ダイナミクス（訓練後）

活動としての動作体験に目を向けて、トレーニーへの援助を行なっていくという視点は乏しかったといえる。つまり、当時の私は、動作学習という考え方と自分が行なっている物理的・他動的弛緩訓練とにズレがあることには気づいておらず、物理的・他動的援助で硬い筋肉を弛ませて、そのあとに主体的動作学習の訓練をすれば良いと考えていたのである。

2. 精神科クリニックにおける動作訓練の試みといきづまり

Aさんの事例は、成瀬悟策編集の『続心理リハビリテイション』（一九七七）に掲載されているのであるが、この本はユニークなつくりになっていて、各事例報告の最初に事例の当事者ないし保護者が「手記」を寄せている。この本が出版されて一、二年経ったころ、Aさんの母親の書いた手記を読み直してみて、愕然とすると同時に目を見開かされた経験をした。

と言うのは、当時私は、ハサミを使えなくなった理髪師、ピアノが弾けなくなった音楽教師、書痙に悩む銀行員といった人たちに、精神科クリニックで動作訓練を行ないはじめていた。動機は、手指をうまく使えない、手が震えるという動作問題を解決するためには、動作訓練が役立ちそうだという単純なものであった。実施してみると、からだの動きの問題で精神科を訪れる人に動作訓練は効いたり効かなかったりした。動作改善と心理的改善が並行的に進んで良くなる人もいたが、手の震えはまだ残っているのに、「肩が楽になったことで、肩の荷をおろした感じがする。もう大丈夫」と言って自己終結する人もいた。そうかと思うと、手はかなり自由に使えるようになったが悩みや苦しみはほとんど変わらないという人もいた。これらの様子から、動作訓練の何がどう心理的変化につながっているのかについて説明がつかずに困っていた。からだの動きの問題として現われているところの心理的問題に、動作訓練が効果的に作用しているのかどうかについても確かな感じをもてずにいた。

当時、上述のタイプのクライエントたちは、転換ヒステリーと診断され動作の不自由は疾病利得と考えられていた。しかし、動作訓練で良くなった事例を検討してみたとき、動作の改善と疾病利得の解消とがつながっているという説明は出てこなかった。そのためか、当時、九州大学で開催されていた木曜研究会で理髪師の事例を発表したが、あまり関心を呼ばなかった。こうして、ある行き詰まりを感じていたとき、そのいきさつは忘れたが、あるきっかけでAさんの母親の手記を読んだのだった。

3．動作訓練で、明るくいきいきと積極的になったトレーニー

Aさんの母親の手記は、次のような内容であった。

「最近では、日常生活のなかで移動をする場合でも今までよりもずっと早く、身軽くなっているようです。被服の着脱もほとんど一人で出来ますし、字を書くのも早くなり、言語障害でことばは困難でも、びっくりするよ

うな大きい声を出す事もあり、精神的にも明るくいきいきとし、何事をするのでも積極的になりました。（中略）この一年肉体的にも精神的にも大きく成長いたしました」。

その前にも読んでいたはずであったが、このとき、「明るくいきいき……積極的」というところが、突然クローズアップして見えてきたのである。母親が書いているとおりで、Aさんは動作訓練をとおして、「性格が変わり、成長して、急に大人びた」と周りから言われていたことをありありと思い出したのである。今であれば、「Aさんの体験様式・生き方が変わった」と言うところであろうが、当時はまだ、成瀬の「体験原理」（成瀬、一九八八）が提唱される前であった。母親の手記に触発されて事例を見直すと、事例を書いたときには明確には気づいていなかったことが、いろいろ見えてきた。

動作訓練時、確かにトレーナーである私は非常に強い慢性緊張をどうやって弛めるか、そして右腰・脚の上に載らない上体をトレーナーがどうやって載せるかに目が向いていたのだが、トレーニーのAさんはそれをただ傍観的に受け身で応じていたわけではなかった。Aさんは、トレーナーからの動作課題を受け取り、課題を実現しようと努力し、慢性緊張を弛めるときの痛みから逃げず、今まで経験したことのない難しい立位姿位に繰り返し臨み、必要な新しい動作感覚をつかみ、動作を実現し、その動きの確かさを感じるといった活動をしていたのである。

そこでは、実感的な自己活動の体験があったからこそ、自分をより良い方向に変えていこうとする力や困難なことから逃げず乗り切る力が生まれ、自分を活かしていく活動がなされていったことが推測できる。それが日常生活での明るくいきいきとした、積極的な活動へとつながったと考えられた。

4. トレーニーから実感のある動作と全心身的活動感を学ぶ

こうした理解から、Aさんの場合と先に挙げた精神科クリニックでのクライエントとの違いは次の二点であることに気づいた。

(1) Aさんの場合に用意された動作課題は、Aさんにとってそれまで以上の努力を必要とする困難性の高いものが多く、Aさんも全身全霊を傾けて真剣に努力しなければならなかった。そこには強い実感を伴う動作があった。クリニックでのクライエントの場合、気持ちの良さを目指す弛緩と障害の現われている首、肩、腕、手指といったからだの一部を微妙に動かす課題を行なっていたため、クライエントにとって自己関与した実感的動作とはなり得ていなかった。

(2) Aさんの場合、動作課題は全身的なものが多く、自分のからだとこころのすべてがダイナミックに活動し、変化していった。クライエントの場合、自分が全身で課題に取り組み、自分が丸ごと活動しているという動作の実感にはなっていなかった。

これらの検討を経て、精神科クリニックのクライエントへの動作課題に全身的な課題を取り入れていった。たとえば、あぐら坐位では頭から脚までの全体に自体コントロールの目を向けて前屈げを行なう動作を行い、側臥位では、頭から足先まで一体的に動かす躯幹のひねり、極限にチャレンジする前傾立位課題を行なっていった。つまり、自分のこころのすべてとからだのすべてが一体となって動作をする全心身的活動感を目指した。そして、一つひとつの動作課題がクライエントにとって、難しいがやりがいのある課題になるように工夫していった。難しさのなかで自分の対処の仕方に関わる問題性に気づき、その仕方を変え、課題を乗り越えていく援助を工夫していった。

こうして動作訓練による脳性マヒの子どもの心理的成長に開眼すると同時に、精神科におけるクライエントへの動作訓練に手応えをつかむことができたのである。こうした経験は、その直後の心因反応と診断された十五歳の脳性マヒの男子に、心理療法として動作訓練を適用する（鶴、二〇〇〇a）際に生かされたし、不安神経症や強迫神経症、対人恐怖症と診断されたクライエントや統合失調症の人への動作訓練の適用へと私を向かわせていった。

Ⅲ　臨床動作法における体験の推測と援助

1．「体験原理」による体験様式の重視

成瀬は、動作訓練が脳性マヒの子どもにだけでなく自閉性障害や知的障害のある子どもの指導・援助にも有効性をもつことが明らかになったことを受け、課題としての動作をトレーニーが実現しやすいようにトレーナーが援助していくその方法一般を動作法と名づけた（成瀬、一九八四）。それに続いて、動作訓練を心理療法として用いる場合を動作療法と呼んだ（成瀬、一九八七）。その後、動作法を広く人への援助に用いる場合を臨床動作法、実験的研究に動作法を用いる場合を実験動作法として分け、体系化していった（成瀬、一九九二）。

また一方で、成瀬（一九八八）は体験原理を提唱し、人の体験を体験の内容とその仕方（様式）に分けてみるとき、心理臨床においては体験の仕方（体験様式）が重要であるとした。この体験の仕方という概念は、動作による心理療法を行なっている者にとって、理論形成への大きな光明となった。これを契機にして、私は、動作療法だけでなく、ことばによるカウンセリングの場合も催眠を用いた心理援助の場合も、体験の仕方への援助という視点の重要さを実感していった。

しかし、この体験の仕方をセラピストとして意識的に明確化して援助するということは、実際にはなかなか難しかった。先のAさんの事例で言えば、からだの感じを実感的に感じる体験の仕方、変化に向けて努力する体験の仕方、困難に向き合い乗り切る体験の仕方などへの援助を最初から意図していたわけではなかった。それは、

脳性マヒの子どもが少しでもからだを動かしやすいように硬いところが弛む、動きの幅が少しでも大きくなる、動きの滑らかさが増える、少しでもタテに立つことができる、歩くことができるといった動作体験の内容をうまく援助できたとき、結果的に振り返ると、意味有る体験様式が自然に展開していた、というものであった。

この「自然に展開する」ということが、私にとって曲者であった。体験様式の推測が難しいゆえに、次のような説明で自分を納得させそうになるからである。「セラピストにおいて、クライエントへの体験様式への意識的な推測が乏しくても、動作が良い方向に変わりさえすれば、セラピー効果は現われる。なぜならば、必要な体験様式は自ずと動作に伴って展開するゆえ」。しかし、セラピーにおいて何を援助するかというと、それは体験様式の変化に他ならない。ゆえに、初回面接の見立てにおいて、必要となるのは体験様式の推測であり、経過から終結に至るまで体験様式の変化が援助の中心となる。こうした考えに添って臨床動作法を実施し、そのプロセスにおける体験様式を検討することが、成瀬が体験原理を提唱して以来の私のテーマとなっている。

ところが、次の事例のように、体験様式の推測や援助はなかなか難しいものであった。

2. 心理職者への臨床動作法の取り組み

動作療法を適用していくうちに心理臨床の仲間や知人から関心をもたれるようになり、動作療法を実際に体験してみたいという要請を受けるようになってきた（鶴・山本、一九九七）。その後、セラピーとして受けたいという人も訪ねて来るようになった。心理療法を行なう場合は、一般的に相手のプライバシーに関わる内容を扱うことが多いため、同業者にはきわめて慎重であらねばならない。それは臨床動作法においても同じであるが、この方法では体験の内容ではなく体験様式を主として扱うので、プライバシーに関わる内容そのものをセラピー上で取り上げる必然性はなくなる。ゆえに臨床動作法は、こうした特徴を生かすことで、心理職者のメンタルヘルス（鶴、二〇〇〇b）への有用な援助法になると考えるに至った。心理職として働いているBさん（女性、四十歳代）

と、週一回、六十分という設定で行なった臨床動作法のプロセスを紹介し、体験様式への援助を検討したい。

1 初回面接における見立てと援助方針

a．相談動機・内容

「一年前、疲れがひどいので内科を受診したら慢性疲労症候群と言われた。現在、仕事が多忙で心身共にすり減り、燃えつき症候群の一歩手前という自覚はある。治療は受けていない」。

心身共にすり減った感じについて聞くと、からだがだるい、やる気が出てこない、他人に対してイライラする、注意力が長続きしない、仕事上で必要な文章力が落ちたと語った。

b．見立てとしての動作特徴

〈面接時の動作特徴〉

入室時や面談時、表情には笑みが見られ、話の内容も簡潔でしっかりしていた。しかし、全身の姿勢・動作としては、腰を落とした前屈み姿勢で、からだが重くて力が入らないといった動作の様子が見られた。

〈肩挙げ課題における動作特徴〉

Bさんは臨床動作法にリラクセイションを期待して来談していたので、見立てのための動作課題には肩挙げ課題を選んだ（以下、Bさんの発言を「　」、セラピストの発言を〈　〉で括り示す）。Bさんに〈試しに臨床動作法を少し行なってみましょう。肩をリラックスさせることから始めましょう〉と肩挙げ課題に誘った。

Bさんは、やや前屈みで座っており、両肩は前すぼみになっていた。椅子坐位のBさんに対して、セラピストも椅子坐位でややはすかいに座り、肩挙げを一緒に行なった。Bさんは、前屈みの姿勢のまま、首をすくめるようにしながら、力なく肩を挙げて、降ろした。左肩は三センチから四センチ挙がったが、右肩はわずかに動いたのみであった。

二回目は、肘を屈げて背を反らすようにしながら、肩に力を入れて挙げていった。両肩をそれぞれ、一回目よりは余計に挙げていったが、降ろすときはガクガクッとぎこちなく下げていった。そして疲れたというように息をハーッとついた。〈疲れましたか〉と聞くと、「ええ」と言い、わずかに微笑んだ。一、二回とも肩が凝っている人によく見られる挙げにくそうな肩の動かしようであったので、肩の凝りについて問うと、「いつもガチガチに凝っています」ということであった。

Bさんの肩挙げ動作の様子から、Bさんにとって一回目の出来は不本意なものだったので、二回目は腕や背に力を入れて頑張ったと受け取れた。しかし、その様子には、「頑張ることは何もしたくない」という疲れ感と放棄感が見られた。同時に、無理してでも「できる自分」を維持しようとする様子がうかがえた。

〈肩開き課題における動作特徴〉

次に、見立ての動作課題として肩開き（肩胛骨部位の開き）動作を行なうことにした。この肩開きの動作では、他動的援助の側面を大きくすることが可能であるゆえ、Bさんが無理な頑張りの体験をしなくてすむように援助することができると考えた。また、凝りが現われている肩の動作には、その人の生き方としての体験様式が特徴的に表われやすいので、この動作課題を選んだ。

まずはじめに、肩開きの動作課題は、図9－3に示すように肩胛骨の背側の脇のライン（a）を支点にして肩と肩胛骨部位を後方に動かしていく動作であることを、セラピストが実際に肩開きの動作をして見せながらBさんに説明した。そして、Bさんの背側から両肩を持って援助することを断り、Bさんの両肩を持って、〈一緒に肩と肩胛骨のところを後ろに動かしていきましょう〉と言って、動かす方向を指し示すように少し力を入れて動きを援助していった（図9－3）。

しかし、やや前すぼみになっている肩は動き出そうとしなかったので、セラピストが後方への動きを誘い出すと、顔を少し前に突き出し肘を後方に引いて肩を動かしていった。動かせたとき、Bさんがホッとしている様子

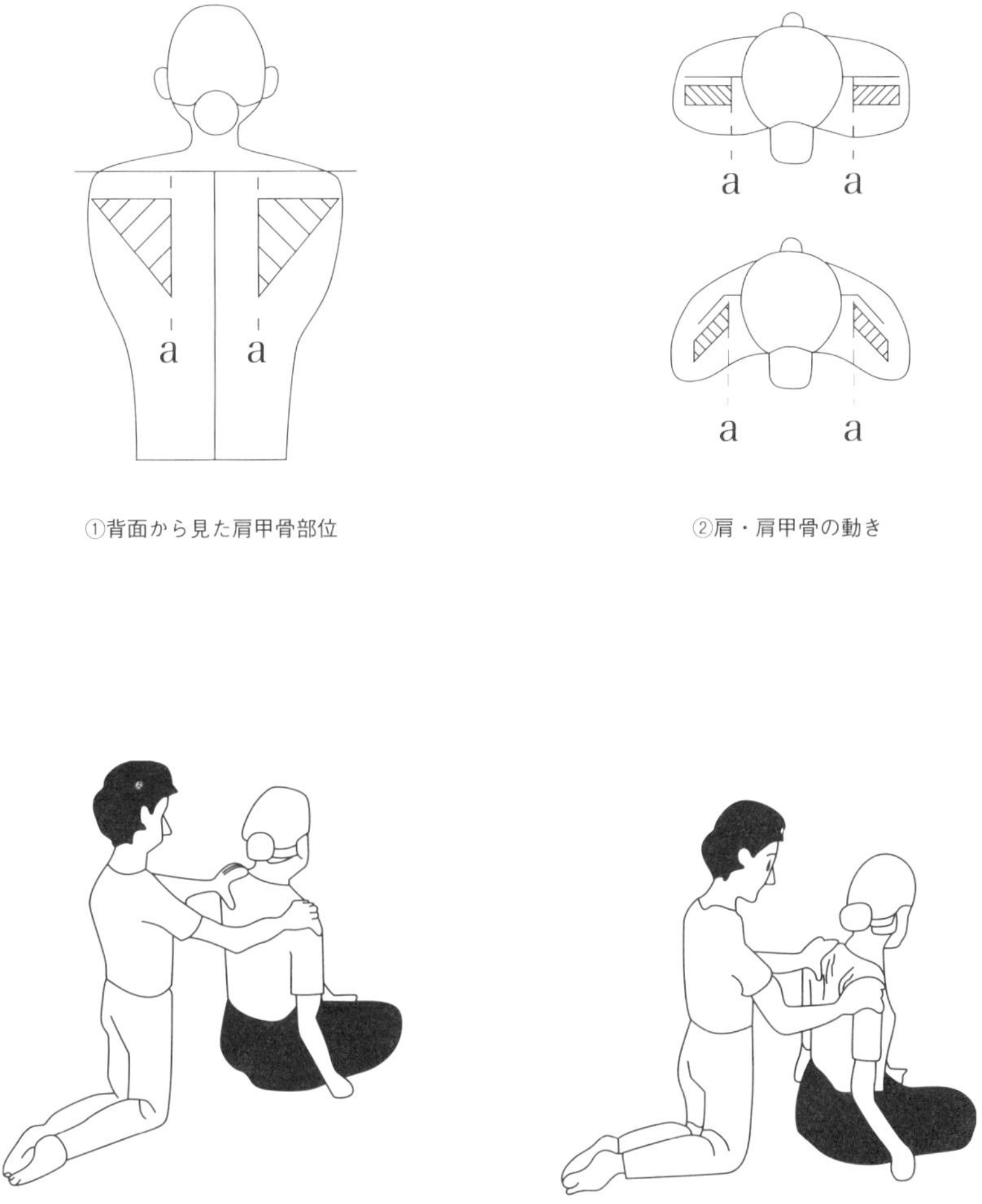
③両肩端をもつ
④肩・肩甲骨を動かしていく

図 9-3　肩開きの動作

（出典　鶴光代『臨床動作法の基礎と展開』コレール社、2002 年、42-43 頁）

が伝わってきた。そこで、いったん元に戻すと、Bさんはすぐに動かしていった。肩の硬さ（筋緊張）のために動きが止まったところで、〈そのままでいいですよ〉と伝えると、Bさんは軽く頷き、肩の凝りにジワーっと効いている感じに注目した。十秒位して肩を元に戻すと、ホッと楽にしながらも「凝っていますでしょう」と申し訳なさそうに問うてきた。〈少しずつ弛んでいきますよ〉とセラピストの見立てを伝えると微笑んだ。

三回目は、〈首と腕に力をあまり入れないように、肩を動かしていきましょう〉と伝えて行なった。しかし、二回目と同じ動作になったので、〈首を楽にして肘も楽にしてみてください〉と声をかけた。Bさんはそちらに注意を向けたが、首・肘の力に実感的に気づけた様子はうかがえず、首・肘の随伴緊張を抜くことはできなかった。Bさんの肩を持っているセラピストの手には、少し動かせた左肩には鈍い硬さが、ほんの少し動いた右肩にはガチッとした塊のような硬さが伝わってきた。その感じから、セラピストは、Bさんが左肩にはこころを届かせているのに対し、右肩にはこころを届かせていないと推測した。十数秒して肩を元に戻すと、Bさんはフーッと息を吐いた。肩が楽になったことに伴う息の吐き方であることが見てとれた。少ししてセラピストが〈どうですか〉と問うと、「肩が軽い感じです。特に左肩……。左肩には凝っているときの痛みを感じたが、右肩は硬いことが分かるだけで、感覚がなかった」と答えた。

肩の開きはそのあと二回続けて行なった。首と肘に力を入れた動かし方はほとんど変わらなかったが、肩胛骨部位の弛みは少しずつ増していった。この動作体験を通じてBさんは、「久しぶりに肩が楽になった」と述べると同時に「今まで左肩が非常に凝っていて、右肩はそうでもないと思っていた。ところが、実は、右肩は何も感じないほどバカになっているのが分かって、エッ？　と思った。バカになるほどこき使ってきたのだと思うと、悲しいより何か腹立たしい感じがする」と語った。その表情は、それまでのわずかに笑みを浮かべた表情とは違い厳しい顔つきであった。

〈動作後の様子〉

初回面接では，このほかに椅子坐位での背反らせを行なった。Bさんは肩から背が楽になったと表情を和らげた。初回面接の動作課題がすべて終わったところで，Bさんに〈どうですか〉とたずねると，「目の前のものがはっきり見える。不思議ですね」と感嘆した声をあげ，「からだが久しぶりに楽になった」と話した。セラピストの目から見ても，入室時の力ない表情がしっかりした表情になっていることがうかがえた。

c．体験様式としての問題，特徴は何か

〈すり減り感と自己不確実感〉

Bさんが語るように，Bさんの現在の生き方としての体験様式は「すり減った感じ」に代表される。それは，肩挙げの動作に見られる力のない動かし方やガクガクした動かし方とそこに見られる疲れ感，放棄感からうかがえた。また，肩開きの動作に見られる，動きをスタートさせられないほどに使い尽くして硬くしてしまった右肩からも推測される体験様式であった。

こう動かそうと思った動きを生み出す力が入らないといった心もとない感じや，右肩のあるべき感覚を感じられないといった「空《くう》」の感じは，自分というものの存在の確かな感じが希薄になっている体験の仕方，すなわち自己不確実感の体験様式といえる。この自己不確実感は，日常生活でのすり減り感の体験が度重なるなかで，形成されてきたと考えられた。

〈現実検討的・自己統制的体験様式の弱まり〉

肩挙げや肩開きの動作のなかで，首や肩，あるいは背に随伴緊張を入れながら行なう努力の仕方が見られた。その際，Bさんは，自分が目指すところにうまく力を入れながら動かしていくことができないので，ほかのところにも力を入れてその動きを生み出していこうとした。

こうした随伴緊張を伴う仕方は，誰にでも起こることであるが，通常は，そのことを伝えると，アッと実感的

に気づき、不必要な力と必要な力との現実検討をなしていく。そして、随伴緊張を処理しながら動かしていくという動作をするのに必要な力を計り、その力だけを入れていく統制的動作努力がなされていく。Bさんには、こうした動作努力が見られなかったので、日常生活でも現実検討的体験様式と自己統制的体験様式の両方の弱まりがあるのだろうと推測された。

肩挙げ動作に見られた無理しながらも頑張って「できる自分」を維持しようとする体験の仕方は、人が現代社会で生きていくうえで必要となることの多い体験様式である。しかしながらBさんは、すり減って燃えつき寸前状態になるまでにこの体験様式で対応してきたところに問題があったといえる。それは、現状における自分の力についての現実検討および自分の力を発揮する際の統制の仕方の双方の弱まりと関係していると考えられた。

〈日常化している腹立たしい感じ〉

腹立たしいという感じは、Bさんが今まで気づいていなかった右肩の強い慢性緊張による「空」の感じを実感したことから、ことばとして出てきたものであった。この腹立たしいという感じ方は、Bさんの「他人に対してイライラする」という日常の感じ方と重なっており、Bさんの基本的な感じ方の一つになっているのではないかとセラピストは推測した。なぜならば、Bさんの面接をした当時、筆者は次のような仮説を抱いていたからである。それまでに関わってきたノイローゼレベルのクライエントの体験様式を振り返ってみたとき、日常体験様式上の問題として怒り感をもっている人が多く、そうした人はからだの特定の部位に強い慢性的筋緊張を有しているというものであった。

d．援助方針と見通し

〈すり減り感からの回復と自己確実感の充実体験〉

Bさんのすり減り感は、楽な感じ、ゆったりとした感じ、充ちた感じ、活動的な感じを体験し、そうした体験の仕方を体得していくことによって減少・消失していくと考えられる。また、自己不確実感は、安定した感じ、大地にしっかり立っている感じ、柔軟で強い感じ、自己選択・自己決定の感じ、といった体験の仕方によって、自己確実感へと変わっていくと言える。

ゆったりとした充ちた感じは、主として臨床動作法のリラクセイションを中心とした動作体験から、また自己確実感は、主としてタテ系動作の体験から可能と考えられた。

〈現実的検討をしながら自己統制をしていく体験様式の展開〉

Bさんには、動作をなそうとする意欲は十分に見られた。ゆえに、随伴緊張を伴った動作や誤った動作になっているそのプロセスにおいて、適切でない動作活動になっている部分にゆっくりと注意を向けるように援助すれば、その適否に気づき修正していくという活動は十分に可能と推測された。自分にとってやや困難な動作に取り組み、力の抜き入れの仕方、からだの使い方に注目し、自体感を感じ取り、自分の動作をより適切なものに変えていく活動が援助されるならば、現実検討をしながら、その動作に関わる全体を調和的に統制していくという体験様式を新たに身につけるだろうと考えられた。

Bさんの「できる自分」を維持しようとする無理のある努力の仕方には、自己肯定・自己尊重の体験様式が存在していると考えられる。それらは、人がより良い方向に変わっていくプロセスにおいて重要な体験様式であり、現実検討的・統制的体験様式を変えていく際にも必要となる。そうした自己肯定・自己尊重の体験様式は、現実検討的・統制的体験様式がスムーズに展開するようになれば、無理なく自分の力を感じそれを活かす自己効力感の体験様式を生み出していくと考えられる。

〈日常化した腹立たしい感じへの対応〉

「腹立たしい感じ」がBさんの日常の体験上の問題であるのか、あるいは肩の硬さの体験に伴う一時的な感情であったのかは、初回面接では、はっきりしなかった。そこで、第二回目以降にも腹立たしい感じの体験様式に注目していくことにした。

これまで会ってきたクライエントには、怒り感体験様式を秘めている人が多くいた。Aさんもそうであるとすれば、腹立たしい感じのときは、腹立たしさを感じるだけの力をからだに入れており、その感じを抑え込むときは、抑え込むのに必要な力をからだに入れて、抑え込んでいる日常があると言える。

こうした怒りの体験様式で生きている人への援助はどうすれば良いか。そうした体験様式が端的に現われている肩の慢性緊張を弛めれば解消するというほど単純でないことは、それまでの何人かのクライエントの事例から想像できた。弛めていくときどういう体験様式を生み出していけるか。考えられたことは、動作課題を行なうなかで、いらつかないで落ち着いた感じ、安心した感じ、うまくやれている感じ、充実した感じなどが体験され、そうした体験の仕方が日常生活に及んでいけば、すでに怒り感でものごとに対応する体験様式はなくなっているだろうというものであった。

2 経過

〈第二回面接〉

一週間後の来談予定であったが、Bさんの仕事の都合で二週間後に来談した。そして、「自分だけに仕事を押しつけられる」と腹立たしさを表明した。からだの疲れは、「数日は少し楽だったが、そのあとはいつものように疲れがひどく、特に肩と背のきつさが気になる」ということであったので、今回は椅子坐位での肩の開きから始めた。

・肩開きと両肩胛骨寄せの動作

両肩胛骨部位を動かしていくときのBさんには、少しでも動かして硬さを弛め楽になりたいという意欲がうかがえた。Bさんは、左肩胛骨部位には注意を向けて動かしていき、ジーンとした感じを感じることで硬さが弛んでいっているその実体を体験していった。右肩胛骨部位には漠とした感じしか感じることができなかった。そこで、まず、右側だけを動かすことを行なってみた。

右肩胛骨部位の動きのとき、セラピストが、両肩を持って右肩だけを後方に動かすように力を入れて誘うと、Bさんは動かさないでいい左肩を動かした。セラピストが「面白い動きが出ました」と笑いながら言うとBさんも苦笑した。Bさんはすべての動作が終わった後、このときのことを「左肩が動いたときはびっくりした。しかし、先生が笑ったので自分も笑う気持ちになった。いつもだったら間違ったことをして恥ずかしいと思う。でも今日は、マイナスにはとらなかった。そして今は、できないところ（右肩）をできるところ（左肩）が補うのだなと思える」と話した。

セラピストはこの左肩の動きを現実検討力と自体コントロール力の弱まりの結果と判断すると同時に、Bさんが右肩胛骨の存在を実感できなくて困っていると推測した。そこで、動作課題を、両肩胛骨部位を後方に開いていく動作課題ではなく、両肩胛骨を背骨方向に寄せていく課題に変えていった。するとBさんは、肘を屈げ背を反らせながらも両肩胛骨を動かしていった。そこで、セラピストの右手を右肩胛骨の上に軽くピタッと当て再度両肩胛骨を動かすように伝えた。すると、他者の手が当たっていることでモニターしやすくなったため、右肩胛骨の存在を感じつつ動かしていくことができ、「あっ、動いていますね」と実感していった。

そうした動作を数回繰り返すことで、Bさんは、肘を屈げなくても両肩胛骨を十分に引き寄せられるようになった。そしてBさんは、「肘を動かさないでも肩胛骨は動かせるものなのですね。実は、この前はそんなことは絶対できないと思っていたんですよ。できると嬉しいものですね」と笑顔で語った。

こうした体験をした後、肩胛骨部位の開きの動作に移ると、Bさんは肘を屈げないように注意しつつ、肩胛骨部位を後ろに開いていく動作努力に向かえるようになった。Bさんは、右肩胛骨部位だけを動かす動作課題において、セラピストが右肩を少し強い力で手伝うと、自ら右肩胛骨部位を少し動かすことができた。その動きは、硬い固まりのふちのところがグニュッと動いた感触で、Bさんがそれをウーッといった痛みとして感じていることが推測された。それはBさんによれば「動かすと硬いところにツーンと当たって、アー、痛い！」という感じだったという。この課題が終わったときBさんは、「私の右肩の硬さは大物ですね」と自分の右肩胛骨部位の硬さを慰撫するように語った。

・あぐら坐位の前屈げ

このあと、セラピーマットの上で、初めてあぐら坐位をとり、前屈げによる腰弛めと坐位直《ちょく》の課題を行なった。あぐら坐位では、腰がやや後傾し、腹部を屈げて座る姿勢となった。前屈げでは右腰がやや硬いが、頭と床の間が十センチ位まで屈げていくことができた。左腰と右腰の硬さの違いを、Bさんが自ら感じ分け、右腰を弛めたいという気持ちがわいてくることを目指して、右斜め前屈げと左斜め前屈げを援助した。するとBさんは、二回の試行で左斜め前屈げをするとき、右腰に左腰にはない突っ張りと硬さ、痛さを感じていった。そして、「(右腰の硬さは）右肩（の硬さ）とつながっているのでしょうか」と問うてきた。つながっている旨を伝えると、「腰の方は、肩よりまだましですよねー」と笑った。セラピストは、Bさんが右腰の硬さを受け入れ対処可能なものとして向き合ったと理解した。

右腰をじっくり弛める動作を行なった後、坐位直の動作に移ると、Bさんはわずかに腰が後傾しているがまっすぐに近い姿勢で座ることができるようになった。その座り方からは、ゆったりと安定して座っている様子がうかがえた。そうした坐位感に浸っている様子のBさんに、しばらくして〈どうですか〉と声をかけると、「初めての感じです。楽です。こんな（楽な）世界もあるのだなあーという感じです」とその感じを感嘆した声で語った。ところが、Bさんのまっすぐ座った姿からは、安定して楽に座っている様子の一方で、まっすぐ座ったことにより肩の硬さが浮き彫りになって見えた。肩から肩胛骨のところまでの背が丸く盛り上がり、右肩は少し内側に屈になっていた。このときの肩の感じに注目するようにBさんに言えば、Bさんはその感じを感じ取るだろうと推測されたが、この回では、取り上げないことにした。Bさんが座位直の動作をとおして感じている新しい自体感に伴う自分への新鮮な感じ、楽な感じを大事にしようと思ったからである。

・「空」を「実」とする体験

第二回面接はこうして終わった。セラピストは、この回、Bさんが初回面接で何も感じないほど「空」になっていると言った右肩を硬く固まっている実体として感じ取り、それを弛めていくプロセスやあぐら坐位で腰を弛めまっすぐに座っていくプロセスで、現実検討感、自己統制感、自己確実感を体験したと推測した。加えて、右肩の緊張を「大物」と表わし、単に困りものとして拒否的に取り扱うのではなく、自分の一部分として受け入れ慰める体験をしていると理解した。まっすぐに座れたときの新鮮な自己感、自分の肯定的な受け入れはBさんにとって非常に有効であったと感じた。しかし、この回、Bさんが右肩の「実」の感じをとおして別の体験、言わば自分の暗部に触れる体験をしていたことには、まったく気づいていなかった。

〈第三回面接〉

この回も二週間後の来室であった。少し元気な様子であったので、〈どうでしたか〉と尋ねると、「連休中、思いきり自堕落に過ごしたらすり減った感じが少しなくなりました」と笑って答えた。セラピストは、前回までのBさんの右肩の硬さから、この回も当然肩の開きを課題とするつもりで、Bさんに「一番気になるところはありますか」と問うと、Bさんは「背中」と答えた。肩が弛むとそれまで気にならなかった背の凝りが気になることはよくあるので、そうなのだろうと思い、あぐら坐位での背反らせから始めていった。

・背反らせ

背の中央部位を反らす方向に動かすことによって、屈げる方向に入れている慢性緊張を弛めていく課題である。はじめは背を反らそうとしながら腰も一緒に反らしていった。しかし、Bさんの背のウエスト部位に当てられたセラピストの手との接触感を手がかりに、自分が腰を反らしそうになるとそのことに気づき修正するというう動作コントロールをしていけるようになった。そして、Bさんの背の中央に当てられたセラピストのもう一方の手から伝わってくる少し押し気味に当てられている部位を支点に、背中を反らせていけるようになった。Bさんは背を反らせながら、背の硬くなっている部分をギューと圧して慢性緊張に効かせ、効いている感じを維持し、そのあとフーッと力を抜き、背の慢性緊張の弛み感を体験していった。

そのプロセスで、その反らしの動きは、背の慢性緊張に効いているだけでなく両肩胛骨部位の慢性緊張にも効いている様子が見てとれた。そのことをBさんにも明確化しようとして、〈肩にも効いていますか〉と問うと、Bさんは軽く頷いた。背反らせによる弛めが終わったとき、Bさんは、「背中の合板のようなこわばりがほぐれて気持ち良い。肩も軽くなった」と嬉しそうに語った。

セラピストが、〈次は肩をしましょう〉と誘うと、Bさんは少しためらいを見せながら「ええ」と言った。肩より優先的にしたいところがあるのかもしれないと思い、〈腰を先にしますか〉と問うと、「はい」と積極的に応じた。

・自体軸を感じる・動かす

腰の前屈げはこの二週間、自分でも何回か行なったということで、前回と比べるとよく弛み動くようになっていた。そこで骨盤を床に垂直に位置付けて、からだをまっすぐにして座り、自体軸の感じを体験する課題を行なった。腰がわずかに後傾しているがほぼまっすぐに座れるようになったところで、〈頭のてっぺんからお尻の底まで、からだのなかを一本の軸が通っている感じを感じてみましょう〉と自体軸体験を行なった。Bさんは、目を閉じてからだの感じに注意を向けていたが、分からないというように首をひねった。

そこで、〈そのまま少し、からだを前傾させて斜めに一本の軸をとおしてみましょう〉と言うと、Bさんはゆっくりからだを傾けていった。そのとき、頭が少し下がり気味になったり、背を反らし気味になったりしたが、そのことを伝えるとBさんは自分で探りながらうまく修正していった。そして、「ええ、分かりますね。ボンヤリですが……途中、点線になっているところがある……」とその体験を語った。その後、一旦元の垂直姿勢に戻って、その直の姿勢を崩し、それからまた同じように前傾直の姿勢を作っていくことを三回ほど行なうと、軸の感じがはっきりしたものになっていった。その感じは直姿勢でも体験された。

次に、自体軸を前後、左右、斜め方向などいろいろに動かす動作をすることにした。セラピストは、自体軸感を確かなものにすることと、自体軸を思い通りに動かすことによる自在感の体験がなされることを意図していた。Bさんは、少し直の姿勢を崩しながらも探り探りからだを動かしていった。真ん中あたりで小さく円を描いているような動きも見せた。自在感を感じているような動きには見られなかったが、軸の感じには注目がなされているようであった。そうして動かした感じをBさんは、「からだが回るような感じになった。軸がコマの芯に思えた」「少し左に傾けたとき、安定がよかった。右肩が重いからでしょうか」と語った。

・「実」の感じから明らかになる未処理の問題

残り時間があと十分位になっていたので、肩の開きを少しするかどうか迷いながらも、セラピストは、〈今日の感じはどうでしたか〉と聞いた。するとBさんは「楽になりました」と答えた後、「悪いこころがからだに貯まるということはありますか」と問うてきた。突然の質問の真意は何だろうと思いながら、首をちょっと傾けて、Bさんにもう少し話してみてくださいというメッセージを送った。Bさんはゆっくりと話し始めた。

「実は、前回、右肩の感じが分かったとき、右肩胛骨の奥に自分の悪意が黒い固まりになってうずまいていると思った。確信に近い感じのものであった。怖いはずなのに怖くはなかった。肩は楽になりたいが、固めていないと、それがさらけ出されてくる。裏切りにあったあの悔しさがふつふつとある。相手がぬくぬくとしているのは許せない。からだの感じはずいぶん楽になったので、このまま普通の生活に戻れるのではないかと思ったりした。でも今日、背や腰が軽くなってしっかりしてきた感じがするのに、肩だけが重いのは、やはり問題なのだろうと思った」。Bさんの目には涙がにじんでいた。

セラピストは、Bさんが黒い固まりには触らないで自分をすり減り状態から回復させたいと望みながら、それを避けてはとおれないことが分かったのだと理解した。セラピストは、セラピー時間が終わろうとしていたことと、黒い固まりに関する具体的エピソードが語られることを避けるために次のような対応をした。〈あなたの右肩の硬さは大物級ですから、二、三週間は黒い固まりを表に出さないで留めておきますよ〉と、処理の先延ばしを暗に提案した。Bさんは「大物ですかー」とおかしそうに笑い、「しばらくはそう思ってやっていきます」と言って帰っていった。

この回、セラピストは考えさせられた。初回の見立てで、腹立たしさを問題として挙げていながら、二回目はまったく気づかず、三回目の今回はBさんが右肩を避けているような感じを漠然と感じながら、右肩に強い心理的問題が託されていることにはまったく気づかなかった。

この回のBさんは、背弛めや自体軸体験において、自分のからだをどう変えていきたいかを自分に明確にし、志向性をもってからだを動かして、セラピストの援助を活かして動きを工夫していくなかで、目指した変化や新しい体験をなしていった。そこには、初回面接で目指された体験の仕方である現実検討や安定感、リラックス感、自己確実感の体験が見られた。Bさんの黒い固まり、すなわち未処理の心理的問題は、こうした体験の仕方がなされたからこそ、自分に明確化され、自己処理に向かって動き出しているのだろうと考えられた。

〈第４回面接〉

Bさんは一週間後に元気な足取りで入室してきた。「実は、黒い固まりがにじみ出てきたんですよ」と、Bさんとセラピストの二人の共謀的予測が外れたことをおかしそうに笑った。そして、次のように語った。「毎晩、肩、背、腰を動かして弛めていると、肩の大物の硬さが、中者ないし小者になって、黒い固まりは周りから薄墨のようににじんでぼけてきている。今の私は、自分の肩を取り返せそう、自分を取り返せそうというイメージなんです。今日は、肩をお願いします」。

・躯幹のひねり

そこでセラピストは、躯幹のひねり課題で肩と背を動かし弛めることを提案し、じっくりと行なっていくことにした。右肩を上にして側臥位になっているBさんの上体を後方にひねっていくと、わずかに右背をひねり反らしたところで、Bさんは、背上部から肩にかけての慢性緊張に当たって、痛いが効いていると感じられるその感覚に、「アーッ」と言いながら身を任せていた。〈肩から背にかけて力を抜こうと思って待っていると、そこが弛んで、もう少し動いていきますよ〉と伝えながら援助していると、Bさんの右肩・背はわずかであるがスーッと動いていった。Bさんにとっては、思いがけず動いたという体験になっている様子であった。

そこでいったん元に戻し、仰臥位になってもらうと、Bさんは目をつぶってからだの感じをじっくり感じている様子であった。しばらくそれを見守り、〈どうですか〉と声をかけると、「右肩は、はじめはジーンとしていた。それも気持ち良かったし、今は軽くて気持ち良い」ということであった。次に左躯幹のひねりを同様に行なった後、右躯幹のひねりを次のように行なった。側臥位で頭から足までの全体を少し反らし気味にしながら、肩・背をひねり動かしていく動作を行なった。この課題は、全身を反らし気味に保つことで肩・背の筋緊張が浮き彫りになるため、クライエントにその存在が実感されやすく、また弛める努力もなされやすいといった特徴をもつ（ウエスト・腰部位を反らしすぎないという注意が必要）。Bさんは自分のからだの全部を一体的に反らし気味に保つ一方で、肩・背をひねりながら弛めていくという活動を同時に行なっていった。それは、自分のすべてを思いきり活動させながら目指す動作を実現させていくという体験になっていった。右肩・背はガクガクッと今までになく動き、弛んでいった。

・実感的自体感をとおしての問題の処理と新しい生き方

この後、仰臥位になったBさんは、しばらくして涙を流し始めた。ティッシュペーパーを渡すと、「解放されたというのはこんな感じなのかと思う。洗われた感じ。からだが温かい」と語った。

仰臥位から起き上がったBさんは、ホッとした表情をしながら肩を動かし、「肩が軽くなった」とその感じを確かめていた。この後、坐位での背反らせと軸を立てて動かす課題を行なった。背反らせでは、「まだまだ硬いです」と言いながらじっくりと弛めていった。自体軸動作では、「今日はコマとは違いますね。そんな硬い芯ではなく、もっと柔軟な芯ですね。和紙とうるしでできた芯ですかねー」と軸の質感の変化を語った。

これらの動作課題が終わった後の面談でBさんは「右肩の黒いにじみはすっかり消えました。でも悪意の一部はどこか奥深いところに残っていると思う。私はまだ相手を許したくないのです。でも、そのことに自分が振り回されることはもうないと思います。硬い芯の自分ではなく、しなることもできるしっかりした芯を感じることができたから……」と話した。そして転勤になりそうなのであと一回しか来談できないと言って帰っていった。

この回のBさんは自分を取り返せそうという志向イメージのもと、思い切り自分を変えるということに全力でチャレンジし、それを成し遂げ柔軟に生きていける自分を感じ取っていったと推察された。そして、自分の問題をそれと分かって抱えかつ納めて、現実に適合的に対処していく体験の仕方が生み出されたことがうかがえた。

〔第五回面接〕

第五回は明るい表情で来室した。Bさんはこの一週間、疲れはなく、気持ちも軽くなって、順調に仕事をこなせていると語った。転勤が内定したということだったので、一人でできる動作法を中心に行なった。それらが終わった後、Bさんは次のように語った。

「(右肩の)黒い固まりは感じないが、右の肩凝りは、まだまだ続く私の泣きどころ。少しずつ慣らしていきます」「ここに来た当初は、私のなかでうずまいていた悪意について、その源の出来事を話さなければ私のセラピーは終わらないと迷っていた。しかし、からだの硬さ、辛さを本当の意味で自分が分かることができたのは、(セラピストにも)私の真の辛さも分かってもらえたからだと思った。それで落ち着いた。あの出来事のことをありのまま話していたら、今度どこかで(セラピストに)会ったとき、どんな顔をしてよいか分からない……」と笑い混じりに語った。

この回，Bさんは，援助を受けようとするクライエントとしての姿をみるみる薄めていき，セラピーの世界から現実の世界に立ち戻り，同業者として新たにスタートしていったと感じた。

③　考　察

Bさんは本来，快活で有能な職業人であったと言える。中間管理職としての仕事の多忙さと私的な苦悩ゆえに疲れ果てすり切れた状態から，急速に現実的・統制的体験様式を取り戻し，自己確実感を再生し，柔軟でしっかりした自己感を新しく生み出していった。そして，自分の有能さを無理なく発揮し仕事を順調にこなしていけるようになった。

しかし，Bさんが初回面接で，腹立たしい感じと表現し，第二回目に悪意として体験されたところの怒りと恨みは，十分には自己処理されないまま残った。Bさんはそのことに関して，自分がまだその未処理の問題を抱えており，今はそのすべての処理には向かえないが，将来的には処理したいと，自分のなかではっきりと位置付けることによって，一応の区切りをつけることはできた。それに伴い，日常的な腹立たしさは消失し，安定感を得ていった。

セラピストは，Bさんの腹立たしい感じに初回面接で気づきながら，第二回，三回の悪意にはまったく気づかなかった。しかし，Bさんはそれを，三回目の終了から四回目の間に自分で薄める方向に処理していった。その原動力は，第二，三回の動作中の現実検討感，自己統制感，自己確実感，新鮮で肯定的な自己感，変化への志向感といった体験にあったといえる。

臨床動作法を行なっていて，クライエントがセッション中でなく，その後の日常生活のなかで自分の体験様式を自ら変えて，一段と成長して次のセッションに現われることはめずらしくはない。だからと言ってセラピストが、クライエントの動作中の重要な体験に気づかなくてよいとは言えない。他人の体験は分からないことが多いとはいえ、今回のセラピストの見落としは初回面接の仮説を注意深く観察しておけば免れたことだったと考えられる。もし二回目ないし三回目にセラピストが、右肩が引き受けている事柄の重要性に気づいていれば、Bさんの重苦しい問題をさらに進んだ形で処理できるよう援助できたかもしれない。今後は、日常的に続く腹立たしい感じや怒りの感じとしての体験様式を注意深く観察し、援助のセンスを磨いていきたいと思う。

Ⅳ　終わりにかえて

本著における編者の成瀬先生からの注文は、一言で言えば「失敗のケースから何を学んだか」というものであった。どのケースにも終わってみれば失敗の箇所は多々あり、悩んだ末に上述のようなものになった。編者のもう一つの注文は、臨床動作法をとおしての赤裸々な自分史というつもりで援助者の内面を述べるというものであった。これは実に難しく、結局のところ、赤裸々にはなれなかった。

Bさんの事例を今回こんなふうにまとめたのは、Bさんの当時の生き方に、同時期の自分の姿が重なっていたからである。私もゆとりのない生活をし、特定の相手との間に屈託をもちながらそれを表には直接現わさずに、何事もないかのように過ごしていた。ゆえに、Bさんの疲労感や腹立たしさには強く共感した。

Bさんが動作で発していた悪意なるもののサインを見逃したのは、私自身が同種の問題への直面を避けていたからだという理解もできる。実のところ、今、現在でも、それが真実の理由なのかどうかは判断がつかない。直面を避けていたことは事実であるが、それが理由で防衛的に見逃したのではなくて、単に臨床的な力、人の体験を推測する力が未熟だったのではないかとも思えるのである。いずれにしろ、Bさんの悪意の表明は、私のなかの同種のものを私にも確かにし、私を落ち着かなくさせていった。落ち着かないまま、手をこまねいている私の前で、Bさんは急激に強くてしなやかな自分自身へと変身していったのである。そのプロセスに同行して、人としての強さをあらためて実感し、私は助けられたのだと思う。私もBさんにならい、「一人動作法」に専念し、身もこころも軽くなり屈託はあるがそれにとらわれなくなっていった。Bさんから学んだことは、無理して頑張った末に動きがとれなくなって悔やんだり恨んだりする前に、現実を吟味し自分に素直に対処していくことでもあった。これはいまだにうまくなされていないが、十数年を経た今回、事例として検討してみたことで、自分がさらに半歩前進できたようにも思える。

成瀬先生の注文には力が及ばなかったが、こうした機会を与えてくださったことにこころより感謝いたします。また事例としてまとめることを許可して下さったBさんにも厚くお礼を申し上げます。

引用・参考文献

成瀬悟策編（一九七七）：続心理リハビリテイション、誠信書房。

成瀬悟策編（一九八二）：心理リハビリテイションの展開、心理リハビリテイション研究所。

成瀬悟策（一九八四）：障害児のための動作法、東京書籍。

成瀬悟策編（一九八七）：動作療法　障害児臨床シンポジアム第一巻、九州大学教育学部附属障害児臨床センター。

成瀬悟策（一九八八）：自己コントロール法、誠信書房。

成瀬悟策（一九九二）：臨床動作法の心理構造。成瀬悟策編：臨床動作法の理論と治療、現代のエスプリ別冊、至文堂。

鶴光代（一九七七）：第十二章　すんなりと楽に立てるように。成瀬悟策編：続心理リハビリテイション、誠信書房。

鶴光代（二〇〇七）：臨床動作法への招待、金剛出版。

鶴光代・山本大介（一九九七）：カウンセラーのための動作法、第三十回全国学生相談研究協議会大阪シンポジウム報告書、全国学生相談研究会議、当番校、大阪教育大学。

鶴光代（二〇〇〇ａ）：第Ⅴ－四章　脳性マヒ児の心理療法。安香宏・村瀬孝雄・東山紘久編：臨床心理学大系二〇　子どもの心理臨床、金子書房、二五七－二七二頁。

鶴光代（二〇〇〇ｂ）：第Ⅶ章　心理臨床家のメンタルヘルス。岡田康伸・鑪幹八郎・鶴光代編：臨床心理学大系一八　心理療法の展開、金子書房、一二三－一四〇頁。

ヒ

フ

ヘ

ホ

マ

ミ

ム

メ

モ

ヤ

ユ

キ

ク

ケ

コ

サ

シ

索　引

錦織《にしこり》 恭子《きょうこ》　［6 章］

1963年　島根県生まれ
1987年　岡山大学医学部医学科卒業
1995年　岡山大学大学院医学部博士課程修了
現　在　ミオ・ファティリティクリニック医局長

石倉《いしくら》 健二《けんじ》　［7 章］

1967年　島根県生まれ
1993年　九州大学大学教育学部卒業
1998年　九州大学大学院教育学研究科教育心理学博士課程単位取得退学
現　在　長崎国際大学人間社会学部准教授
共著書　『臨床動作法の基礎と展開』コレール社　2000年,『障害特性の理解と発達援助』ナカニシヤ出版　2006年

土居《どい》 隆子《たかこ》　［8 章］

1954年　長崎県生まれ
1979年　九州大学大学院教育心理学研究科修士課程修了
現　在　活水女子大学健康生活子ども学科教授
共著書　『現代心理学への提言』九州大学出版会　1984年,『動作とこころ』九州大学出版会　1989年,『実験動作学からだを動かすこころの仕組み』(『現代のエスプリ』別冊）至文堂　2000年,『学校教育相談と保健室』明治図書　2000年,

鶴《つる》 光代《みつよ》　［9 章］

1942年　福岡県生まれ
1965年　福岡学芸大学卒業
1970年　九州大学大学院教育学研究科博士課程中退
現　在　跡見学園女子大学文学部臨床心理学科教授
共著書　『臨床心理学大系 18　心理臨床の展開』金子書房　2000年,『健康・活療動作法』学苑社　2003年,『教育動作法』学苑社　2003年
著　書　『臨床動作法への招待』金剛出版　2007年

執筆者紹介

清峰《きよみね》 瑞穂《みずほ》　［1章］
1969年　千葉県生まれ
1992年　青山学院大学文学部卒業
1998年　青山学院大学大学院文学研究科心理学専攻博士後期課程単位取得退学
現　在　武蔵大学学生支援センター学生相談室カウンセラー
共著書　『新　こころの日曜日』法研　2004年

中尾《なかお》 みどり　［2章］
1939年　福岡県生まれ
1961年　九州大学文学部卒業
現　在　大阪府スクールカウンセラー／（財）大阪市女性協会クレオ大阪相談室カウンセラー

藤吉《ふじよし》 晴美《はるみ》　［3章］
1964年　福岡県生まれ
1987年　福岡教育大学教育学部卒業
1989年　福岡教育大学大学院教育学研究科修士課程修了
現　在　筑豊病院臨床心理士

大川《おおかわ》 貴子《たかこ》　［4章］
1968年　宮崎県生まれ
1992年　福岡教育大学教育学部卒業
1994年　福岡教育大学大学院教育学研究科修士課程修了
現　在　川添記念病院非常勤臨床心理士

大島《おおしま》 英世《えいせい》　［5章］
1970年　熊本県生まれ
1993年　鹿児島女子大学文学部卒業
2002年　兵庫教育大学大学院学校教育研究科教育臨床コース修士課程修了
現　在　大分市児童家庭相談センター臨床心理士

編者紹介

成瀬《なるせ》 悟策《ごさく》

1924年　岐阜県に生まれる
1950年　東京文理科大学心理学科卒業
九州女子大学学長を経て，
現　在　九州大学名誉教授　吉備国際大学教授　医学博士
（専攻　教育心理学、臨床心理学）
主　著　『催眠面接の技術』1959,『催眠』1960,『増訂　自己催眠』（共著）1968,『教育催眠学』（編著）1966,『催眠面接法』1968,『催眠シンポジアムⅠ～Ⅹ』（編集）1968～1980,『自己コントロール法』1988,『イメージの時代』1988（以上，誠信書房),『臨床動作学基礎』1995　学苑社,『催眠の科学』1997　講談社,『姿勢のふしぎ』1998　講談社,『動作療法』2000　誠信書房,『リラクセーション』2001　講談社,『動作のこころ』2007　誠信書房，他

動作《どうさ》のこころ　臨床《りんしょう》ケースに学《まな》ぶ

2007年8月10日　第一刷発行

編　者　成　瀬　悟　策
発行者　柴　田　淑　子
印刷者　日　岐　浩　和

発行所　株式会社　誠信書房
〒112-0012　東京都文京区大塚 3-20-6
電話　03（3946）5666
http://www.seishinshobo.co.jp/

中央印刷　清水製本　落丁・乱丁本はお取り替えいたします
検印省略　無断での本書の一部または全部の複写・複製を禁じます

ISBN978-4-414-40035-9 C3011

動作のこころ

ISBN978-4-414-40033-5

成瀬悟策著

心理学および医学を相互に繋ぐ接点にあって，臨床心理学と医療の両分野の発展に重要な役割を果たす動作の研究は，これまでになかった人間の最も基礎的な存在と活動の科学として，本書によって大きく発展する。

目　次

Ａ５判上製　定価（本体2800円＋税）

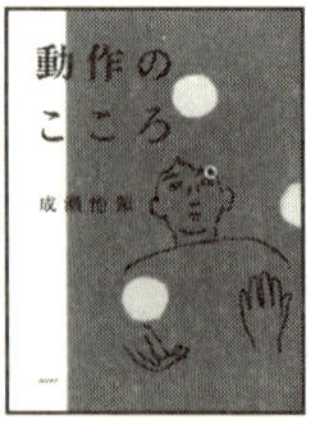

動作療法

まったく新しい心理治療の理論と方法

ISBN978-4-414-40195-0

成瀬悟策著

わが国オリジナルの療法として最近十数年間で飛躍的に発達展開している動作療法という，新しいタイプの心理治療について，その理論と方法を解説。心理治療といえばことばを手段にするものと決まっているが，主として動作というコミュニケーションによりクライエントの生活体験の仕方の治療的な変化を援助する。

目　次

Ａ５判上製　定価（本体2600円+税）